国家示范性高等职业教育汽车类"十三五"规划教材
高等职业教育汽车类专业"双证课程"培养方案教材

汽车保险与理赔

主　编　杨　帆　何丽嘉　宋　玲
副主编　吴贺利　王　兵　李　玟

华中科技大学出版社
http://www.hustp.com
中国·武汉

内 容 简 介

本书从保险基础知识出发,系统地阐述了汽车保险基础理论知识,对保险原则、保险合同进行了介绍,同时结合中国保险监督管理委员会统一制定的《机动车辆保险条款》的相关规定,对我国现行的主要汽车保险种类、汽车保险条款进行了详述,对汽车投保、承保、理赔等有关保险实务给予了介绍。

本书突出保险理论知识的应用和实践能力的培养,针对性和实用性较强,可供本/专科类院校汽车、交通、保险类专业的学生使用,还可供从事汽车保险业务的财产保险公司、汽车4S店、汽车维修企业等的从业人员参考使用,亦可作为汽车保险领域的研究及管理人员的参考用书。

图书在版编目(CIP)数据

汽车保险与理赔/杨帆,何丽嘉,宋玲主编. —武汉:华中科技大学出版社,2018.6(2023.1重印)
ISBN 978-7-5680-1775-6

Ⅰ.①汽… Ⅱ.①杨… ②何… ③宋… Ⅲ.①汽车保险-理赔-中国 Ⅳ.①F842.63

中国版本图书馆 CIP 数据核字(2016)第 092274 号

汽车保险与理赔
Qiche Baoxian yu Lipei

杨 帆 何丽嘉 宋 玲 主编

策划编辑:倪 非	
责任编辑:沈 萌	
封面设计:孢 子	
责任监印:朱 玢	
出版发行:华中科技大学出版社(中国·武汉)	电话:(027)81321913
武汉市东湖新技术开发区华工科技园	邮编:430223

录　排:武汉正风天下文化发展有限公司
印　刷:武汉邮科印务有限公司
开　本:787mm×1092mm 1/16
印　张:12.75
字　数:314千字
版　次:2023年1月第1版第3次印刷
定　价:32.00元

本书若有印装质量问题,请向出版社营销中心调换
全国免费服务热线:400-6679-118　竭诚为您服务
版权所有　侵权必究

国家示范性高等职业教育汽车类"十三五"规划教材
高等职业教育汽车类专业"双证课程"培养方案教材

编审委员会

顾 问（排名不分先后）

蒋炎坤　华中科技大学能源与动力工程学院教授，博士生导师
　　　　湖北省汽车工程学会副理事长
李春明　长春汽车工业高等专科学校校长
　　　　机械职业教育教学指导委员会汽车专指委主任委员
尹万建　湖南汽车工程职业学院副院长
　　　　机械职业教育教学指导委员会汽车专指委副主任委员
　　　　交通运输职业教育教学指导委员会汽车技术专指委委员
胡新意　东风汽车公司制造技术委员会主任委员，高级工程师
　　　　中国汽车工程学会制造分会秘书长

委 员（排名不分先后）

曾　鑫	代　洪	丁礼灯	闫瑞涛	王贵槐	彭　静	高加泉	王青云	蔺宏良
张红伟	马金刚	吕　翔	王彦峰	吴云溪	王志刚	张克明	袁红军	张同华
陆孟雄	吴晓艳	张　健	孙泽涛	许小明	刘艳丰	刘凤波	宋广辉	刘伟涛
袁苗达	上官兵	刘宗正	向达兵	倪晋尚	覃娅娟	张红英	胡高社	王爱国
张四军	覃　群	徐绍娟	叶智彪	周宝纯	王　新	王贵槐	宁　轩	张葵葵
孙新城	胡望波	刘新平	梁学军	刘甫勇	阳文辉	杨运来	蒋卫东	朱方来
熊建强	龙志军	贾建波	高洪一	杨建军	曹登华	艾佳琨	王治平	陈燎原
熊其兴	张明行	王青云	朱　磊	刘言强	张荣贵	江　华	刘晓鹂	王　琳
刘文胜	徐　涛	李舒燕	宋艳慧	黄小法	李远军	温炜坚	张世良	陶　磊
胡　年	郑　毅	邓才思	杨杰华	毛　峰	齐建民	徐荣政	官　腾	彭琪波
王治平	刘　铁	袁慧彬	孙永科	赵晓峰	成起强	丑振江	张雪文	王德良
张朝山	刘平原	左卫民	翁凌霄	李晓海	张利军	曾　虎	宋志良	杨小兵
姜泽东	文爱民	陈林山	钱　强	黄道业	杨柳青	疏祥林	程师苏	张信群

前言 QIANYAN

近年来，随着汽车保有量的迅速增长，道路交通事故频频发生，汽车保险已成为人们日常经济活动的重要组成部分。目前，我国汽车保险业务量占财产保险总业务量的70%左右，汽车保险已成为财产保险的主要险种。

一方面，人们对如何参加汽车保险、选择什么险种、出险以后如何理赔等围绕汽车保险领域的知识需求日益增加；另外一方面，"理赔难"直接影响着投保人与保险人的关系。在这样的背景下，提升整个社会的保险知识水平已经刻不容缓，社会也需要复合型的汽车保险理赔专业人才，要求他们既要有扎实的保险理论知识，又能胜任岗位中的实际操作。

感谢华中科技大学出版社组织这次系列教材的编写工作，使得编者有机会来实施这项工作。

编者结合多年的实践和教学经验，本着"必需、适度、够用"的原则，以培养汽车保险与理赔方面理论知识扎实、实践技能熟练的专业人才为目的，组织编写了本书。本书重点讲解了汽车保险的基本理论，结合中国保险监督管理委员会（简称保监会）统一制定的《机动车辆保险条款》，对汽车保险险种、保险实务、理赔等实用保险知识进行了详尽的阐述，并通过大量的实际工作流程分析来加深对理论知识的理解，使读者在掌握汽车保险与理赔的理论与方法的同时，能够综合运用专业知识解决实际问题。

本书由武汉科技大学城市学院杨帆、湖南电气职业技术学院何丽嘉、怀化职业技术学院宋玲担任主编，在编写过程中，参考了国内外有关的论著、教材和报纸杂志，在此谨致谢意。由于编者经历和水平有限，加之时间仓促，错误和疏漏之处在所难免，竭诚欢迎读者批评指正，以便在今后的修订中不断完善。

编　者
2017年4月

目录 MULU

项目1　保险学基础知识 ··· 1
　任务一　风险概述 ··· 2
　任务二　风险管理 ··· 5

项目2　汽车保险概述 ··· 11
　任务一　保险的概念、要素和职能 ·· 12
　任务二　保险的分类 ··· 14
　任务三　保险的发展史、现状和趋势 ··· 17
　任务四　汽车保险的含义、特征和作用 ······································· 21
　任务五　我国汽车保险业务概述 ·· 23
　任务六　我国汽车保险产品简介 ·· 25
　任务七　我国汽车保险的发展 ·· 27
　任务八　我国汽车保险的发展方向 ··· 28

项目3　保险的运行原则 ·· 30
　任务一　保险利益原则 ·· 31
　任务二　最大诚信原则 ·· 37
　任务三　近因原则 ·· 42
　任务四　损失补偿原则 ·· 45
　任务五　代位原则 ·· 50

项目4　汽车保险合同 ··· 53
　任务一　汽车保险合同概述 ··· 54
　任务二　汽车保险合同的基本内容 ··· 58
　任务三　汽车保险合同的订立、效力变更及终止 ·························· 64
　任务四　汽车保险合同的争议处理 ··· 70

项目5　汽车投保与核保实务 ·· 73
　任务一　汽车投保实务 ·· 74
　任务二　汽车核保实务 ·· 79
　任务三　缮制与签发保险单证 ·· 86
　任务四　续保与批改 ··· 87

项目6　机动车交通事故责任强制保险 ···································· 90
　任务一　国外机动车交通事故责任强制保险概述 ·························· 91
　任务二　我国机动车交通事故责任强制保险概述 ·························· 94
　任务三　我国机动车交通事故责任强制保险赔款计算 ···················· 98

任务四　机动车交通事故责任强制保险承保、理赔实务 ································ 101
项目7　机动车商业保险 ··· 109
　　任务一　车辆损失险 ··· 110
　　任务二　国内车辆损失险的附加险 ·· 117
　　任务三　第三者责任险 ·· 121
　　任务四　第三者责任险的附加险 ··· 126
　　任务五　车辆损失险赔款计算 ·· 128
　　任务六　第三者责任险赔款计算 ··· 130
　　任务七　机动车车上人员责任险赔款计算 ··· 135
项目8　汽车保险理赔实务 ··· 138
　　任务一　汽车保险理赔概述 ··· 139
　　任务二　汽车保险理赔的处理程序 ·· 141
　　任务三　现场查勘的程序与方法 ··· 152
项目9　汽车保险的欺诈与预防 ·· 162
　　任务一　初步认识汽车保险欺诈 ··· 163
　　任务二　汽车保险欺诈的主要内容 ·· 165
　　任务三　汽车保险欺诈的手段分析 ·· 171
　　任务四　汽车保险欺诈的风险控制 ·· 174
项目10　汽车消费贷款及其保险 ·· 177
　　任务一　汽车消费贷款 ·· 178
　　任务二　汽车消费贷款保证保险 ··· 182
参考文献 ··· 195

项目 1
保险学基础知识

任务一 风险概述

风险是保险产生和发展的基础,没有风险也不可能产生保险学。因此,研究保险必须从认识风险开始。

1. 风险的含义

风险即损失的不确定性。它有两层含义,一是可能存在损失;二是这种损失是不确定的。所谓不确定性是指:是否发生的不确定;发生时间的不确定;发生空间的不确定;发生过程和结果的不确定,即损失程度不确定。

总之,风险是与损失和不确定性相关联的。只要某一事件的发生结果与预想不同,就存在着风险。风险的不确定性体现为预期事件的发展可能导致三种结果:损害、无损害和收益。如果未来结果低于预期价值就称为损失或损害;如果未来结果高于预期结果就称为收益。在未来不确定的三种结果中,损害是我们所关注的。因为如果事件发生的结果不会有损害,就不需要谈论风险。换言之,正是因为损害发生的不确定性可能在将来引起不利结果,才需要对风险进行管理,作为风险管理方式之一的保险才会诞生与发展。因此,保险理论中的风险,通常是指损害发生的不确定性。

2. 风险的组成要素

风险主要由三个要素构成。

1) 风险因素

风险因素是指引起或增加风险事故的机会或扩大损失幅度的原因和条件,是风险事故发生的潜在原因,是造成损失的内在的或间接的原因。如酒后驾车,疲劳驾驶,车辆制动系统有故障等。风险因素根据性质可分为物质风险因素、道德风险因素和心理风险因素。

① 物质风险因素。物质风险因素是指有形的,并能直接影响事物物理功能的因素,即某一标的本身所具有的足以引起或增加损失机会和损失幅度的客观原因和条件。如汽车的超速行驶、地壳的异常变化、恶劣的气候、疾病传染、环境污染等。

② 道德风险因素。道德风险因素是与人的品德修养有关的无形的因素,是指由于个人不诚实、不正直或有不轨企图促使风险事故发生,以致引起社会财富损毁或人身伤亡的原因和条件。如欺诈、纵火、贪污、盗窃等。

③ 心理风险因素。心理风险因素是与人的心理状态有关的无形的因素,是指由于人的不注意、不关心、侥幸或存在依赖保险的心理,以致增加风险事故发生的概率和损失幅度的因素。例如,酒后驾车,驾驶有故障车辆,企业或个人投保财产保险后放松对财物的保护措施,投保人身保险后忽视自己的身体健康等。

2) 风险事故

风险事故是指造成生命、财产损害的偶发事件,是造成损害的外在的和直接的原因,损失都是由风险事故所造成的。风险事故使风险的可能性转化为现实,即风险的发生。如制动系统失灵酿成车祸而导致人员伤亡,其中,制动系统失灵是风险因素,车祸是风险事故,人员伤亡是损失。如果仅有制动系统失灵,而未导致车祸,则不会导致人员伤亡。

对于某一事件,在一定条件下,可能是造成损失的直接原因,则它便成为风险事故;而在其他条件下,可能是造成损失的间接原因,则它便成为风险因素。如:下冰雹使得路滑而造成车祸,造成人员伤亡,这时冰雹是风险因素,车祸是风险事故;若冰雹直接击伤行人,则它是风险事故。

3) 损失

在风险管理中,损失是指非故意的、非预期的和非计划的经济价值的减少,这一定义是狭义损失的定义。显然,风险管理中的损失包括两个方面的条件:一为非故意的、非预期的和非计划的观念;二为经济价值的观念,即经济损失必须以货币衡量,二者缺一不可。如有人因病而智力下降,虽然符合第一个条件,但不符合第二个条件,因此不能把智力下降定为损失。

广义的损失既包括精神上的耗损,又包括物质上的损失。例如,记忆力减退、时间的耗费、车辆的折旧和报废等属于广义的损失,不能作为风险管理中所涉及的损失,因为它们是必然发生的或是计划安排的。

在保险实务中,损失分为直接损失和间接损失,前者是直接的、实质的损失,后者包括额外费用损失、收入损失和责任损失。

4) 风险因素、风险事故和损失三者之间的关系

风险是由风险因素、风险事故和损失三者构成的统一体,风险因素引起或增加风险事故;风险事故可能造成损失,它们之间存在着一种因果关系。

3. 风险的分类

风险是多种多样的,为了对风险进行测定和管理,需要对风险进行分类。按照不同的分类方式,可将风险分为以下不同的类别。

1) 按性质分类

按风险的性质可将风险分为纯粹风险与投机风险。

① 纯粹风险是指可能造成损害的风险,其所导致的结果有两种:损害或无损害。也就是说,纯粹风险是指只有损害机会而无获利可能的风险。例如,房屋所有者的房屋遭遇火灾,会造成房屋所有者经济上的损失。各种自然灾害、意外事故的发生,都可能导致社会财富的损失或人员的伤害,因此,都属于纯粹风险。纯粹风险的变化较为规则,有一定的规律性,可以通过大数法则加以测算。发生纯粹风险的结果往往是社会的净损害。因而,保险人通常将纯粹风险视为可保风险。

② 投机风险是指既有损害机会又有获利可能的风险。投机风险是相对于纯粹风险而言的。投机风险所导致的结果有三种:损害、无损害和收益。比如,赌博、买卖股票等风险,都有可能导致赔钱、赚钱和不赔不赚三种结果。投机风险的变化往往是不规则的,无规律可遵循,难以通过大数法则加以测算;而且,发生投机风险的结果往往是社会财富的转移,而不一定是社会的净损害。因此,保险人通常将投机风险视为不可保风险。

2) 按对象分类

按风险对象可将风险分为财产风险、责任风险、信用风险和人身风险。

① 财产风险是指导致一切有形财产发生损毁、灭失和贬值的风险。如车祸造成汽车有形财产的直接损失及相关的利益损失,这些损失都属于财产风险。故财产风险既包括财产的直接损失风险,又包括财产的间接损失风险。

② 责任风险是指个人或团体因疏忽、过失造成他人的财产损失或人身伤害,根据法律规定或合同约定,应负的民事赔偿责任的风险。例如:驾驶汽车不慎撞伤路人,形成车主的

第三者责任风险;专业技术人员的疏忽、过失造成第三者的财产损失或人身伤亡,构成职业责任风险等。责任风险较为复杂,而且难以控制,其发生的赔偿金额也可能是巨大的。

③ 信用风险是指在经济交往中,权利人与义务人之间,因一方违约或违法给对方造成经济损失的风险。例如,借款人不按期还款,就可能影响到贷款人资金的正常周转,从而使贷款人因借款人的不守信用而遭受损失。

④ 人身风险是指由于人的生理生长规律及各种灾害事故的发生而导致的人的生老病死,部分人还会遭遇残疾。这些风险一旦发生,就可能给本人、家庭或其抚养者造成难以预料的经济困难乃至精神痛苦。

3) 按产生的原因分类

按风险产生的原因可将风险分为自然风险、社会风险、政治风险、经济风险和技术风险。

① 自然风险是指自然力的不规则变化引起的各种现象所造成的财产损失及人身伤害的风险。如洪灾、旱灾、火灾、地震等,都属于自然风险。自然风险虽然是客观存在的,但它的形成和发生具有一定的周期性。自然风险是人类社会普遍面临的风险,它一旦发生,可能波及面很广,使社会蒙受莫大的损失。

② 社会风险是指个人或团体的故意或过失行为、不当行为等所导致的损害风险。例如,盗窃、玩忽职守等引起的财产损失或人身伤害。

③ 政治风险是指在对外投资和经济贸易过程中,因政治因素或其他订约双方所不能控制的原因所导致的债权人损失的风险。例如,因战争、暴动、罢工、种族冲突等原因致使货物进出口合同无法履行的风险。

④ 经济风险是指个人或团体的经营行为或者经济环境变化所导致的经济损失的风险。例如,在生产或销售过程中,由于市场预期失误、经营管理不善、消费需求变化、通货膨胀、汇率变动等导致产量增加或减少、价格涨跌等的风险。

⑤ 技术风险是指伴随着科学技术的发展、生产方式的改变而发生的风险。例如,核辐射、空气污染、噪声等风险。

4) 按影响程度分类

按风险的影响程度可将风险分为基本风险与特定风险。

① 基本风险是指非个人行为引起的风险。基本风险是一种团体风险,可能影响到整个社会及其主要生产部门,且不易防范。例如,政局变动、经济体制改革等,都属于基本风险。

② 特定风险是指风险的产生及其后果,只会影响特定的个人或组织。此风险一般可以通过个人或组织对其采取某种措施加以控制。特定风险事件发生的原因多属个别情形,其结果局限于较小范围,本质上较易控制及防范。例如,火灾、盗窃等可能导致财产损失或人员伤亡,属于特定风险。

5) 按产生的环境分类

按风险产生的环境可将风险分为静态风险和动态风险。

① 静态风险是由于自然力变动或人的行为失常所引起的风险。前者如地震、海难、雹灾等;后者如人的死亡、残疾、盗窃、欺诈等。此类风险大多是在社会经济结构未发生变化的条件下发生的,因此称为静态风险。

② 动态风险是由于人类社会活动而产生的各种风险。政府经济政策的改变、新技术的应用、产业结构的调整、人们消费观念的改变等所导致的风险,如战争、通货膨胀等都属于动

态风险。此类风险多与经济及社会波动密切相关。

上述两种风险都具有不确定性,但两者又存在一定区别:静态风险的变化比较规则,能较好地进行预测,而动态风险的变化极不规则,难以进行综合预测;静态风险所涉及的面都较窄,只涉及少数人,而动态风险所涉及的面都较广;静态风险总是纯粹风险,动态风险可能是纯粹风险,也可能是投机风险。

任务二 风险管理

一、风险管理的概况

所谓风险管理,是指经济单位当事人通过风险识别、风险估测、风险评价,对风险实施有效的控制和妥善处理风险所致损失,期望达到以最小成本去争取最大安全保障的管理活动。

这个定义包括了四个要点:其一,风险管理的主体是经济单位,即个人、家庭、企业以及其他法人团体;其二,指明风险管理是通过风险识别、风险估测和风险评价,从而选择最有效的方式,即以最佳的风险管理技术为中心;其三,指明对风险管理技术的选择及对风险的处理,是经济单位处于主动地位有目的、有计划地进行的;其四,指明风险管理的目标是以最小的成本获取最大的安全保障。

二、风险管理的目标

风险管理的目标是使风险成本降到最小,选择最经济有效的方法,从而获得最大的安全保证。风险管理实际上就是以最少的费用支出来最大限度地分散、转移和消除风险,从而达到保障人们经济利益和维护社会稳定的基本目的。

风险管理的总目标按发生时间段可以分为损失前目标和损失后目标。

1. 损失前目标

损失前目标是指选择最经济有效的方法减少和避免损失发生,使损失发生的可能性降到最低,从而减轻人们的思想负担,提高工作效率。具体包括:

① 降低损失成本,预防潜在损失。这要求对安全计划、保险以及防损技术的费用进行财务分析。

② 减轻和消除企业人员对潜在损失的精神压力。

③ 遵守和履行外界赋予企业的责任。

2. 损失后目标

损失后目标是指一旦损失发生,尽可能减少直接损失和由直接损失引起的间接损失,尽快恢复损失前的状态。具体包括:

① 维持企业的生存。在损失发生后,企业至少要在一段合理的时间内能够部分恢复生产和经营。

② 生产能力的保持与利润计划的实现。

③ 保持企业的服务能力。这对公用事业企业尤为重要,这些企业有义务提供不间断的服务。

④ 履行社会责任。尽可能减轻企业受损对其他人和整个社会造成的不利影响。

为了实现上述的管理目标，风险管理人员还必须具备鉴别风险和估算风险的能力，采取适当的方法来减少风险损失。

三、风险管理的方法

根据前面介绍的风险管理的定义可知，风险管理的基本方法有风险识别、风险估测、风险评价、风险管理技术和风险管理效果评价等方法。

1. 风险识别

风险识别是风险管理的第一步，它是指对企业面临的和潜在的风险加以判断、归类和对风险性质进行鉴定的过程。存在于企业自身的风险多种多样、错综复杂，有潜在的，也有实际存在的；有企业内部的，也有企业外部的。所有这些风险在一定时期和某一特定条件下是否客观存在，存在的条件是什么，以及损害发生的可能性有多大等，都是风险识别阶段应予以解决的问题。风险识别就是对尚未发生的、潜在的和客观的各种风险系统地、连续地进行识别和归类，并分析产生风险事故的原因。风险识别主要包括感知风险和分析风险两方面内容。对风险的识别，一方面依靠感性认识、经验判断；另一方面，可利用财务分析法、流程分析法、实地调查法等进行分析和归类整理，从而发现各种风险的损害情况以及具有规律性的损害风险。在此基础上，鉴定风险的性质，从而为风险衡量做准备。风险识别的方法主要有：

1) 生产流程法

生产流程法是指风险管理部门在生产过程中，从原料购买、投入到成品产出、销售的全过程，对每一阶段、每一环节，逐个进行调查分析，从中发现潜在风险，找出风险发生的因素，分析风险发生后可能造成的损失以及对全过程和整个企业造成的影响有多大。该方法的优点是简明扼要，可以揭示生产流程中的薄弱环节。

2) 风险类别列举法

风险类别列举法是指由风险管理部门就该企业可能面临的所有风险，逐一归类、列出，进行管理。

3) 财务报表分析法

财务报表分析法是指按照企业的资产负债表、财产目录、损益计算书等资料，对企业的固定资产和流动资产进行风险分析，以便从财务的角度发现企业面临的潜在风险和财务损失。众所周知，对一个经济单位而言，财务报表是一个反映企业状况的综合指标，经济实体存在的许多问题均可从财务报表中反映出来。

4) 现场调查法

现场调查法是指由风险管理部门通过现场考察企业的设备、财产以及生产流程，发现潜在风险并及时地对其进行处理。

2. 风险估测

风险估测是指在风险识别的基础上，通过对所收集的大量的详细资料加以分析，运用概率论和数理统计，估计和预测风险发生的概率和损失程度。风险估测的内容主要包括损失频率和损失程度两个方面。损失频率取决于风险单位数目、损失形态和风险事故；损失程度是指某一特定风险发生的严重程度。风险估测不仅使风险管理建立在了科学的基础上,而且使风险分析定量化了。损失分布的建立、损失概率和损失期望值的预测值为风险管理者进行风险决策、选择最佳管理技术提供了可靠的科学依据。它要求从风险发生频率、发生后所致损失的程度和自身的经济情况入手,分析自己的风险承受力,为正确选择风险的处理方法提供根据。

3. 风险评价

风险评价是指在风险识别和风险估测的基础上,对风险发生的概率、损失程度,结合其他因素全面进行考虑,评估风险发生的可能性及其损失程度,并与公认的安全指标相比较,以衡量风险的程度,并决定是否需要采取相应的措施。处理风险需要一定费用,费用和风险损失之间的比例关系直接影响风险管理的效益。通过对风险性质的定性、定量分析和比较处理风险所支出的费用,来确定风险是否需要处理和处理程度,以判定为处理风险所支出的费用是否有效益。

4. 风险管理技术

根据风险评价结果,为实现风险管理目标,选择最佳风险管理技术是风险管理中最为重要的环节。风险管理技术分为控制法和财务法两大类,前者的目的是降低损失频率和减少损失程度,重点在于改变引起风险事故和扩大损失的各种条件;后者的目的是事先做好吸纳风险成本的财务安排。

1)财务法

由于人们对风险的认识受许多因素的制约,因而对风险的预测和估计不可能达到绝对精确的地步,而各种控制处理方法,都有一定的缺陷。为此,有必要采取财务法,以便在财务上预先提留各种风险准备金,消除风险事故发生时所造成的经济困难和精神忧虑。财务法是通过提留风险准备金,事先做好吸纳风险成本的财务安排来降低风险成本的一种风险管理方法,即对无法控制的风险事前所做的财务安排。它包括自留或承担和转移两种。

(1)自留或承担。

自留是经济单位或个人自己承担全部风险成本的一种风险管理方法,即对风险的自我承担。自留有主动自留和被动自留之分。采取自留方法,应考虑经济上的合算性和可行性。一般来说,在风险所致损失频率和幅度低、损失短期内可预测以及最大损失不足以影响自己的财务稳定时,宜采用自留方法。但有时会因风险单位数量的限制而无法实现其处理风险的功效,一旦发生损失,可能导致财务调度上的困难而失去其作用。

(2)转移。

风险转移是一些单位或个人为避免承担风险损失而有意识地将风险损失或与风险损失有关的财务后果转嫁给另一单位或个人承担的一种风险管理方式。

风险转移分为直接转移和间接转移。直接转移是指风险管理人将与风险有关的财产或业务直接转嫁给他人;间接转移是指风险管理人在不转移财产或业务本身的条件下将财产或业务的风险转移给他人。前者主要包括转让、转包等;后者主要包括租赁、保证、保险等。其中,转让是指将可能面临风险的标的通过买卖或赠予的方式将标的所有权让给他人;转包是指将可能面临风险的标的通过承保的方式将标的经营权或管理权让给他人;租赁是指通过出租财产或业务的方式将与该项财产或业务有关的风险转移给承租人;保证是指保证人和债权人约定,当债务人不履行债务时,保证人按照约定履行债务或承担责任的行为;保险则是指通过支付保费(也称保险费)购买保险将自身面临的风险转嫁给保险人的行为。例如,企业通过分包合同将土木建筑工程中水下作业转移出去,将带有较大风险的建筑物出售等。

2) 控制法

控制法是指避免、消除风险或减少风险发生频率及控制风险损失扩大的一种风险管理方法,主要包括:

(1) 避免。

避免是放弃某项活动以达到回避因从事该项活动可能导致风险损失的目的的行为。它是处理风险的一种消极方法,通常在两种情况下进行:一是某特定风险所致损失频率和损失幅度相当高时;二是处理风险的成本大于其产生的效益时。避免风险虽简单易行,有时能够彻底根除风险,如担心锅炉爆炸,就放弃利用锅炉烧水,改用电热炉等,但又存在因电压过高致使电热炉损坏的风险。但有时因回避风险而放弃了经济利益,增加了机会成本,且"避免"的采用通常会受到限制。如新技术的采用、新产品的开发都可能带有某种风险,而如果放弃这些计划,企业就无法从中获得高额利润。地震、人的生老病死、世界性经济危机等在现有的科技水平下,是任何经济单位和个人都无法回避的风险。

(2) 预防。

预防是指在风险发生前为了消除和减少可能引起损失的各种因素而采取的处理风险的具体措施,其目的在于通过消除或减少风险因素而达到降低损失频率的目的。具体方法有工程物理法和人类行为法。前者如精心选择建筑材料,以防止火灾风险,其重点是预防各种物质性风险因素;后者包括对设计、施工人员及住户进行教育等,其重点是预防人为风险因素。

(3) 抑制。

抑制是指风险事故发生时或发生后采取的各种防止损失扩大的措施。抑制是处理风险的有效技术。例如,在建筑物上安装火灾警报器和自动喷淋系统等,可降低火灾损失的程度,防止损失扩大。抑制常在损失幅度高且风险又无法回避和转嫁的情况下采用。

(4) 风险中和。

风险中和是指风险管理人采取措施将损失机会与获利机会进行平分。如企业为应付价格变动的风险,可以在签订买卖合同的同时进行现货和期货买卖。风险的中和一般只限于对投机风险的处理。

(5) 集合或分散。

集合或分散是指集合性质相同的多数单位来直接负担所遭受的损失,以提高每个单位承受风险的能力。就纯粹风险而言,可使实际损失的变异局限于预期的一定幅度内,适用大数法则的要求。就投机风险而言,如通过购并、联营等手段,以此增加单位数目,提高风险的可测性,达到把握风险、分担风险、降低风险成本的目的。该方法适用于大数法则,但只适用于特殊的行业、地区或时期。

针对财务法和控制法的各种形式来分析,都有各自的利弊,可以运用于不同的风险损失类型。风险损失的状况及适宜的处理方法如表1-1所示。

表 1-1　风险损失的状况及适宜的处理方法

状　况	风 险 频 率	损 失 程 度	适宜的处理方法
1	高	低	避免或自留
2	低	低	自留
3	高	高	避免或预防
4	低	高	转移

5．风险管理效果评价

风险管理效果评价是指分析、比较已实施的风险管理方法的结果与预期目标的契合程度，以此来评判管理方案的科学性、适应性和收益性。由于风险性质的可变性，人们对风险认识的阶段性以及风险管理技术正处于不断完善之中，因此需要对风险的识别、估测、评价及管理方法进行定期检查、修正，以保证风险管理方法适应变化了的新情况。所以，我们把风险管理视为一个周而复始的管理过程。风险管理效益的大小取决于是否能以最小风险成本取得最大安全保障。同时，还要考虑与整体管理目标是否一致以及具体实施的可能性、可操作性和有效性。

四、可保风险

实际生活中，存在着许多不同种类的风险，而保险是大家处理风险的一种有效方式。但是，不是所有的风险都是可保的，只有保险人承担的风险才能称为可保风险。保险一般只承担纯粹风险，对于获利的投机风险是不可以承保的。当然，也不是所有的纯粹风险都是可以承保的。

1．可保风险应具备的条件

1）风险损失发生的意外性及偶然性

意外是指风险的发生超出了投保人的可控范围，并且与投保人的主观行为无关。可保风险必须带有某种不确定性，风险损失的发生必须是意外的和非故意的，否则极易引发道德风险，违背保险的初衷，而损失发生具有偶然性也是大数法则得以奏效的前提。大数法则是指当承受风险的单元数目增加时，实际的损失等于可能的损失。

2）风险损失的可预测性

风险损失的可预测性是指损失发生的原因、时间、地点都可以被确定，以及损失金额也是可以被衡量的。这样，在风险损失发生时，就可以准确确定风险损失是否发生在保险期限内、是否发生在保险责任范围内，保险人是否给付赔偿以及赔偿多少等。

3）风险损失程度较高

风险造成的潜在损失必须足够大。如火灾、盗窃等风险，一旦发生，就会给当事人造成极大的经济困难。至于人们承受的一些小的、潜在的风险损失，一旦发生，不会给人们带来很大的经济困难和不便，则不一定需要采用保险的方式。

4）风险损失具有确定的概率分布，且发生的概率小

风险损失具有确定的概率分布，对于正确计算保险费关系重大，而发生的概率较小是为

了能恰当地发挥保险分散风险的作用。因为如果损失发生的概率很大,则需要收取的总保费很大,导致总保费与潜在损失相差不大,使投保人无法承受,结果也就会使该险种无法推行。

5) 必须要有大量标的均有发生重大损失的可能性

只有保险标的的数量足够大,根据大数法则,风险才能被准确地预测,才会使风险发生的次数及损失值在预期值周围有一个较小的范围,才能够收集足够的保险基金,使遭到风险损失者能够获得充足的保障。而大量同质保险标的的存在,能够保证风险发生的次数及损失值以较高的概率出现在一个较小的波动范围内,有利于保险人稳定经营。

6) 风险不能导致灾难性事件

灾难性事件是指一组标的的所有或大部分标的同时因同一风险而受损。风险一旦导致灾难性事件发生,保险分摊损失的职能也会随之丧失。如战争、核辐射等。这类风险一般属于不可保风险。

2. 可保风险与不可保风险的转化

当前,可保风险与不可保风险的界定,主要从商业保险的角度来考虑。但是,这并不是说可保风险与不可保风险的范围与内容的划分是一成不变的。这是由于保险条款、保险公司的实力、再保险市场的规模都是不断发展变化的,整个保险的大环境也处于飞速发展阶段。当下,一般的商业保险公司都不愿意承做地震保险,可是随着保险公司资本的不断扩大、保险新条款的不断出现,以及再保险市场规模的扩充,地震也被列入了可保风险的范围。一些不可保的风险也可能被商业性或政策性保险公司列入保险责任范围之内;而有的可保风险,由于保险环境的变化,也有可能从可保风险纳入不可保风险。如某些地方正处于地震可能频繁发生的地区,专业性保险公司从自身经济实力和商业原则考虑,无力继续承做有关地震保险,就会又把地震列为除外责任,归入不可保风险。可见,可保风险与不可保风险的区别并不是绝对的,在一定条件下,可保风险与不可保风险是可以转化的。

【思考题】

1. 名词解释

①风险;②风险管理;③可保风险;④保险。

2. 简答题

(1) 简述风险的分类。

(2) 风险的三要素是什么?

(3) 简述风险三要素之间的关系。

(4) 简述风险管理的程序。

(5) 保险的要素有哪些?

3. 论述题

如何认识风险管理的目标?

项目 2
汽车保险概述

任务一　保险的概念、要素和职能

一、保险的概念

《中华人民共和国保险法》第二条规定："本法所称保险，是指投保人根据合同约定，向保险人支付保险费，保险人对于合同约定的可能发生的事故因其发生所造成的财产损失承担赔偿保险金责任，或者当被保险人死亡、伤残、疾病或者达到合同约定的年龄、期限等条件时承担给付保险金责任的商业保险行为。"

现代保险学者一般从两个方面来解释保险的定义。从经济角度上说，保险是分摊意外事故损失的一种财务安排。投保人参加保险，实质上是将他的不确定的大额损失变成确定的小额支出，即保险费。而保险人集中了大量同类风险，借助大数法则来正确预见损失的发生额，并根据保险标的的损失概率和程度制定保险费率。通过向所有被保险人收取保险费建立保险基金，用于补偿少数被保险人遭受的意外事故损失。因此，保险是一种有效的财务安排，并体现了一定的经济关系。从法律角度来看，保险是一种合同行为，体现的是一种民事法律关系。根据合同约定，一方承担支付保险费的义务，换取另一方为其提供的经济补偿或给付的权利，这正好体现了民事法律关系的内容——主体之间的权利和义务关系。

二、保险的要素

保险的要素也称为保险的要件，指的是保险得以成立的基本条件，各国专家一般认为有下面几点：

1）可保风险

可保风险是保险人可以接受承保的风险。尽管保险是人们处理风险的一种方式，它能为人们在遭受损失时提供经济补偿，但并不是所有破坏物质财富或威胁人身安全的风险保险人都承保。

2）多数人的同质风险的集合与分散

保险的过程，既是风险的集合过程，又是风险的分散过程。众多投保人将其所面临的风险转嫁给保险人，保险人通过承保而将众多风险集合起来。当发生保险责任范围内的损失时，保险人将少数人发生的风险损失分摊给全部投保人，也就是通过保险的补偿行为分摊损失，将集合的风险予以分散转移。保险风险的集合与分散应具备两个前提条件。一是多数人的风险。如果是少数或个别人的风险，就无所谓集合与分散，而且风险损害发生的概率难以测定，大数法则不能有效地发挥作用。二是同质风险。如果风险为不同质风险，那么风险损失发生的概率就不相同，因此风险也就无法进行集合与分散。此外，由于不同质的风险损失发生的频率与幅度是有差异的，倘若进行集合与分散，会导致保险经营财务的不稳定，保险人将不能提供保险供给。

3）费率的合理厘定

保险在形式上是一种经济保障活动，而实质上是一种商品交换行为。因此，厘定合理的费率，即合理制定保险商品的价格，便构成了保险的基本要素。保险费率过高，保险需求会受到限制；反之，费率厘定得过低，保险赔付得不到保障，这都不能称为合理的费率。保险费率应依据概率论、大数法则的原理进行计算。

4）保险基金的建立

保险的分摊损失与补偿损失功能是通过建立保险基金实现的。保险基金是用以补偿或给付因自然灾害、意外事故和人体自然规律所致的经济损失和人身损害的专项货币基金。它主要来源于开业资金和保险费。就财产保险准备金而言，表现为未到期责任准备金、赔款准备金等形式；就人寿保险准备金而言，主要以未到期责任准备金形式存在。保险基金具有分散性、广泛性、专项性与增值性等特点，保险基金是保险赔付的基础。

5）订立保险合同

保险是一种经济关系，是投保人与保险人之间的经济关系。这种经济关系是通过合同的订立来确定的。保险是专门对意外事故和不确定事件造成的经济损失给予赔偿的，风险是否发生、何时发生，其损失程度如何，均具有较大的随机性。保险的这一特性要求保险人与投保人应在确定的法律或契约关系约束下履行各自的权利与义务。倘若不具备在法律上或合同上规定的各自的权利与义务，那么保险经济关系则难以成立。因此，订立保险合同是保险得以成立的基本要素，它是保险成立的法律保证。

三、保险的职能

现代保险一般具有四个职能，即分散风险、补偿损失、积蓄基金和风险管理。其中，分散风险和补偿损失是保险的两个最基本的职能，而积蓄基金和风险管理则是保险的两个派生职能。

1. 保险的基本职能

1）分散风险

保险是将发生在某一单位或个人身上的偶发风险事故或人身伤害事件造成的经济损失，通过保险人收取保险费的办法平均分摊给所有的被保险人，这就是保险分散风险的职能。在这里，分散风险成了处理偶发性风险事故的一种技术手段，是保险人从事保险业经济活动所特有的内在功能，即保险人是利用分散风险这样一种技术手段来完成保险活动的。

2）补偿损失

保险将集中起来的保险费用于补偿被保险人因合同约定的保险事故或人身事件发生所致的经济损失，保险所具有的这种补偿能力就是保险补偿损失的职能。补偿损失是投保人投保的直接目的。

分散风险和补偿损失是手段和目的的统一，是保险本质特征的最基本反映。最能体现保险分配关系的内涵。因此，两者互为补充、缺一不可。没有分散风险就不可能有补偿损失，分散风险是前提条件，补偿损失是分散风险的目的。

2. 保险的派生职能

保险的派生职能是在保险的基本职能上派生而来的，是伴随着保险业的发展而产生的。

1）积蓄基金

保险合同一经签订，投保人就要缴纳保险费，保险人把每笔保险费积蓄在一起作为损失赔偿的保险基金。收取保费起到了积累赔偿金的作用，积累的赔偿金必然形成积蓄。保险这种以保险费的形式积累赔偿金并将其积蓄起来，就是保险积蓄基金的职能，达到了时间上分散风险的效果。由此可见，积蓄基金的职能是从分散风险的职能派生出来的。

2)风险管理

保险是一种经济行为,保险双方必然各自追求利益的最大化,具体表现为:投保人以尽可能低的保险费负担获得尽可能大的保险保障;保险人追求尽可能降低风险发生的频率和损失程度,以达到减少赔偿或给付保险金的目的。双方的这种追求必然引起对风险管理监督管理的关注,这就是保险所具有的风险管理的职能。管理风险是为了防灾、防损,减少损失补偿,所以,该职能是从补偿损失的职能派生而来的,也是保险分配关系处于良性循环的客观要求。

任务二　保险的分类

随着国民经济的飞速发展,保险涉及的险种越来越多,所涉及的领域及具体做法也在不断地扩大和发展。然而,目前为止,各国对保险的分类还没有统一的标准,只能从不同的角度来进行大体上的划分。

一、按保险的性质分类

按保险的性质,可将保险分为商业保险、社会保险和政策保险。

1)商业保险

商业保险是指投保人与保险人订立保险合同,根据保险合同的约定,投保人向保险人支付保险费,保险人对可能发生的事故因其发生所造成的损失承担赔偿责任,当被保险人死亡、疾病、伤残或者达到约定的年龄期限时给付保险金责任的保险。在商业保险中,投保人与保险人是通过订立保险合同建立保险关系的。投保人之所以愿意交付保险费进行投保是因为保险费用低于未来可能产生的损失,保险人之所以愿意承保是因为可以从中获取利润。因此,商业保险既是一种经济行为,又是一种法律行为。目前,一般保险公司经营的财产保险、人身保险、责任保险、保证保险均属于商业保险。

2)社会保险

社会保险,过去我国称之为劳动和社会保险,是社会保障的重要组成部分,是指国家通过立法对社会劳动者暂时或永久丧失劳动能力或失业时提供一定的物质帮助以保障其基本生活的社会保障制度。当劳动者遇到生育、疾病、死亡、伤残和失业等危险时,国家以法律的形式由政府指定的专门机构为其提供基本生活保障。新中国成立以后长期实施的《劳动保障监察条例》和各省市现行的城镇职工基本医疗保险办法,都属于社会保险范畴。社会保险与商业保险不同,商业保险的当事人均出于自愿,而社会保险一般都是强制性的,凡符合法律规定条件的成员不论你愿意还是不愿意,均需参加。在保险费的缴纳和保险金的给付方面,也不遵循对等原则。所以,社会保险实质上是国家为满足劳动者在暂时或永久丧失劳动能力和待业时的基本生活需要,通过立法方式,采取强制手段对国民收入进行分配和再分配而形成的专项消费基金,用以在物质上给予社会性帮助的一种形式和社会福利制度。

3)政策保险

政策保险是指政府由于某项特定政策的目的以商业保险的一般做法而举办的保险。例如,为辅助农牧、渔业增产增收的种植业保险,为促进出口贸易的出口信用保险等。政策保险通常由国家设立专门机构或委托官方或半官方的保险公司具体承办。例如,我国的出口信用保险是由中国进出口银行和中国人民保险公司承办的。

二、按保险的标的分类

保险标的,也叫作"保险对象",是指保险合同中所载明的投保对象。按保险的标的,可将保险分为财产保险、责任保险、信用保证保险和人身保险四大类。

1) 财产保险

财产保险是指以各种有形财产及其相关利益为保险标的的保险,保险人对各种财产及相关利益因遭受保险合同承保责任范围内的自然灾害、意外事故等风险而造成的损失负赔偿责任。财产保险的种类繁多,主要有以下几种:

(1) 海上保险,是指保险人对海上的保险标的由于保险合同承保责任范围内的风险的发生所造成的损失或引起的经济责任负责经济赔偿的保险。海上保险包括海洋运输货物保险、船舶保险、海上石油开发工程建设保险等。

(2) 运输货物保险,承保海洋、陆上、内河、航空、邮政运输过程中保险标的及其利益所遭受的损失,主要包括海洋运输货物保险、陆上运输货物保险、航空运输货物保险和邮政运输货物保险等。

(3) 运输工具保险,承保海、陆、空、内河各种运输工具在行驶和停放过程中所发生的各种损失,主要包括船舶保险、汽车保险、飞机保险等。

(4) 火灾保险,承保在一定地点内的财产,包括房屋、机器、设备、原材料、在制品、制成品、家庭生活用品、家具等因发生火灾而造成的损失。目前,火灾保险一般不作为单独的险别,而被包括在综合性险别的责任范围内。例如:在我国,当投保企业财产保险和家庭财产保险时,火灾损失属于其主要的责任范围;在运输货物保险条款中,火灾损失也是保险人承担赔偿责任的重要内容。

(5) 工程保险,承保各类建筑工程和机器设备安装工程在建筑和安装过程中因自然灾害和意外事故所造成的物质损失、费用和对第三者损害的赔偿责任。

(6) 盗窃保险,主要承保因盗窃、抢劫或窃贼偷窃等行为所造成的财物损失。

(7) 农业保险,是指保险人为农业生产者在从事种植、养殖和捕捞生产过程中,因遇自然灾害或意外事故所造成的损失提供经济补偿服务的保险。农业保险包括农作物保险、农产品保险、牲畜保险、家禽保险及其他养殖业保险等。

2) 责任保险

责任保险的标的是被保险人依法应对第三者承担的民事损害赔偿责任。在责任保险中,凡根据法律或合同规定,由于被保险人的疏忽或过失造成他人的财产损失或人身伤害所应付的经济赔偿责任,由保险人负责赔偿。常见的责任保险主要有以下几种:

(1) 公众责任保险,承担被保险人在各种固定场所进行的生产、营业或其他各项活动中,由于意外事故的发生所引起的被保险人在法律上应承担的赔偿金额,由保险人负责赔偿。

(2) 雇主责任保险,凡被保险人所雇用的员工(包括短期工、临时工、季节工和徒工),在受雇过程中,从事保险单(也称保单)所载明的被保险人的业务有关工作时,因遭受意外而致受伤、死亡或患与业务有关的职业性疾病,所致伤残或死亡,被保险人根据雇用合同,应承担的医药费及经济赔偿责任,包括应支付的诉讼费用,由保险人负责赔偿。

(3) 产品责任保险,由于被保险人所生产、出售或分配的产品或商品发生事故,造成使用、消费或操作该产品或商品的人或其他任何人的人身伤害、疾病、死亡或财产损失,依法应由被保险人负责时,由保险人根据保险单的规定,在约定的赔偿限额内予以赔偿。被保险人为上述事故所支付的诉讼费用及其他事先经保险人书面同意支付的费用,也由保险人负责赔偿。据此,获得产品责任赔偿必须具备两个条件:第一,造成产品责任事故的产品必须是供给他人使用,即用于已销售的商品;第二,产品责任事故的发生必须是在制造、销售该产品的场所范围以外的地点。

(4) 职业责任保险,承担各种专业技术人员(如医生、律师、会计师、工程师等)因工作上的疏忽或过失造成合同对方或他人的人身伤害或财产损失的经济赔偿责任,由保险人负责赔偿。

3) 信用保证保险

信用保证保险的标的是合同双方权利人和义务人约定的经济信用。信用保证保险是一种担保性质的保险。按照投保人的不同,信用保证保险又可分为信用保险和保证保险两种类型。信用保险的投保人和被保险人都是权利人,所承担的是契约的一方因另一方不履约而遭受的损失。例如,在出口信用保险中,保险人对出口人(投保人、被保险人)因进口人不按合同规定支付货款而遭受的损失负赔偿责任。保证保险的投保人是义务人,被保险人是权利人,保证当投保人不履行合同义务或有不法行为使权利人蒙受经济损失时,由保险人承担赔偿责任。例如,在履约保证保险中,保险人担保在承包工程业务中的工程承包人不能如期完工或工程质量不符合规定致使权利人遭受经济损失时,承担赔偿责任。综上所述,无论是信用保险还是保证保险,保险人所保障的都是义务人的信用,最终获得补偿的都是权利人。目前,信用保证保险的险种主要有下面几个:

(1) 雇员忠诚保证保险,承保雇主因其雇员的欺骗和不诚实行为所造成的损失,由保险人负责赔偿。

(2) 履约保证保险,承保签约双方中的一方,由于不能履行合同中规定的义务而使另一方蒙受的经济损失,由保险人负责赔偿。

(3) 信用保险,承保被保险人(债权人)在与他人订立合同后,由于对方不能履行合同义务而使被保险人遭受的经济损失,由保险人负责赔偿。常见的有出口信用保险和投资保险等。

4) 人身保险

人身保险是以人的身体或生命作为标的的一种保险。人身保险以伤残、疾病、死亡等人身风险为保险内容,被保险人在保险期间因保险事故的发生或生存到保险期满,保险人依照合同规定对被保险人给付保险金。由于人的价值无法用金钱衡量,具体的保险金额是根据被保险人的生活需要和投保人所支付的保险费,由投保人和保险人协商确定。人身保险主要包括人寿保险、健康保险和人身意外伤害保险。

(1) 人寿保险。人寿保险包括死亡保险、生存保险和两全保险三种。

① 死亡保险是指在保险期内被保险人死亡,保险人即给付保险金。

② 生存保险是以被保险人在保险期内仍然生存为给付条件,如被保险人在保险期内死亡,不仅不给付保险金,而且也不返还已缴纳的保险费。

③ 两全保险则是由死亡保险和生存保险合并而成,当被保险人生存到保险期满时,保

险人要给付保险金;当被保险人在保险期内死亡时,保险人也要给付保险金。两全保险的保险费带有较多的储蓄因素。

(2) 健康保险。健康保险又称疾病保险,它是指承保被保险人因疾病而支出的医疗费用,或者因疾病而丧失劳动能力,按保险单的约定,由保险人给付保险金。

(3) 人身意外伤害保险。人身意外伤害保险是指承保被保险人因意外事故而伤残或死亡时,由保险人负责给付规定的保险金;包括意外伤害的医疗费用给付和伤残或死亡给付两种。

三、按保险的实施形式分类

按保险的实施形式,可将保险分为强制保险与自愿保险。

1) 强制保险

强制保险又称法定保险,是指国家对一定的对象以法律或行政法规的形式规定其必须投保的保险。这种保险依据法律或行政法规的效力,而不是从投保人和保险人之间的合同行为而产生。例如,新中国成立初期曾经实行过的国家机关和国有企业财产都必须参加保险的规定以及旅客意外伤害保险均属强制保险。凡属强制保险承保范围内的保险标的,其保险责任均自动开始。例如,中国人民保险公司对在国内搭乘火车、轮船、飞机的旅客实施的旅客意外伤害保险,就规定自旅客买到车票、船票、机票开始旅行时起保险责任就自动开始,每位旅客的保险金额也由法律按不同运输方式统一规定。

2) 自愿保险

自愿保险又称任意保险,是由投保人和保险人双方在平等自愿的基础上,通过协商订立保险合同而建立起的保险关系。在自愿保险中,投保人对于是否参加保险,向哪家保险公司投保,投保何种险别,以及保险金额、保险期限等均有自由选择的权利。在订立保险合同后,投保人还可以中途退保,终止保险合同。保险人也有权选择投保人,自由决定是否接受承保和承保金额。在决定接受承保时,对保险合同中的具体条款,如承保的责任范围、保险费率等也均可通过与投保人协商决定。自愿保险是商业保险的基本形式。

任务三　保险的发展史、现状和趋势

一、保险的发展史

人类社会在改造自然、征服自然的漫长历史进程中,为了抵御自然灾害和意外事故,早期采用的是储存后备力量和互助的方法,后来随着商品经济发展到一定阶段,才产生了保险。

1) 保险的产生

从上古社会开始,人们为了弥补灾害事故的损失,除利用已经掌握的生产技能进行积极的预防外,还学会了通过建立经济后备的形式,防止风险对社会生活所造成的损失。据《礼记·王制》所述:"国无九年之蓄,曰不足;无六年之蓄,曰急;无三年之蓄,曰国非其国也。"公元一千多年前的西周时期就建立起各级后备仓储,储藏谷物,以备将来不时之用。这种后备仓储方式,在我国大约于公元前20世纪就形成制度,以后就更为普遍,如汉朝的"常平仓"制度、隋唐的"义仓"制度等。

在国外,保险思想最早产生于古巴比伦、古埃及和古希腊、古罗马。例如,公元前两千五百多年前,古巴比伦国王命令官员、僧侣收取税款,作为救济火灾的损失。其第六代国王汉谟拉比建立对外贸易的商队,就有对马匹死亡给予的经济保障。又如古埃及的石匠中流行一种互助基金的组织,其宗旨是共同应付丧葬费用的支付。这可以说是人身保险的萌芽。

2) 保险业务的产生和发展

(1) 海上保险的产生和发展。海上保险是最早发展起来的一种保险。共同海损是海上保险的萌芽,它是一种自发产生的、以牺牲部分利益保全船货安全的自觉行为。在公元前916年的路德岛上,为了保障海上贸易的正常进行,国王规定某位货主遭遇的损失,要由包括船主和该船所有货物的货主在内的受益人来分摊。这条规定一直沿袭下来,"一人为众,众人为一"的共同海损原则成为海上保险产生的基石。

近代保险始于14世纪,贷款与损失保证分成两个独立的行业,正式的保险经营开始建立。1310年,佛兰德尔商人成立了保险商会,订立了海运货物运输的保险费率。1347年10月23日,热那亚商人乔治·勒克维伦出具了世界上最早的保险单。15世纪以后,西欧商人的国际贸易日益扩大,促进了海上保险的迅速发展,很多政府陆续制定了一些有关海上保险的法令。

英国海上保险的形成对近代保险制度的完善具有重要意义。1871年在英国伦敦成立的"劳合社",是现今世界上最大的保险垄断组织之一。它的前身是爱德华·劳埃德在泰晤士河畔开设的咖啡馆,当时那里是人们交换航运信息、购买保险以及交谈商业新闻的场所。由于咖啡馆鼓励承保人在此开办保险业务,发行劳合新闻小报,它就逐渐演变为专门从事保险业务的经营场所。后来它迁至伦敦金融中心,改组成劳合社保险人协会,逐渐发展成为英国的保险中心。

(2) 火灾保险的产生和发展。火灾保险是财产保险的前身,其起源可以追溯到12世纪初期冰岛成立的互助社,它对火灾及家畜死亡的损失承担赔偿责任。15世纪,德国的一些城市出现了专门承保火灾损失的相互保险组织(火灾基尔特),到1676年,由46个协会在汉堡合并成立火灾保险局。

1666年9月2日伦敦的一场大火,是火灾保险产生和发展起来的直接诱因。这场火连烧几天几夜,全城大半部分被毁,数万居民无家可归,损失很大。由此促使人们重视火灾保险。次年牙科医生巴蓬个人创办火灾保险业务,他在1680年正式设立火灾保险公司,开始按照服务危险等级差别收取保险费。巴蓬被称为"现代保险之父"。

18世纪末到19世纪中叶,欧洲主要资本主义国家相继完成了工业革命,物质财富大量集中,对火灾保险的需求也变得更为迫切,火灾保险公司相继成立和壮大,火灾保险所承保的范围日益扩大,承保的责任从单一的火灾扩大到洪水、风暴、地震等,保险标的也由房屋扩大到各种固定资产。

(3) 人寿保险的产生和发展。人寿保险起源于欧洲中世纪,起初行业协会对其成员的人身伤亡和丧失劳动能力给予补偿。后来有些行业协会逐渐转化为以相互保险为目的的"友爱社",对保险责任和缴费做了比较明确的规定。但初期做法都较简单,参加者不论年龄、职业和健康情况如何,都付相同的费用,享受相同的利益。结果那些身体健康、年轻、职业危险小的人逐渐退出,使保险赔付难以维系。1693年,英国天文学家哈雷博士发表了世界上第一张生命表,此表对科学人寿保险的形成具有重要的意义。1762年,由英国人辛浦逊和道森发起的人寿及遗嘱公平保险社,首次将生命表用于计算人寿保险的费率,这标志着现代人寿保险的开始。发展至今,人寿保险业务与金融市场的投资紧密结合,人寿保险公司已成为仅次于商业银行的投资机构。

随着海上保险、火灾保险、人寿保险等保险业务的产生和发展,责任保险和信用保险等也随着社会的发展而兴起和发展。

二、我国保险业的现状

改革开放以来,我国保险业的发展取得了一定的成就,但仍然处于初级发展阶段,保险产业政策不够明晰,保险体制和机制不够健全,保险法制建设不够完善,保险市场主体类型、数量偏少,保险市场秩序不够规范,保险业务的总量和资产总量还很小,保险与国民经济的快速发展相比仍然不适应,与其他金融行业相比,保险产品和保险服务还远不能满足人们日益增长的保障需求,保险的功能还没有完全发挥出来。我国保险业存在如下问题:

1. 保险业务增长迅速,但保险地位仍然不高

我国保费收入近十年年均增长23.6%,从1994年的500亿元人民币,增加到2003年的3 880亿元人民币,保险行业总资产达1万亿元人民币,可运用资金余额达0.8万亿元人民币,但我国人均保险费不足36美元,保险密度只有34.7美元,而发达国家达2 000美元以上,世界平均水平已达422.9美元,列世界第50位的巴西,其保险密度是68.6美元。从保险密度结构上分析,我国寿险和非寿险的保险密度也远远低于世界平均水平,2002年我国的寿险密度为19.5美元,只是亚洲平均水平的15.2%,世界平均水平的7.89%;非寿险密度为9.2美元,分别是亚洲地区的23.2%和世界平均值的5.24%。如果从保险深度考量,2003年我国的保险深度只有3.33%,而世界平均水达8.14%,我国保险深度在全球的座次更排在巴西和印度等不发达国家之后。这与我国拥有13亿人口、经济持续多年高速增长、人民生活水平大幅度提高的现实不协调,保险业的地位有待提高。

2. 保险机构数量不断增加,但保险质量和效益不高

我国保险公司从2000年的32家增加到后来的56家,机构增加了69%,但平均每家拥有的保险资产仅为185亿元,保险行业1万亿元的总资产,也远远不及发达国家的一家中等水平的公司。虽然我国保费收入增长迅速,利润水平却在下降。如2002年上半年,我国保费收入同比增加590亿元,增幅达58%,其中虽然寿险业务增幅达84%,占上半年保费收入的74%,但寿险公司账面利润比同期下降了49%,而非寿险公司业务虽然增幅在10%以上,账面利润比同期也下降了22%。另外,保险承保业务质量有所下降,巨额骗保事件时有发生,虽然骗子落入法网,但从另一方面说明保险工作的承保质量不高,加之对新市场的开发积极性不足,整个经营水平不高,新险种的业务数目较往年有下降趋势,有的险种被停办,农业保险、责任保险、信用保险在多数中小城市和广大农村的多数保险公司中是空白。这种局面,严重影响了我国保险市场的扩大和整个保险业务的发展。

3. 竞争的局面虽然形成,但一家独揽的格局没有改变

随着保险市场主体不断增加,至2003年末,我国内资保险公司有54家,外资保险公司有36家,竞争的格局已经形成,但实质性的竞争没有到来。一是一家独大的格局没有突破,中国人寿保险公司、中国人民保险公司和中国平安保险公司控制着全国业务的84.62%,其中中国人寿保险公司控制了57.05%的人身保险市场份额,中国人民保险公司拥有73.74%的财产保险份额,外资保险公司只占全国保险市场业务总量的2%。二是保险公司的区域分布也有失衡状态,基本集中于京、沪、深等少数城市,沈阳、武汉这样的特大城市也只有中国人寿(中国人寿保险公司)、中国人保(中国人民保险公司)、太平洋(中国太平洋保险公司)、平安(中国平安保险公司)等几家机构,全国绝大多数地区仍然被中国人寿保险公司与中国人民保险公司垄断,外资公司主要集中于几个沿海城市。这种格局并非好事,不利于新公司的快速成长,不利于保险市场化、多元化、全方位发展。

4. 保险监管虽已加强,但监管体系不够完善

随着中国保险监督管理委员会的成立,保险监管工作得到了加强,各省、市、自治区及重点城市都设立了派出机构,有了总体上的组织保障。但由于监管体系不够完善,监管力量不足,存在着监管的"缺腿"现象,对省、市、自治区及重点城市以下的保险监管鞭长莫及,使得一些保险公司存在着非正当竞争和财务风险。一些保险公司依靠行政权力拉业务,依靠回扣做业务,不严格按保险合同赔付,以及做假账、做假赔案等现象多有发生。保险中介市场秩序也不够规范,保险市场上的鱼目混珠现象,影响了保险市场的健康发展,也说明保险监管有待加强,监管体系有待完善。

5. 保险法已再次修订,但保险法律环境不够完善

自1995年颁布保险法以来,我国在保险法制建设方面取得了巨大的成就,但是与保险业发展的要求相差较远。一方面,现行保险法律体系残缺不全,农业保险、信用保险等性质特殊的业务迄今尚无法律定位,社会保险与商业保险的法律界限也不十分明确。另一方面,修订的保险法仍有许多内容需要充实,如保险法对保险人的解释,只从订立保险合同角度出发而不是从法人的角度出发。此外,对保险中介的规范也不够全面,对保险公估人、保险咨询顾问机构等没有相应的法律条文规范,不良的保险法律环境制约了保险业的发展。

6. 保险市场不断扩大,但保险业形象急需塑造

近年来,大众传媒时常抱怨"保险好买,理赔太难"。这一方面说明保险公司的增多、保险产品的丰富给客户带来了方便,使客户容易选择到需要的产品。另一方面说明保险服务质量存在着问题,服务过程有断层、重展业轻服务、营销人员误导客户、惜赔、少赔等不守信誉现象。这些都不同程度地损害了保险业的社会形象。

三、我国保险业的发展趋势

保险业在我国被誉为21世纪的朝阳产业。根据世界银行的预测,目前我国的保费蕴藏量约为2 000亿~2 500亿元,这一预测结果得到了国内保险界的广泛认可,甚至国内有关专家认为估计还过于保守,有可能已达到2 600亿~4 200亿元。

1. 险种趋向高科技

航天、信息能源、勘探等高科技领域和医疗、伤害、养老、失业等与国家体制改革相关的领域将成为险种的设计方向。

2. 政策性保险公司将组建

鉴于近年来我国连续遭受洪水、暴雨等自然灾害的侵袭,致使许多地方农业经济屡屡遭受毁灭性损失却得不到保险补偿,国家与其每年采取财政补贴措施,不如下决心组建农业政策性保险公司,彻底解决我国这样一个农业大国的灾害补偿危机。同时,类似出口信用保险等政治因素较强的信用类保险,因其风险巨大,常使商业保险有心无力,只有成立政策性保险公司,才能完善商品出口风险保障机制,从而提高出口企业创汇能力。

3. 竞争转向非价格竞争

随着代理人、经纪人和公估人等市场中介体系的建立和不断完善、保险监管的日臻成熟,保险市场竞争将由价格竞争转向非价格竞争,服务优劣和企业形象好坏将主导竞争潮流,因此提高保险员工和中介人员的素质和服务水平、努力塑造良好的企业形象,将是一项长期而艰巨的任务。

4. 管理将由粗放型向集约型转化

由营业性质决定,各保险公司将不再把保费规模视为头等地位,而代之以追求经营效益最大化。中介人的活跃,使保险营销体制发生了很大变化,保险公司的现有员工将有大部分致力于管理,收取保费任务将由中介人完成。我国保险业多年的实践经验,加上微机等规范管理设施的配备,为各家保险公司进行科学管理提供了条件,同时也为高层次的经营管理人才提供了一展身手的广阔天地。

5. 社会主义保险市场经济将趋向成熟

随着市场化进程的加快以及人们保险意识的增强,保险需求将被大大拉动起来,保险业务将得到迅速的发展。商业保险将成为企业、家庭和个人不可缺少的风险管理部门,其社会职能作用将进一步加强。同时,商业性寿险(主要是养老、医疗、意外伤害等)与社会保险将通过法律来界定其内涵或外延,并明确各自的实施方式,化冲突为互补,使其共同构筑社会保障体系。

6. 保险业务趋向国际化

一方面,保险业的跨国投资将逐步增加,特别是发达国家的保险企业加大了对发展中国家的保险市场的开发力度。另一方面,全球性的强强联合,包括保险同业间的联合,保险与银行等企业的联合将形成一种新的趋势。同时,再保险业在21世纪将有很大的发展,这也将推进保险业队伍的国际化进程。

任务四 汽车保险的含义、特征和作用

1. 汽车保险的含义

汽车保险属于财产保险的一种,它是以汽车本身及汽车的第三者责任为保险标的的一种运输工具保险。它能够切实保障汽车的使用者和交通事故受害者在车辆发生保险责任事故,造成汽车本身损失及第三者人身伤亡和财产损失时,得到经济补偿,最大限度地减少事故所造成的损失,能够促使交通事故损害赔偿纠纷的及时解决,促进社会的稳定。

汽车保险合同中承保的标的包括内燃机车、电车、蓄电池车、摩托车、拖拉机、各种专用机械车以及特种车。其中,双燃料汽车(又称清洁燃料车辆)归属汽车范畴,如清洁燃料公共汽车。大型联合收割机属专用机械车。摩托车包括两轮或三轮摩托车,轻便摩托车,残疾人三轮、四轮摩托车。只有企业自行编号、仅在特定区域内使用的其他车辆,视其使用性质和车辆用途确定其是属于汽车还是专用机械车、特种车范畴。

汽车保险合同为不定值保险合同。不定值保险合同是指在保险合同中当事人双方事先不确定保险标的的实际价值,而只列明保险金额作为最高赔偿限额的保险合同。

2. 汽车保险的特征

汽车保险的基本特征,可以概括为以下几点:

1) 保险标的出险率较高

汽车是陆地的主要交通工具,由于其经常处于运动状态,总是载着人或货物不断地从一个地方开往另一个地方,很容易发生碰撞及其他意外事故,造成人身伤亡或财产损失。由于汽车保有量的迅速增加,国家的一些交通设施和管理水平跟不上车辆的发展速度,再加上驾驶员的疏忽、过失等人为原因,致使交通事故频繁发生,所以汽车出险率较高。

2) 业务量大,投保率高

由于汽车出险率较高,汽车的所有者需要以保险方式转嫁风险。各国政府在不断改善交通设施、严格制定交通规章的同时,为了保障受害人的利益,对第三者责任险实施强制保险。保险人为适应投保人转嫁风险的不同需要,为被保险人提供了更全面的保障,在开展车辆损失险和第三者责任险的基础上,推出了系列附加险,使汽车保险成为财产保险中业务量较大、投保率较高的一个险种。

3) 扩大保险利益

汽车保险中,针对车辆的所有者与使用者不同的特点,汽车保险条款一般规定:不仅被保险人本人使用车辆时发生保险事故保险人要承担赔偿责任,而且凡是被保险人允许的驾驶人员使用车辆时,也视为其对保险标的具有保险利益,如果发生保险单上约定的事故,保险人同样要承担事故造成的损失,保险人须说明汽车保险的规定以"从车"为主,凡经被保险人允许的驾驶人员驾驶被保险人的汽车造成保险事故的损失,保险人须对被保险人负赔偿责任。此规定是为了对被保险人提供更充分的保障,并非违背保险利益原则。但如果在保险合同有效期内,被保险人将保险车辆转卖、转让、赠送他人,被保险人应当书面通知保险人并申请办理批改。否则,保险事故发生时,保险人对被保险人不承担赔偿责任。

4) 被保险人自负责任与无赔款优待

为了促使被保险人注意维护、养护车辆,使其保持安全行驶技术状态,并督促驾驶员注意安全行车,以减少交通事故,保险合同上一般规定:驾驶员在交通事故中所负责任,车辆损失险和第三者责任险在符合赔偿规定的金额内实行绝对免赔率;保险车辆在保险期限内无赔款,续保时可以按保险费的一定比例享受无赔款优待。以上两项规定,虽然分别是对被保险人的惩罚和优待,但要达到的目的是一致的。

3. 汽车保险的作用

我国自1980年国内保险业务恢复以来,汽车保险业务已经取得了长足的进步,尤其是伴随着汽车进入百姓的日常生活,汽车保险已逐步成为与人们生活密切相关的经济活动,其重要性和社会性也正逐步突现,作用越加明显。

1) 扩大了对汽车的需求

从经济发展情况看,汽车工业已成为我国经济健康、稳定发展的重要动力之一,汽车产业政策在国家产业政策中的地位越来越重要,汽车产业政策要产生社会效益和经济效益,要成为中国经济发展的原动力,离不开汽车保险与之配套服务。汽车保险业务自身的发展对于汽车工业的发展起到了有力的推动作用,汽车保险的出现,解除了企业与个人对使用汽车过程中可能出现的风险的担心,一定程度上提高了消费者购买汽车的欲望,扩大了对汽车的需求。

2）稳定了社会公共秩序

随着我国经济的发展和人民生活水平的提高，汽车作为重要的生产运输和代步的工具，成为社会经济及人民生活中不可缺少的一部分，其作用显得越来越重要。汽车作为一种保险标的，虽然单位保险金不是很高，但数量多而且分散，车辆所有者既有党政部门，也有工商企业和个人。车辆所有者为了转嫁使用汽车带来的风险，愿意支付一定的保险费投保。在汽车出险后，从保险公司获得经济补偿。由此可以看出，开展汽车保险既有利于社会稳定，又有利于保障保险合同当事人的合法权益。

3）促进了汽车安全性能的提高

在汽车保险业务中，经营管理与汽车维修行业及其价格水平密切相关。原因是在汽车保险的经营成本中，事故车辆的维修费用是其中重要的组成部分，同时车辆的维修质量在一定程度上体现了汽车保险产品的质量。保险公司出于有效控制经营成本和风险的需要，除了加强自身的经营业务管理外，必然会加大事故车辆修复工作的管理，一定程度上提高了汽车维修质量管理的水平。同时，汽车保险的保险人从自身和社会效益的角度出发，联合汽车生产厂家、汽车维修企业开展车辆事故原因的统计分析，研究汽车安全设计新技术，并为此投入大量的人力和财力，从而促进了汽车安全性能的提高。

4. 汽车保险业务在财产保险中占有重要的地位

目前，大多数发达国家的汽车保险业务在整个财产保险业务中占有十分重要的地位。美国汽车保险保费收入，占财产保险总保费的45%左右，占全部保费的20%左右。亚洲地区的日本和中国台湾汽车保险的保费占整个财产保险总保费的比例更是高达58%左右。从我国大陆的情况来看，随着积极的财政政策的实施，道路交通建设的投入越来越多，汽车保有量逐年递增。在过去的20多年，汽车保险业务保费收入每年都以较快的速度增长。在国内各保险公司中，汽车保险业务保费收入占其财产保险业务总保费收入的50%以上，部分公司的汽车保险业务保费收入占其财产保险业务总保费收入的60%以上。汽车保险业务已经成为财产保险公司的"吃饭险种"。其经营的盈亏，直接关系到整个财产保险行业的经济效益。

任务五　我国汽车保险业务概述

在保险实务上，汽车保险因保险标的及内容不同而被赋予不同的名称。汽车保险的设计随各国国情与社会需要的不同而不同。随着汽车保险业的发展，其保险标的除了最初的汽车以外，已经扩大到所有的机动车。世界上许多国家至今仍沿用汽车保险的名称。汽车保险是承担机动车由于自然灾害或意外事故所造成的人身伤亡或财产损失的赔偿责任的一种商业保险。

过去，汽车保险种类是根据保障范围的差异而制定的。无论细分市场相同与否，保险公司机动车辆保险的险种都由主险和附加险组成，它们各自还有附加险。全车盗抢、玻璃单独破碎险、车辆停驶损失险、自燃损失险、新增加设备损失险等，是车辆损失险的附加险，必须先投保车辆损失险后才能投保上述几个附加险。车上人员责任险、无过失责任险、车载货物掉落责任险等，是第三者责任险的附加险，必须先投保第三者责任险后才能投保这几个附加险。投保不计免赔特约险，必须先同时投保车辆损失险和第三者责任险。

对于车辆损失保险,不同国家之间的承保范围有所不同。对于汽车责任保险(汽车责任险),保险业发达的国家均在承保内容上力求扩张,以便所有交通事故受害人均能得到合理的赔偿,这是现代保险业发展的必然趋势。目前,绝大多数国家把第三者责任险作为机动车辆强制性投保险种,若不投保该险种,车辆就无法上牌和年检。对于车辆的拥有者和使用者,如果投保了车辆保险,在出险后则可获得保险责任范围内的赔偿,以减少或避免车祸带来的经济损失。

2006年7月1日,机动车交通事故责任强制保险(简称交强险)开始实施。根据我国目前汽车保险的政策,在保险实务中,汽车保险因保险性质的不同,一般又分为汽车强制责任保险和汽车商业保险两大部分。虽然它们都由商业保险公司经营,但汽车强制责任保险是强制性保险,而其他的险种则是建立在保险人和被保险人自愿基础上的汽车商业保险。

伴随着机动车交通事故责任强制保险的实施,车辆损失险和商业第三者责任险发生了重大变化。中国保险行业协会率先提出,各保险公司经营的商业车险应使用统一条款和费率,这一规定已于2006年7月1日起正式施行。中国保险行业协会为目前现有的财险公司制定了A、B、C三款商业险,各家保险公司从中进行选择,这样就告别了以前各家财险公司各自为政的局面。针对商业险的A、B、C三款,中国保险行业协会还推出了车辆损失险的基础保费和费率。此次统一的是车险中的主险部分,即车辆损失险和商业第三者责任险,条款以中国人保、平安、太平洋车险条款为基准,在此基础上有细微调整。而对于车身划痕损失险、玻璃单独破碎险等附加车险,仍允许保险公司进行差异化经营。我国汽车保险产品的种类(2006年版)如表2-1所示。

表2-1 我国汽车保险产品的种类(2006年版)

强制汽车商业保险	非强制汽车商业保险		
机动车交通事故责任强制保险	主险	车辆损失险	第三者责任险
	附加险	全车盗抢险、玻璃单独破碎险、自燃损失险、新增加设备损失险、车辆停驶损失险、车身划痕损失险等	车上人员责任险、无过失责任险、车载货物掉落责任险等
	不计免赔特约险		

当然,在表2-1中是较常见车险险种的分类方法。车险改革后,有的保险公司把全车盗抢险以及车上人员责任险也列为基本险。例如,中国保险行业协会根据中国人保制定的《机动车辆保险条款(A)》就把车上人员责任险作为基本险,并可单独投保;根据中国太平洋保险公司制定的《机动车辆保险条款(C)》把盗抢险及车上人员责任险同样作为基本险,也可单独投保。主要体现在主险的附加险方面,不同地区、不同的车险产品都不尽相同,而且各车险公司根据市场情况的变化,会适时推出新的车险品种。

与一般的商业性保险不同,强制汽车责任保险制度在各国实践中,所采用的模式也不完全相同,一般可以分为两种模式:一种是将商业性汽车责任保险赋予强制险的使命与功能,使其承担法定的保险范围及金额,除此之外,没有别的汽车责任险,即一张保险单保到底的完全保障,如英国的无限额汽车责任险;另一种是除强制汽车责任险之外,还有任意汽车责任险可以弥补强制险的不足,如日本及中国台湾地区的限额保险制。强制部分的限额是最低保障的额度,所以强制汽车责任保险又被称为基本保障型强制险。

任务六 我国汽车保险产品简介

1. 机动车交通事故责任强制保险

自 2006 年 7 月 1 日起,我国开始实行《机动车交通事故责任强制保险条例》,它是我国首个由国家法律规定实行的强制保险制度。

《机动车交通事故责任强制保险条例》(以下简称《条例》)规定:"交强险是由保险公司对被保险机动车发生道路交通事故造成受害人(不包括本车人员和被保险人)的人身伤亡、财产损失,在责任限额内予以赔偿的强制性责任保险。"

《条例》第三条规定:"本条例所称机动车交通事故责任强制保险,是指由保险公司对被保险机动车发生道路交通事故造成本车人员、被保险人以外的受害人的人身伤亡、财产损失,在责任限额内予以赔偿的强制性责任保险。"依据此条的规定:①该强制性保险只承保机动车上的人员、被保险人之外的第三人所遭受的损害;②第三人所遭受的损害包括人身损害和财产损失,不包括精神损害;③该强制性保险有一定的责任限额,保险人只在该限额内承担支付保险金的责任。

2. 汽车商业保险

我国的强制汽车责任保险采取限额保险制,在强制险之外,还有汽车商业保险。根据保障的责任范围,汽车商业保险可分为基本险和附加险。基本险主要包括车辆损失险和第三者责任险,但也有的保险公司把全车盗抢险和车上人员责任险列入基本险。附加险包括全车盗抢险、车上人员责任险、无过失责任险、车载货物掉落责任险、玻璃单独破碎险、车辆停驶损失险、自燃损失险、新增加设备损失险、不计免赔特约险。

1) 车辆损失险

车辆损失险,简称车损险,是保险人对于被保险人承保的汽车,因保险责任范围内的事故所致的毁损灭失予以赔偿的保险。由于涉及保险汽车的意外事故很多,各国为扩大对被保险人的保障,一般提供综合保险。针对一些损失频率很高的危险事故,有时会被列为独立险种。例如,美国和日本的车辆损失险,包括碰撞损失险和汽车综合损失险(非碰撞损失险),全车盗抢险包括在汽车综合损失险内。我国由于机动车盗抢现象较为严重,发生频率很高,所以将全车盗抢险作为车辆损失险的附加险单独列出。

车辆损失险负责赔偿由于自然灾害和意外事故造成的车辆自身的损失。这是车险中最主要的险种。花钱不多,却能获得很大的保障。一般来说,对于进口车、国产轿车,或驾驶者技术及习惯不能对车辆安全提供较高保障的,应该投保此险种。

2) 第三者责任险

第三者责任险,简称三者险,是指被保险人或其允许的合格驾驶员,在使用保险汽车过程中发生意外事故,致使第三者遭受人身伤亡或财产的直接损毁,依法应当由被保险人支付的赔偿金额,保险人依法给予赔偿的一种保险。由于汽车的第三者损失对象既有人身伤亡又有财产损失,所以汽车责任保险又分为第三者伤害责任保险和第三者财产损失责任保险。汽车责任险有代替被保险人承担经济赔偿责任的特点,是为无辜的受害者提供经济保障的一种有效手段。对于以过失主义为基础的汽车保险制度,一般遵循"无过失就无责任,无损害就无赔偿"的原则,所以只有当被保险人负有过失责任,或者第三者有由过失直接造成的损害发生时,保险人才能依据保险合同予以赔偿。

第三者责任险负责赔偿保险车辆因意外事故,致使第三者遭受人身伤亡或财产的直接损失,保险人依照保险合同的规定给予赔偿。此险种是自愿保险,与机动车交通事故责任强制保险不同,投保这个险种是最有必要的。消费者可根据自身的需要,在投保交强险的基础上选择投保不同档次责任限额的商业第三者责任险,以便享受更高的保险保障。

3) 全车盗抢险

该险种负责赔偿车辆因被盗窃、被抢劫造成的全部损失,以及被盗窃、被抢劫期间由于车辆损坏或车上零部件、附属设备丢失所造成的损失。

4) 车上人员责任险

车上人员责任险是指发生意外事故,造成保险车辆上人员的人身伤亡,依法应由被保险人承担的经济赔偿责任,保险人负责赔偿。另外,保险车辆发生意外事故,导致车上的司机或乘客人员伤亡造成的费用损失,以及为减少损失而支付的必要合理的施救、保护费用,由保险公司承担赔偿责任。

该险种负责赔偿车辆发生意外事故造成的车上人员(包括司机和乘客)的人身伤亡和所载货物的损失。

5) 无过失责任险

无过失责任险是指机动车辆与非机动车辆、行人发生交通事故造成对方人身伤亡、财产损失,虽然保险车辆无过失,但根据《中华人民共和国道路交通安全法实施条例》的规定,仍应由被保险人承担10%的经济补偿。对于10%以上的经济赔偿部分,如被保险人为抢救伤员等已经支付而无法追回的费用,保险人亦在保险赔偿限额内承担赔偿责任。保险人承担的10%及10%以上的赔偿责任加免赔金额之和,最高不得超过赔偿限额。

6) 车载货物掉落责任险

车载货物掉落导致他物受损,该责任属于车载货物掉落责任险范畴,即对车载货物从车上掉下来造成他人(即第三者)人身伤亡、财产的损失,保险公司予以赔偿。

7) 玻璃单独破碎险

在全国大多数地区的条款中,玻璃单独破碎险是专门为前后玻璃和车窗玻璃设计的险种;而在深圳地区的相关条款中,没有专门为车窗玻璃设计的险种,而只有单独为前后挡风玻璃设计的前后挡风玻璃单独爆裂险。

对于玻璃单独破碎险,是指车辆在停放或使用过程中,其他部分没有损坏,仅挡风玻璃和车窗玻璃单独破碎,保险公司负责赔偿,对于高档车辆是很有必要买这个险种的。

8) 车辆停驶损失险

车辆停驶损失险负责赔偿保险车辆发生保险事故造成车辆损坏,因停驶而产生的损失。保险人在双方约定的修复时间内按保险单约定的日赔偿金额乘以从送修之日起至修复日止的实际天数计算赔偿。对于从事专业营运的大型客货车辆以及出租轿车,由于肇事后修车耽误营运,间接损失较大,是有必要投保的。

9) 自燃损失险

自燃损失险负责赔偿保险车辆因本车电器、线路、供油系统发生故障及运载货物自身原因起火燃烧造成的损失。由于外界火灾导致车辆着火的,不属于自燃损失险责任范围。虽然车辆发生自燃的概率相对较小,但自燃往往导致较严重的经济损失,因此在条件许可的情况下,建议车主投保自燃损失险。

10) 新增加设备损失险

如果车内的高级音响不是随车产品,而是另外安装的,就不在车辆损失险的保障范围之内,新增加设备损失险可以满足车主的保险需求。该险种负责赔偿车辆发生保险事故时造成的车上新增加设备的直接损失。当车主自己为车辆加装了制冷设备、加氧设备、清洁燃料设备、CD 及电视录像设备、真皮或电动座椅等不是车辆出厂所带的设备时,应考虑投保新增加设备损失险。否则,当这些设备因事故受损时,即使投保了车辆损失险,保险公司也是不赔偿的。

11) 不计免赔特约险

不计免赔特约险仅针对车辆损失险和第三者责任险范围内的损失,不适用附加险的免赔规定。根据条款规定,一般情况下,上述险种范围内的每次保险事故与赔偿计算履行按责免赔的原则,车主须按事故责任大小承担一定比例的损失(称为免赔额)。但如果投保了不计免赔特约险,发生保险事故后,保险公司不再按原免赔规定进行免赔,而是按规定计算的实际损失给予赔付。但在深圳地区的相关条款中,每宗事故损失赔款还须扣减绝对免赔额1 000元。

任务七 我国汽车保险的发展

我国汽车保险的发展经历了一个曲折的历程。汽车保险进入我国是在鸦片战争以后,但由于我国保险市场处于外国保险公司的垄断与控制之下,加之旧中国的工业不发达,我国的汽车保险实质上处于萌芽状态,其作用与地位十分有限。

1950 年,创建不久的中国人民保险公司就开办了汽车保险。但是因宣传不够和认识的偏颇,不久就出现对此项保险的争议,有人认为汽车保险以及第三者责任险对于肇事者予以经济补偿,会导致交通事故的增加,对社会产生负面影响。于是,中国人民保险公司于1955年停止了汽车保险业务,直到 70 年代中期为了满足各国驻华使领馆等外国人拥有汽车保险的需要,才开始办理以涉外业务为主的汽车保险业务。

1980 年,中国人民保险公司逐步全面恢复了汽车保险业务,以适应国内企业和单位对于汽车保险的需要,适应公路交通运输业迅速发展、事故日益频繁的客观需要。但当时汽车保险仅占财产保险市场份额的 2%。

随着改革开放的发展,社会经济和人民生活发生了巨大的变化,机动车辆迅速普及和发展,机动车辆保险业务也随之得到了迅速发展。1983 年,将汽车保险改为机动车辆保险使其具有更广泛的适应性,在此后的 30 多年,机动车辆保险在我国保险市场,尤其在财产保险市场中始终发挥着重要的作用。到 1988 年,汽车保险的保费收入超过了 20 亿元,占财产保险份额的 37.6%,第一次超过了企业财产保险(35.99%)。从此以后,汽车保险一直是财产保险的第一大险种,并保持高增长率,我国的汽车保险业务进入了高速发展的时期。

与此同时,机动车辆保险的条款、费率以及管理日趋完善,尤其是保监会的成立,进一步完善了机动车辆保险的条款,加大了对费率、保险单证以及保险人经营活动的监管力度,加速建设并完善了机动车辆保险中介市场,对全面规范市场、促进机动车辆保险业务的发展起到了积极的作用。

任务八 我国汽车保险的发展方向

1）险种多元化

我国地域广阔，保险产品的需求在不同地区、不同环境、不同类型的消费者中有着较大差异，为满足不同需求，需推进险种多元化车险。险种的多元化是今后我国保险市场发展的趋势之一。

险种多元化可主要针对特种车辆展开，如消防车、吊车、救护车、公交车、农林专用车等，专门针对特种车中的某类，开发适合的险种；也可针对特殊行业，如车行、修理厂、汽车制造厂、驾驶学校等经营业户，开发专门适合它们自身风险特征的保险产品。

2）费率合理化

目前，我国已放开了对车险费率的监管，可由保险公司自行制定，报保险监督管理机构备案即可，但由于市场环境不是太成熟，导致了保险产品大搞价格竞争的不良现象，在这种情况下的费率水平是不科学的。各公司的经营应以效益为首要条件，公司之间展开理性竞争，随着保险市场逐步走向成熟，在这种条件下再通过统计分析的损失率确定出的费率标准才是合理的。

另外，我国虽然在费率管理模式上已由从车费率模式逐渐转变为从车和从人相结合的费率模式，但考虑人的因素非常简单，一般只考虑了驾驶员的年龄、性别、驾龄等因素，而对其他因素还未制定风险修正系数。从发展趋势看，应增加对驾驶人员的因素考虑，同时合理拉开不同人员的费率档次，以进一步促进费率的人性化、合理化。

3）无赔款优待明显化

无赔款优待制度是汽车保险业务中所特有的制度，其目的是解决由于风险的不均匀分布使保费与实际损失相联系的问题，使保险公司实际收取的保费能够更真实地反映风险的实际情况，充分体现了经营中对于风险个性特征的考虑。

由于汽车风险受驾驶人员主观影响程度较大，因此在汽车保险中应用无赔款优待制度具有明显的优越性。主要表现为：一是可以使保险公司收取的保险费更接近真正的单一和均匀的风险；二是可以鼓励被保险人增强安全意识，谨慎驾驶，以减少交通事故；三是被保险人在损失小于折扣额时就会不报案，可以减少保险公司小额赔款案的处理成本和管理费用。因此，在各国的汽车保险业务中均采用了无赔款优待制度。

我国各保险公司的汽车保险业务也采用了无赔款优待制度，一般的做法是每一连续无赔款年度可以享受10%的安全优待，并且逐年递增，多数公司的最大优待幅度为30%，少数公司不超过50%，而国外保险公司的最大优待幅度高达70%，可见，我国在该方面还有待扩大。

4）营销电子化

保险作为金融服务业的重要组成部分，可以最大限度地发挥网络优势，促进市场营销电子化，扩大客户群和业务量。网络保险作为一种全新模式，具有成本低、业务时间和空间不受约束的优越性。由于汽车保险的风险较为规范，相应的保险产品及其定价原理也较为简单，所有这些特点均为车险开展营销电子化提供了有利条件。我国于2005年4月1日施行的《中华人民共和国电子签名法》为保险的网上销售提供了保障。

目前,我国由于网络覆盖率低、相关法律法规不够健全、网上支付系统不完善、相关设施仍待发展等问题的存在,保险的网络营销开展得还不是很好,多数保险公司网站的功能仍停留在发布险种条款、公司概况等信息方面,并未实际开展业务。但是,网络保险营销已成为一个潮流,我国的汽车保险营销模式也将面临一场革命性的转变。

【思考题】

1. 名词解释

①汽车保险;②车辆损失险;③第三者责任险;④全车盗抢险;⑤玻璃单独破碎险;⑥自燃损失险;⑦无过失责任险。

2. 简答题

汽车保险有哪些产品?

3. 论述题

试分析保险的发展趋势。

4. 社会实践

走访当地的保险公司,调查汽车保险业务开展情况,了解当前我国汽车保险业务的特点和发展趋势。

项目 3
保险的运行原则

任务一 保险利益原则

所谓保险利益,是指投保人或被保险人对其所保标的具有法律所承认的权益或利害关系,即在保险事故发生时,可能遭受的损失或失去的利益。《中华人民共和国保险法》(简称《保险法》)第十二条规定:"保险利益是指投保人对保险标的具有法律上承认的经济利益。财产保险的被保险人在保险事故发生时,对保险标的应当具有保险利益。"

1. 保险利益的起源与发展

关于保险利益,有着较长的一段历史渊源。在保险行业的初期发展阶段,并不存在保险利益一说,保险公司不要求投保人对被保险的财产、他人生命健康等有什么利害关系。于是,当时便有诸多投机者以他人的财产,或者别人的生命、健康等投保,支付小额保险费,一旦别人的财产、生命、健康等出现事故,导致损失,这个投保的人就可以得到一大笔保险赔偿金。无疑,这是一种明显的赌博行为,但是由于当时没有法律禁止,就可以合法地以小搏大。更有甚者,投保的人为了早日获取保险金,不惜损害他人的财产、伤害他人的生命,由此引发了道德危机问题。这种情形,不仅与保险行业分散风险、消化损失的原则和宗旨相背离,而且增加了被保险人的风险和损失,因而促成了保险立法的革新,提出了保险利益原则的概念。

最早在1746年,英国通过的《1746年英国海上保险法》,专门针对此问题做出了规定:"任何个人或公司组织均不能对英国船舶及其装载货物以有或没有利益、保单即证明利益、以赌博的方式、对保险人无任何残值利益的方式进行保险,这种保险无效并对各方不具有法律约束力。"

1774年,英国国会通过了《英国人身保险法》,做出了有关人身保险保险利益的规定。《1906年英国海上保险法》第五条第二款对海上保险的保险利益问题做出了定义:"当一个人与某项海上冒险有利益关系,即因与在冒险中面临风险的可保财产具有某种合法的或合理的关系,并因可保财产完好无损如期到达而受益,或因这些财产的灭失、损坏或被扣押而利益上受到损失,或因之而负有责任,则此人对此项海上冒险就具有可保利益。"

关于保险利益,不同法系的看法又有所不同。英美法系国家的保险利益制度是历经几个世纪演变而成的,大多学者认为,财产保险是被保险人对保险标的(或者说投保的财产)所具有的可以以具体金钱衡量的经济利害关系。按照美国一些州的保险法的有关规定,财产上的可保利益是指"任何使财产安全或保护其免受损失、灭失或金钱损害而产生的合法的和重大的经济利益"。

大陆法系保险利益学说经历了一般性保险利益学说、技术型保险利益学说和经济型保险利益学说等阶段。

一般性保险利益学说认为被保险人对财产的保险利益唯有其对财产的所有权,所有权就是保险利益,因此一个财产上只能存在一个保险利益。只有当被保险人对其享有所有权的财产投保,并能证明自己拥有该所有权时,才能够在出现保险事故后,要求保险公司赔偿保险金。这种"一般性保险利益学说"的出现具有相当的积极意义,该学说从根本上分清了保险与赌博的界限,可以防止因为赌博性保险出现的道德风险。

技术型保险利益学说是由德国学者Benecke提出的,他认为,保险标的并不是财产本身，而是投保人对该财产存在的不同的利益，同一个财产物上，可能存在着多个不同人的利益，不同的人对同一个财产物，具有多个保险利益。比如一辆汽车，按照一般性保险利益学说，只有汽车的所有人对该汽车具有保险利益，也只有他能够对汽车进行投保。但是，按照技术型保险利益学说，汽车所有人可以对汽车具有保险利益，如果这辆汽车被抵押给他人，那么抵押权人基于抵押权的存在，也对该车辆具有经济上的利害关系，也具有对车辆的保险利益，抵押权人也可以对汽车进行投保。

经济型保险利益学说认为，保险利益持有人的判断，应该为实质上对保险标的物有经济关系，在保险事故发生时的实际受害人。也就是说，如果某人对某物具有事实上的关系，即使尚无法律上的根据，但若该物损坏，某人就会蒙受损失，在不违反公序良俗的情况下，就可以认为某人对某物具有保险利益。

总的来说，大陆法系国家对保险利益的学说主要是针对损失补偿性保险（如绝大多数的财产保险）而言，较少对定额给付性保险（如绝大多数的人身保险）进行研究。

我国《保险法》第十二条规定："人身保险的投保人在保险合同订立时，对被保险人应当具有保险利益。财产保险的被保险人在保险事故发生时，对保险标的应当具有保险利益。人身保险是以人的寿命和身体为保险标的的保险。财产保险是以财产及其有关利益为保险标的的保险。被保险人是指其财产或者人身受保险合同保障，享有保险金请求权的人。投保人可以为被保险人。保险利益是指投保人或者被保险人对保险标的具有的法律上承认的利益。"这一规定包括了两层含义：一是投保人在投保时，必须对保险标的具有保险利益，否则，就有可能产生赌博行为或引发道德风险，丧失保险补偿经济损失、给予经济帮助的功能；二是保险利益的存在是判断保险合同有效的根本依据，缺乏保险利益要件的保险合同是无效合同。《保险法》的这一规定以法律的形式对"保险利益原则"做出了明确的规定。但这一规定未体现保险利益原则在财产保险合同、人身保险合同中适用的差异性。对于保险利益的规定过于抽象，缺乏可操作性，在实践中容易引起争议。

2. 保险利益的构成要件

从法学的角度看，保险利益作为保险合同的效力要件，投保人或被保险人对保险标的不具有保险利益的，保险合同不具有法律效力，主要有以下两层具体含义。

（1）只有对保险标的有保险利益的人才具有投保的资格。

（2）是否具有保险利益是判断保险合同能否生效或有效的依据，这是保险利益原则的内涵，具体构成需满足以下 3 个要件。

① 保险利益必须是法律认可的利益。

保险利益的存在，必须符合法律的规定，符合社会公共秩序要求，为法律认可并受到法律保护的利益，不能违反法律、行政法规的强制性规定或者公序良俗。如果投保人以非法律认可的利益投保，则保险合同无效。例如，窃贼为偷来的汽车投保车辆损失险，走私犯为走私汽车投保货运保险等，就是违反了法律规定或者公序良俗，虽然投保人确实对保险标的存在利害关系，但是这种利害关系不可能构成保险利益。

② 保险利益必须是经济上的利益。

财产保险的目的在于填补被保险人在经济上的损失，所以保险利益必然是一种经济上的利益关系，或者说是一种经济上的利害关系，并且必须是能够用货币、金钱计算和估价的利益。保险不能补偿被保险人遭受的非经济上的损失。精神创伤、刑事处罚、政治上的打击等,虽与当事人有利害关系,但这种利害关系不是经济上的,不能构成保险利益。但需要注意的是,人身保险的保险利益不纯粹以经济上的利益为限。

③ 保险利益必须是确定的利益。

保险利益必须是已经确定的利益或者能够确定的利益。这包括两层含义:第一,对保险标的的这种利益关系已经确定,是一种现有的保险利益,如我们购买汽车后,投保车辆损失险,是基于汽车所有权保险利益的,这种保险利益就是现有利益;第二,对保险标的的利益关系目前没有确定,但是将来必定能确定,是一种期待利益,又称预期利益,如运费保险、利润损失保险均直接以预期利益作为保险标的。利益关系能不能够确定,不应该从投保人、被保险人的主观角度考虑,而应该从客观现实的角度考虑。

3. 保险利益原则的现实意义

保险利益原则适用于财产保险的保险利益和人身保险的保险利益。确立保险利益原则有着十分重要的现实意义,主要在于以下几个方面。一是避免赌博行为的发生。保险的目的在于对发生的损失进行补偿,如果没有保险利益,则会使保险变成侥幸图利的赌博。二是防止道德风险的发生。道德风险是指投保人为了索取赔偿而违反道德规范,故意促使保险事故的发生或者在发生保险事故时放任损失的扩大。如果投保人对保险标的不具有保险利益,则极易发生道德风险,以机动车辆保险为例,若投保人在无保险利益的情况下签订了保险合同,则投保人就可能故意造成保险事故,骗取赔款。三是可有效限制保险补偿的程度。财产保险以损失补偿为目的,当保险事故发生时,被保险人所能获得的赔偿额度以保险利益为最高限度,保险利益原则的确立起到了有效限制保险补偿程度的作用,以机动车辆保险中的车辆损失险为例,不论投保金额为多少,都不能获得超过车辆自身价值以外的赔款。

4. 保险利益的种类

不同的权利依据可以产生不同的保险利益,而这些保险利益可能集中于同一保险标的上,并且以该保险标的作为维系的纽带,而不同的人可以基于不同的保险利益,投保不同的保险,所以保险利益的种类并不单一。例如:

(1) 所有权。动产或者不动产所有权人,对于其所有之动产或者不动产,有保险利益。

(2) 担保物权。例如设定抵押权、质押权,抵押权人、质押权人有权在债权到期但未受清偿时,通过法律程序拍卖、变卖抵押物、质押物等,就其价金具有优先受偿权。即使抵押物灭失、毁损,抵押权人或质押权人仍然能够按照顺序分配赔偿金,所以如果以抵押物作为保险标的,抵押权人、质押权人对其具有保险利益。

(3) 其他限制物权。如地上权、质权、典权、留置权等,按照前述理论,权利人也都具有相应的保险利益。

(4) 占有权。占有是一种事实上的法律关系,并不是权利,为了保障社会秩序和交易的安全,占有人可以对占有物行使权利,有事实上的合法占有、管理的权利,因此具有保险利益。例如,无因管理人对管理之物的占有,善意购买被盗车辆者对该车辆的占有等。

(5) 财产上的期待利益。期待利益有广义和狭义之分:狭义的期待利益,是指由于财产上的现有利益,可以产生将来能够预期获得的合法利益;广义的期待利益,是指给予有效的合同而产生的利益,例如一份合同如果顺利履行,则一方可以有很多利润,这部分利润就是期待利益。

(6) 财产上的责任利益。由于某项事故的发生,将会使被保险人产生民事责任,出现经济上的损失,被保险人因而具有责任上的保险利益。例如,保管合同关系、损害赔偿关系等产生的民事责任等。

(7) 基于有效合同产生的保险利益。例如,货物买卖合同、加工承揽合同、租赁合同等的合同一方均对另一方具有一定的利害关系,具有保险利益,可以为之投保。

(8) 履约信用。履约的信用,客观上对合同当事人具有重大利害关系,合同方对之具有保险利益。

5. 保险利益与保险标的的关系

同一个保险标的可以同时存在多个保险利益,故而在现实中保险利益与保险标的的关系显得错综复杂。

1) 一对多关系

即同一保险标的存在多个保险利益。在这一关系下,根据投保人的数量不同又分为两种情形。

第一种情形是投保人单一。对同一保险标的,一个投保人可以基于不同的保险利益,分别订立数个不同的保险合同,或者把几种不同性质的保险种类集中到一份保险合同中。例如,某人购买了一辆汽车,基于不同的保险利益,他可以同时投保车辆损失险、第三者责任险、车上乘员责任险、车载货物掉落责任险等,这些保险可以分别体现为几份不同的保险合同条款,也可以集中在同一份保险合同中。

第二种情形是有多个投保人。在同一个保险标的上,不同的人基于其享有的不同的保险利益,分别投保保险,各自订立不同的保险合同。例如,同一辆汽车,购车人可以投保车辆损失险,以自己为被保险人。如果这辆汽车是贷款购置的,银行可以投保贷款保证保险。

2) 多对一关系

在数个不同的保险标的上,对于同一性质的保险利益,投保人可以就不同的保险标的,订立同一个保险合同。如出租汽车公司或者某些大型公司、企业、机关等,自有的汽车数量甚多,但是这些单位对这些不同汽车的保险利益完全相同,均是基于所有权而产生的保险利益。在这种情况下,这些单位就可以与保险公司协商,以全部数量的汽车作为保险标的,洽谈一份保险合同以换取更优惠的保险费率或保险合同条件。2002 年度乌鲁木齐市(简称乌市)各家保险公司共承担市属行政事业单位保险车辆 1 850 辆,保险金额达 700 万元;2003 年,该市应承保车辆达到 2 200 辆,保险金额不菲,为节约资金,同年 9 月,政府通过乌鲁木齐市采购中心组织举办"2003 年乌市市属行政事业单位和社会团体车辆保险招标会",中国人寿保险乌市分公司、中华联合财产保险公司、中国平安保险公司乌市分公司三家保险公司经过竞争性谈判方式竞标,各中标保险公司承诺的优惠率达到了 49.1%,超过上年 30% 的优惠率,保险金额 900 万元,节约资金 370 万元左右。

6. 保险利益的效力

保险利益应当在何时、对何人存在,很大程度上决定着保险合同的效力,既决定保险合同是否成立,也决定保险合同效力存续、变更等重大事项。保险利益原则的对人效力与保险利益的时间效力关系紧密,二者应当结合在一起分析。

1) 对投保人和被保险人而言

我国《保险法》在保险利益原则上采用了传统观念,规定在投保的时候,投保人应当对保险标的具有保险利益,没有保险利益的,保险合同无效。这一规定没有强调被保险人对保标的具有保险利益,因而从法律的文义上理解,只要投保人在订立保险合同时,对保险标的具有保险利益,就算符合法律规定了。财产保险业务中,当投保人和被保险人是同一人时,这一规定比较容易理解和执行。然而现实中很多情况下,投保人和被保险人并不是同一人,保险合同成立后,保险合同并不为投保人的利益而存在,而为被保险人的利益而存在。在保险事故发生时,投保人并无任何损失,如果允许其领取保险金等于允许其获得不当利益,不符合民法的精神,所以只强调投保人对保险标的应有保险利益没有现实性。保险利益应存在于何人,是以谁会因为事故的发生而受到损害为准,而不是以其对保险的客体是否具有任何权利为准。

现代财产保险理论与实务认为,被保险人在发生事故时对财产有保险利益就已经足够了,在订立保险合同时,投保人对保险标的是否有保险利益并不重要,即当保险事故发生时,被保险人对保险标的必须具有保险利益。

【例3-1】 王先生婚前购置汽车一部,两年前与李女士结婚。每年办理车辆保险的时候,都是以王先生作为投保人和被保险人。前不久,两人由于感情破裂,准备离婚,王先生同意把这部汽车送给李女士。离婚后,车辆过户手续才办妥,还没有来得及把这个事情向汽车保险公司说,李女士驾车就出了事故,李女士向保险公司索赔,保险公司拒绝承担赔偿责任。

本案中,保险标的转让,意味着保险标的所有权的流转,如没有特殊情况则同时意味着保险利益的变更。王先生作为投保人,把汽车转让给离异后的李女士,王先生本人不再享有对汽车的所有权,当然也就丧失了对汽车的保险利益;而李女士虽然取得了对汽车所有权的保险利益,但因为没有及时变更保险合同主体,她既不是保险合同中的投保人,也不是保险合同中的被保险人和受益人,没有保险保障。有保险合同的人无保险利益,有保险利益的人无保险合同,因此出险后双方都得不到保险赔偿金。

2) 对于受益人或者保单持有人而言

保险利益只是投保人和被保险人之间的利害关系,原则上不涉及其他人。受益人或者保险单持有人之所以能够涉及保险合同,完全在于投保人的事先指定。投保人可以根据某些原因出于自己的真实意愿指定受益人、保险单持有人,也可以改变这样的指定,撤销指定受益人或者指定他人为受益人。如果受益人或者保单持有人图财害命,保险公司依法有权拒绝赔偿,受益人或者保单持有人最终将一无所获。因此,原则上受益人或者保险单持有人并不必须对保险标的具有保险利益。但是如果投保人和被保险人是同一人,在保险事故发生时不具有保险利益了,那么这样的受益人或者保险单持有人必须应具有保险利益,才能向保险公司要求保险赔偿金。

3) 保险利益对保险合同成立、生效的影响

保险利益作为保险合同权利义务形成的基础,关系到投保人的资格,同时为能有效地消除赌博的可能性、防止道德风险的发生,我国《保险法》将保险利益作为保险合同的一个效力要件。然而实践中,若完全照搬《保险法》关于"投保人对保险标的不具有保险利益的,保险合同无效"的规定,在保险实务中易引起保险合同纠纷,有违保险合同的公正,甚至会损害被保险人的利益。因而从现代保险的发展角度看,保险利益不是保险合同的生效要件,而是保险损失补偿原则起作用的要件。

4) 保险利益的转移

保险利益的转移,是指由于被保险人死亡而开始继承法律关系,或者由于保险标的物发

生所有权转移,或者由于保险合同当事人破产而发生保险标的物作为待分配财产等情形,导致的保险利益归属主体发生的变化。

(1) 继承。对于保险合同成立后,被保险人死亡,保险标的被继承的情况,保险利益是否也被继承,我国《保险法》没有明确的规定。国际上大多数国家的保险立法规定,在财产保险中投保人或被保险人死亡,其继承人自动获得继承财产的保险利益,保险合同继续有效直至合同期满。

(2) 转让。转让含有保险利益的转让和保险标的的转让两层含义。其一,保险利益不能脱离保险标的单独转让。由于保险利益不仅仅是一种价值,更是人对物的一种关系,只要人与物的这一特殊关系继续存在,保险利益就不会发生变化。所以,如果作为保险标的的物没有转让,说明人与物的关系并不变化,因此保险利益便没有变化的理由和可能,即保险利益不可能单独转让。其二,保险标的转让,相应的保险利益也发生转移。国际上,除海上货物运输保险以外的财产保险,通常若投保人或被保险人将标的物转移给他人而未经保险人同意或批注,则保险合同的效力终止。不过,这一规定侧重于要求保险标的物获得者履行批注手续,并未排除保险利益可随保险标的物转移的情形。有的国家采用"从物主义"理论,如德国保险契约法、瑞士保险契约法、日本商法等保险立法规定,保险标的物所有权移转时,除保险合同另有规定者外,保险合同仍然为受让人的利益而存在。有些国家采用"折中主义"理论,如奥地利等国家规定:保险标的的物若为不动产之转让,保险利益随之转移,称之为"同时转移主义";若为动产之转让,保险利益不得转移,保险合同消灭。

(3) 破产。在财产保险中,投保人破产的,投保人在破产前订立的保险合同仍然有效,如果投保人与被保险人为同一人,且保险标的属于破产财产的,投保人丧失对破产财产的处分权、管理权,保险标的以及保险合同上的利益都将归属于破产债权人。但是破产债权人并不能直接行使对保险标的的处分权、管理权,而是应该由破产清算组来行使。如果投保人与被保险人为不同人,投保人破产的,由于投保人纯属交付保险费之人,其破产对于保险合同的利益不产生什么影响,保险标的不属于破产财产,其管理权、处分权仍然属于被保险人;被保险人破产的,保险利益转移给破产的财产管理人和债权人。但各国法律通常规定一个期限,在此期限内保险合同继续有效,过了这一期限,破产财产的管理人或债权人应与保险人解除保险合同。

7. 保险利益原则在汽车保险实务中的运用

在机动车辆保险的经营过程中,涉及保险利益原则方面存在一个比较突出的问题,即被保险人与车辆所有人不吻合的问题。在车辆买卖过程中,由于没有对保单项下的被保险人进行及时的变更,导致其与持有行驶证的车辆所有人不吻合,一旦车辆发生损失,原车辆所有人由于转让了车辆,不具有对车辆的可保利益,导致在其名下的保单失效,而车辆新的所有者由于不是保险合同中的被保险人,当然也不能向保险人索赔,这种情况在出租车转让过程中更明显。

【例3-2】宋先生的一辆汽车准备转让给刘先生,双方商量好,办完过户手续、保险变更手续后交车,刘先生付全款。宋先生在二手车市场上刚办好过户手续,刘先生因为急着用车,就把钱交给了宋先生,开车走了。一小时后,刘先生驾车就被一辆货车撞了。刘先生没办法,就让宋先生先向保险公司索赔。保险公司称,该车已经转让却没有通知保险公司,因此依据保险条款的规定,保险公司有权拒赔。刘先生不服气,宋先生则觉得很过意不去,但是对于怎样变更保险合同,怎么样才能保证得到理赔,他们二人都不清楚。

本案中宋先生把车卖给刘先生并且完成了卖车过户手续,那么宋先生已经丧失了对该车辆的保险利益,因此即便车损坏了,损失也是刘先生的,与宋先生已经没有什么利害关系了。既然宋先生没有什么损失,保险公司当然不应该赔偿保险金,否则宋先生就是不当得利了。而刘先生虽然有损失,可是他却不是保险合同中的被保险人,所以他也得不到保险赔偿。

然而在实践中,类似的、较之更为复杂的问题和矛盾还有很多,为了明确车辆所有权转移过程中被保险人的保险利益,2004年12月20日,北京市高级人民法院审判委员会第138次会议通过《关于审理保险纠纷案件若干问题的指导意见(试行)》,对此做出了细致而清晰的规定。

《关于审理保险纠纷案件若干问题的指导意见(试行)》第四十条规定了财产保险合同中,被保险车辆所有权转移过程中,谁为被保险人的情形:①保险车辆已经交付,但尚未完成过户手续,保险人已办理保险单批改手续的,新车主是实际被保险人;②保险车辆尚未交付,但已经完成过户手续,保险人已办理保险单批改手续的,新车主是被保险人;③保险车辆尚未交付,且未完成过户手续,保险人已办理保险单批改手续的,新车主是实际被保险人;④保险车辆已经交付,过户手续已经完成,并已向保险人提出保险单变更申请的,新车主是被保险人;⑤保险车辆已经交付,过户手续已经完成,但未向保险人提出保险单变更申请的,新、旧车主都不是被保险人。

由此可见,关键的问题在于车主必须要向保险公司办理保险单的批改手续,最起码要向保险公司提出保险单变更的申请才可以保障保险合同的持续有效。从规定看,在车辆过户之前应该办理保险单批改手续,在过户完成后应及时提出保险单的变更申请,以保证在车辆过户过程中保险合同不会中断,对买卖双方都存在保险保障。

任务二 最大诚信原则

最大诚信原则是指保险当事人在订立、履行保险合同的过程中要诚实守信,不得隐瞒有关保险活动的任何重要事实,特别是投保人必须主动地向保险人陈述有关保险标的风险情况的重要事情,不得以欺骗手段诱使保险人与之订立保险合同,否则,所订立的合同不具备法律效力。其中重要事实是指那些足以影响保险人判断风险大小、决定保险费率和确定是否接受风险转移的各种情况。

1. 最大诚信原则的起源与发展

最大诚信原则作为保险合同的基本原则可以追溯到海上保险初期,当时因通信工具极为落后,在商定保险合同时,被保险的货船往往已行运至千里之外,保险人做出承保决定以及决定保险费率,几乎完全依靠投保人提供的有关材料,因此保险人对投保人存在极大信赖。假若投保人以欺诈手段订立合同,将使保险人深受其害,所以要求当事人双方必须有超出一般合同的诚实和信用。1765年,被称为保险法之父的英国大法官曼斯菲尔德在对Carter VS Boehm案件做出的判例中写道:"保险是一种投机性的合同,用以计算偶然性机会的特殊事实通常只有被保险人知道;保险人相信他的陈述,相信他未对他所知道的情况有所隐瞒,误导保险人认为某种情况不存在,某种风险不存在,并在此基础上承保。""隐瞒这种情况就是欺诈,因此,保单是无效的。尽管有时这种隐瞒是因为错误,并没有任何欺诈的意图,无论怎么说保险人是被欺骗了,保单是无效的,风险的趋势和签订保险合同时所理解的风险和估计的发展趋势有了实际上的差异。""诚信就是禁止保险合同的任何一方通过隐瞒他已知的事实,使另一方因为不知道这一事实,相信了相反的情况而达成交易。"详细地阐述了基于诚信原则,规定告知义务的目的和意义。《1906年英国海上保险法》首先以法律的形式确定此原则,其第十七条规定:"海上保险契约是基于最大诚信的契约,如一方不遵守最大诚信,他方的主张契约无效。"后来,最大诚信原则便成为各国保险合同的一项基本原则,被各国立法所普遍采纳。

  最大诚信原则是保险合同的基本原则,要求当事人所具有的诚信程度比其他民事活动更为严格,这与保险经营、保险合同的特点是分不开的。保险合同的标的是被保险人的财产或人身将来可能发生的危险,尚属不确定状态,保险人之所以能够承保处于不确定状态的危险,是基于其对危险发生程度的测定和估计。投保前后,保险标的均在被保险人的控制之下,被保险人对保险标的的危险状况最为清楚,而保险人作为危险的承担者,不可能全面了解每一个保险标的的具体状况,为了便于保险人测定和估计事故发生的危险程度,特别要求投保人在申请保险时应当对一切重要的事实和情况做真实可靠的陈述或严格遵守保险合同规定的条件。投保人的告知是否实事求是地反映了保险标的的状况,对于保险人的利益至关重要。如果投保人欺诈或者隐瞒一些重要事实,就有可能导致保险人对风险的判断不准确、失误和受骗,甚至使得保险沦为赌博。所以历史上最大诚信原则产生初期主要是约束投保人的工具,保险人往往以投保人破坏此原则为由拒绝履行赔偿义务。随着社会的发展,保险法的领域越来越倾向于保护被保险人、受益人的利益。一方面,所谓诚信原则是针对合同双方的,并不仅仅要求一方而放纵另一方,所以保险人应与投保人和被保险人一样履行同类的义务;另一方面,无论社会如何变化,投保人、被保险人作为一个群体而言,在财力上、精力上、运作经验上也不能和保险人处在平等的地位上,很多人常常由于不懂法律知识,不知道怎样算是尽到如实告知的义务,结果身处苦难的时候却无法得到保险保障。为了平衡双方的地位,保险法的发展趋势要求增加保险人的诚信义务,要求保险人能够及时地将被保险人违反某些法律、合同义务的法律后果清楚地告诉投保人和被保险人。

  正是基于这一点,我国《保险法》第十七条明确规定:"订立保险合同,采用保险人提供的格式条款的,保险人向投保人提供的投保单应当附格式条款,保险人应当向投保人说明合同的内容。对保险合同中免除保险人责任的条款,保险人在订立合同时应当在投保单、保险单或者其他保险凭证上作出足以引起投保人注意的提示,并对该条款的内容以书面或者口头形式向投保人作出明确说明;未作提示或者明确说明的,该条款不产生效力。"我国的立法理念,应该说在世界上都是少有的,因我国民法同时规定了诚信与公平原则,故我国保险法原则同时包含了我国民法诚信与公平原则的内涵。一个是"说明",一个是"明确说明",表现出我国《保险法》非常注重保障投保人、被保险人的利益。保险合同必须建立在双方最大诚信的基础上,任何一方如有违反,另一方有权提出合同无效。

  从理论上讲,最大诚信原则对保险合同的双方当事人都有约束,但在实践中,最大诚信原则更多地体现为对投保人或被保险人的要求。因为保险标的具有多样性和复杂性,在决定承保之前,保险人不可能做到对标的进行全面彻底的持续了解,即使要做到也需要投保人主动全面地配合。保险人通常是依据投保人告知的情况来决定承保与否及承保条件的,这就要求投保人本着最大诚信原则履行如实告知的义务。当然,最大诚信原则,对保险人也有约束,保险人也必须遵守。因为保险合同是一种附和合同,即保险合同的条款往往是由保险人单方面拟定的,保险合同的技术性、复杂性都很强,一般投保人难以充分了解和掌握,这就要求投保人从最大诚信原则出发,履行合同规定的责任和义务。

经全国人大常务委员会第三十次会议修改,我国于2003年1月1日起施行的新保险法强调诚实信用原则,促进保险市场良性发展。新保险法将诚实信用原则与守法原则和自愿原则分开,专条规定"保险活动当事人行使权利、履行义务应当遵循诚实信用原则",明显地体现了强调诚实信用原则的立法意图。这是总结我国保险市场建立和发展至今的实践经验的成果,具有重要的法律意义。从保险实务角度讲,该项原则适用于保险活动的各个环节和各方当事人。诸如:在签订各类保险合同时,保险人应当本着诚实信用原则履行条款的说明义务和提请对方注意的义务;而投保人则必须履行如实告知义务。在保险合同的履行过程中,保险人和投保人、被保险人、受益人同样应当按照诚实信用的要求行使权利、履行义务。

2. 最大诚信原则的内容

最大诚信原则主要包括告知、保证、弃权与禁止反言等方面的内容。

1) 告知

告知有广义与狭义之分。狭义的告知是指合同当事人双方在订约前与订约时,当事人双方互相据实申报、陈述;广义的告知是指合同订立前、订立时及在保险合同有效期内,投保方对已知或应知的与风险和标的有关的实质性重要事实,据实向保险方做口头或书面申报,同时,保险方也应将与投保方利害相关的实质性重要事实,据实通告投保方。这里的实质性重要事实是指那些影响保险人确定保险费率,或影响其是否承保及承保条件的每一项事实。在保险实务中,对于保险人来说,通常称为据实说明义务;对于投保人来说,则称为如实告知义务。

(1) 告知的主要内容。

投保人与被保险人的告知内容:①合同订立时,投保人或被保险人对已知的与保险标的及其危险有关的重要事实如实地向保险人声明、申报、陈述;②保险合同订立后,如果保险标的的危险程度增加,投保人或被保险人应当及时通知保险人,所谓危险增加,是指订约时所未曾预料或未予以估计的危险可能性的增加;③保险事故发生后,投保人或被保险人应及时通知保险人;④重复保险的投保人,应将重复保险的相关情况通知保险人;⑤保险标的转让时,投保人应及时通知保险人,经保险人同意继续承保后,方可变更保险合同。

保险人的告知内容主要是合同订立时,保险人应当主动向投保人说明保险合同条款内容,以及费率和其他可能会影响投保人做出投保决定的事实。

(2) 告知的形式。

投保人告知的形式有无限告知和询问回答告知两种。无限告知又称客观告知,即对告知的内容没有确定性的规定,只要求投保人告知保险人有关保险标的危险状况的任何重要事实。目前,法国、比利时以及英美法系国家的保险立法均采取这一形式。询问回答告知又称主观告知,投保人只对保险人询问的问题如实告知,对询问以外的问题,投保人没有义务告知。保险人没有询问到的问题,投保人不告知不构成告知义务的违反。目前,大多数国家的保险立法均采用询问回答告知的形式。我国《保险法》规定投保人采用询问回答的告知方式。

保险人的告知形式包括明确列明和明确说明两种。明确列明是指保险人只需将保险的主要内容明确列明在保险合同中，即视为已告知被保险人；明确说明是指保险人在明确列明的基础上，还需要向投保人进行明确的提示和正确的解释。在国际上，通常只要求保险人采用明确列明的告知形式。我国为了更好地保护被保险人的利益，要求保险人采用明确说明的告知形式，对保险条款、责任免除等重要内容加以解释。

2) 保证

保证是最大诚信原则的一项重要内容，是指投保人或被保险人向保险人做出承诺，保证在保险期间遵守作为或不作为的某些规定，或保证某一事项的真实性，其主体是投保人或被保险人。保证是保险合同的基础，因而，各国对保险合同中保证条款的掌握十分严格。投保人或被保险人违反保证，不论其是否有过失，亦不论是否给对方当事人造成损害，保险人均可解除合同，并不负赔偿责任。

(1) 保证的主要内容。

在机动车辆保险中，遵守保证一般有如下几个方面的意思：①在事故发生前，投保人要保证遵照有关防灾防险的规定，接受有关部门的合理化建议，尽量避免事故的发生；②接受保险人提出的整改意见，加强、改善对保险标的的安全保障；③不能破坏保险人采取的安全预防措施；④保险事故发生时，投保人或被保险人尽力采取必要的措施，对受损后的财产进行整理、修复，防止或减少损失。

(2) 保证的形式。

①按照保证存在形式的划分，保证分为明示保证和默示保证。

明示保证是保证的主要表现形式，是以文字形式在保险合同条款中列出的保证。如机动车辆保险合同中列有遵守交通法规、安全驾驶、做好车辆维护等条款。一旦合同生效，上述内容就成了投保人对保险人的保证，对投保人具有作为或不作为的约束力。

默示保证是指在保险合同中没有文字载明，但已被社会普遍认同的行为规范与准则，在保险实践中应予遵守的一类保证。如投保车辆盗抢险后，平常人离开车应该把车门、车窗关好等，虽然财产保险合同中未列此内容，但这被视为应有的日常行为准则，保险人对因此被盗造成的财产损失不承担赔偿责任。

②按照保证事项是否存在划分，保证分为确认保证和承诺保证。

确认保证是指投保人对过去或现在某一特定事实存在或不存在的保证，是对过去或投保当时的事实陈述，不包括保证该事实继续存在的义务。投保人只要事实上陈述不正确，即构成违反保证。

承诺保证是指投保人或被保险人对将来某一特定事项的作为或不作为的保证。投保人或被保险人违反承诺保证的，保险人自其发生违反保证的行为之日起可解除合同。

保险合同中，涉及索赔程序或有关保护保险人权益的规定为条件，承诺保证往往与条件难以区分。承诺保证较保险合同在条件上要严格得多，被保险人对条件内容的违反，并不一定产生保险合同的解除。

3) 弃权与禁止反言

弃权与禁止反言是最大诚信原则对保险人的一种行为限制要求。

所谓弃权，是指保险人放弃法律或他在保险合同中规定的某种权利，如拒绝承保的权利、解除保险合同的权利等。构成弃权必须具备两个要件：首先，保险人须有弃权的意思表示,这种意思表示可以是明示的,也可以是默示的;其次,保险人必须知道有权利存在。

禁止反言也称"禁止抗辩",是保险合同一方既然已放弃他在合同中的某种权利,将来不得再向他方主张这种权利。事实上,无论是保险人还是投保人,如果弃权,将来均不得重新主张,但在保险实践中,主要用于约束保险人。

弃权与禁止反言常因保险代理人的原因产生。保险代理人出于增加保费收入以获得更多佣金的需要,可能不会认真审核标的情况,而以保险人的名义对投保人做出承诺并收取保险费。一旦保险合同生效,即使发现投保人违背了保险条款,也不得解除合同。因为保险代理人放弃了本可以拒保或附加条件承保的权利。从保险代理关系看,保险代理人是以保险人的名义从事保险活动的,其在授权范围内的行为所产生的一切后果均应由保险人来承担。所以,保险代理人的弃权行为即视为保险人的弃权行为,保险人不得为此拒绝承担责任。

弃权与禁止反言的限定,不仅可以约束保险人的行为,要求保险人为其行为及其代理人的行为负责,同时也维护了被保险人的权益,有利于保险双方权利、义务关系的平衡。

4) 其他诚实义务

我国《保险法》规定,保险公司及其工作人员、保险代理人、保险经纪人在保险业务活动中不得有下列行为:①欺骗投保人、被保险人或者受益人;②对投保人隐瞒与保险合同有关的重要情况;③阻碍投保人履行本法规定的如实告知义务,或者诱导其不履行本法规定的如实告知义务;④承诺向投保人、被保险人或者受益人给予保险合同规定以外的保险费回扣或者其他利益;⑤故意编造未曾发生的保险事故进行虚假理赔,骗取保险金;⑥利用行政权力、职务或者职业便利以及其他不正当手段强迫、引诱或者限制投保人订立保险合同。

3. 最大诚信原则在汽车保险实务中的运用

【例3-3】 某出租汽车公司为其公司的全部车辆投保机动车损失险,为了获得保险费优惠费率,向保险公司提出是否可以按照固定驾驶员的条件,确定优惠费率;同时出租汽车公司也承认,自己的一部分出租汽车是固定驾驶员的,还有一部分汽车驾驶员并不固定,人员流动性比较大。但是保险公司的业务员认为问题不大,为了承揽这笔生意,保险公司业务员按照全部固定驾驶员的条件确定了比较优惠的保险费率,保险公司决定承保,并每车出具一份保险单。后来,一辆出租汽车更换驾驶员不久,即出现保险事故,出租汽车公司索赔时,保险公司核赔部门发现该车辆未遵守固定驾驶员的合同条件,遂提出拒赔。出租汽车公司不服,遂向法院起诉。

在本案中,出租汽车公司在投保时,已经告诉保险公司驾驶员不全部固定的相关情形,保险公司为承揽生意仍然接受,同意承保,说明保险公司已经放弃因驾驶员不固定而拒绝赔偿的权利,事发之后又以此为理由拒绝赔偿,显然构成反言。法律上禁止保险公司的此项反言行为,因此,保险公司若无其他合理理由则应当予以赔偿。

【例3-4】 某建筑公司以一进口宝马轿车为标的向保险代办处投保机动车辆保险,承保时,保险代理人误将该车以国产车计收保费,少收保费980元。保险公司发现这一情况后,遂通知投保人补缴保费,但遭拒绝。无奈之下,保险公司单方面为投保人出具了保险批单,批注:"如果出险,我公司按比例赔偿。"合同有效期内,该车不幸出险,投保人向保险公司申请全额赔偿,保险公司以出具的保险批单为由拒绝全额赔偿,建筑公司不服,遂告之法庭。

本案中,如果本着保险价格与保险责任相一致的精神,此案宜按比例赔偿,但依法而论,应按保险金全额赔偿。其中重要的理由是依据最大诚信原则,保险合同是最大诚信合同,告知、弃权、禁止反言是保险最大诚信原则的主要内容。本案投保人以进口宝马轿车为标的投保是履行如实告知义务。保险合同是双务合同,即一方的权利为另一方的义务。在投保人履行合同义务后,保险公司依法必须使其权利得以实现,即依合同规定金额赔偿保险金。保险代理人具有准确使用费率的义务,保险代理人误以国产车收取保费的责任不在投保人,代理人的行为在法律上应推定为放弃以进口车标准收费的权利,即弃权;保险公司单方出具保险批单的反悔行为是违反禁止反言的,违背了最大诚信原则,不具法律效力。在法律上,保险公司少收保费的损失应当由负有过错的保险代理人承担,不能因投保人少交保费而按比例赔偿。保险公司在收取补偿保费无结果的情况下,只能按照进口宝马轿车的全额赔付,而不是按比例赔付,否则,有违民事法律过错责任原则,使责任主体与损失承担主体错位。

任务三 近因原则

　　保险法上的近因原则是指保险人对于承保范围内的保险事故作为直接的、最接近的原因所引起的损失承担保险责任,而对于承保范围以外的原因造成的损失不负赔偿责任。近因原则是保险当事人处理保险案件或法庭审理有关保险赔偿的诉讼案,在调查事件发生的起因和确定事件责任的归属时所遵循的一项基本原则。

　　保险关系上的近因是指造成被保险人损失的最直接的、最关键的、最主要的原因。有效的近因并不一定是指时间上最初的原因或最终的原因,而是一种能动而有效的原因,这既指原因和结果之间有直接的联系,又指原因十分强大而有力,以致在一连串事件中,人们从各个阶段上可以逻辑地预见下一事件,直到发生意料中的结果。如果有多种原因同时起作用,近因就是其中导致结果的起决定作用的或强有力的原因。

1. 近因原则的起源

　　保险中的近因原则,起源于海上保险。《1906年英国海上保险法》第五十五条规定:"除本法或保险契约另有规定外,保险人对于因承保之海难所致之损害,均负赔偿责任,对于非因承保之海难所致之损害,均不负赔偿责任。"

　　近因原则的里程碑案例是英国 Leyland Shipping Co. Ltd. v. Norwich Union Fire Insurance Society Ltd. 一案。一战期间,Leyland 公司的一艘货船被德国潜艇的鱼雷击中后严重受损,被拖到法国勒哈佛尔港,港口当局担心该船沉没后会阻碍码头的使用,于是该船在港口当局的命令下停靠在港口防波堤外,在风浪的作用下该船最后沉没。Leyland 公司索赔遭拒后诉至法院,审理此案的英国上议院大法官 Lord Shaw 认为,导致船舶沉没的原因包括鱼雷击中和海浪冲击,但船舶在鱼雷击中后始终没有脱离危险,因此,船舶沉没的近因是鱼雷击中而不是海浪冲击。

　　在保险实务中,当保险事故发生时,导致保险损失的原因可能会有多个,而对每一原因都投保于投保人经济上不利且无此必要。按照近因原则,当保险人承保的保险事故是引起保险标的损失的近因时,保险人应负赔偿(给付)责任。也就是说,保险赔偿必须要以保险事故的发生为原因,以造成保险标的的损失为结果,只有两者之间具有直接的因果关系时,才能构成保险人对损失赔偿的责任,即正确地确定保险人的保险责任关键在于判定因果关系。但是真正去判断因果关系的逻辑、影响等,实在是很复杂、很不精确的事。所以,虽然任何一个国家研究保险法,都必须要谈近因原则或者因果关系,但是并不能用成文法典或者具体规范来规定如何判定近因。

《中华人民共和国保险法》《中华人民共和国海商法》只是在相关条文中体现了近因原则的精神而无明文规定。《最高人民法院关于审理保险纠纷案件若干问题的解释(征求意见稿)》第十九条规定:"人民法院对保险人提出的其赔偿责任限于以承保风险为近因造成损失的主张应当支持。近因是指造成承保损失起决定性、有效性的原因。"

2. 近因的认定方法

近因的认定方法有如下两种。

(1) 从最初事件出发,按逻辑推理,判断下一个事件可能是什么;再从可能发生的第二个事件,按照逻辑推理判断最终事件(即损失)是什么。如果推理判断与实际发生的事实相符,那么最初事件就是损失的近因。

(2) 从损失开始,按顺序自后向前追溯,在每一个阶段上按照"为什么这一事件会发生"的思考来找出前一个事件。如果追溯到最初的事件且没有中断,那么最初事件即近因。比如,暴风吹倒了电线杆,电线短路引起火花,火花引燃房屋,导致财产损失。对此,我们无论运用上述哪一种方法,都会发现此案例中的暴风、电线杆被刮倒、电线短路、火花、起火之间具有必然的因果关系,因而,财产受损的近因——暴风,也就随之确定了。

3. 近因的认定与保险责任的确定

在实际生活中,损害结果可能由单因素造成,也可能由多因素造成。单因素比较简单,多因素则比较复杂。从近因的认定与保险责任的确定来看,主要包括以下几种情况。

1) 单一原因导致损失

单一原因导致损失,即损失由单一原因造成。如果事故发生所致损失的原因只有一个,显然该原因为损失的近因。如果这个近因属于保险风险,保险人应对损失负赔付责任;如果这个近因是除外风险,则保险人不予赔付。比如,某人投保人身意外伤害保险,后来不幸死于癌症。由于其死亡的近因是癌症,为人身意外伤害保险的除外责任,故保险人对其死亡不承担保险责任。

2) 多种原因同时并存发生导致损失

多种原因同时并存发生导致损失,即损失由多种原因造成,且这些原因几乎同时发生,无法区分时间上的先后顺序。如果损失的发生有同时存在的多种原因,且对损失都起决定性作用,则都是近因。而保险人是否承担赔付责任,应区分两种情况。①如果这些原因都属于保险风险,则保险人承担赔付责任;相反,如果这些原因都属于除外风险,则保险人不承担赔付责任。②如果这些原因中既有保险风险,也有除外风险,保险人是否承担赔付责任,则要看损失结果是否容易分解,即区分损失的原因。对于损失结果可以分别计算的,保险人只负责保险风险所致损失的赔付;对于损失结果难以划分的,保险人一般不予赔付。比如,某企业运输两批货物,第一批投保了水渍险,第二批投保了水渍险并加保了淡水雨淋险,两批货物在运输中均遭海水浸泡和雨淋而受损。显然,两批货物损失的近因都是海水浸泡和雨淋,但对第一批货物而言,由于损失结果难以分别计算,而其只投保了水渍险,因而得不到保险人的赔偿;而对第二批货物而言,虽然损失的结果也难以划分,但由于损失的原因都属于保险风险,所以保险人应予以赔偿。

3) 多种原因连续发生导致损失

多种原因连续发生导致损失,即损失是由若干个连续发生的原因造成,且各原因之间的因果关系没有中断。如果损失的发生是由具有因果关系的连续事故所致,保险人是否承担赔付责任,也要区分两种情况。①如果这些原因中没有除外风险,则这些原因即损失的近因,保险人应负赔付责任。②如果这些原因中既有保险风险,也有除外风险,则要看损失的前因是保险风险还是除外风险。如果前因是保险风险,后因是除外风险,且后因是前因的必然结果,则保险人应承担赔付责任;相反,如果前因是除外风险,后因是保险风险,且后因是前因的必然结果,则保险人不承担赔付责任。比如,一艘装有皮革与烟草的船舶遭遇海难,大量的海水侵入使皮革腐烂,海水虽未直接浸泡包装烟草的捆包,但由于腐烂皮革的恶臭气味,致使烟草变质而使被保险人受损。那么,据上述情况可知,海难中海水侵入是皮革腐烂损失的近因,而由于海难与烟草的损失之间存在着必然的不可分割的因果关系,所以烟草损失的近因也是海难,而非皮革的恶臭气味。又比如,人身意外伤害保险(疾病是除外风险)的被保险人因打猎时不慎摔成重伤,因伤重无法行走,只能倒卧在湿地上等待救护,结果由于着凉而感冒高烧,后又并发了肺炎,最终因肺炎致死。此案中,被保险人的意外伤害与死亡所存在的因果关系并未因肺炎疾病的发生而中断,虽然与死亡最接近的原因是除外风险——肺炎,但它发生在保险风险——意外伤害之后,且是意外伤害的必然结果,所以,被保险人死亡的近因是意外伤害而非肺炎,保险人应承担赔付责任。

4) 多种原因间断发生导致损失

多种原因间断发生导致损失,即损失是由间断发生的多种原因造成的。如果风险事故的发生与损失之间的因果关系由于另外独立的新原因介入而中断,则该新原因即损失的近因。如果该新原因属于保险风险,则保险人应承担赔付责任;相反,如果该新原因属于除外风险,则保险人不承担赔付责任。比如,在汽车玻璃单独破碎保险中,火灾为除外风险,被保险汽车附近发生火灾时,一些暴徒趁机打破该车的玻璃,企图盗劫。此案中,火灾与玻璃损失之间不是必然的因果关系,暴徒袭击才是近因,故保险人应负赔偿责任。又比如,在人身意外伤害保险中,被保险人在交通事故中因严重的脑震荡而诱发癫狂与抑郁交替症。在治疗过程中,医生叮嘱其在服用药物巴斯德林时切忌进食干酪。但是,被保险人却未遵医嘱,服该药时又进食了干酪,终因中风而亡,据查中风确系巴斯德林与干酪所致。在此案中,食用相忌的食品与药物所引发的中风死亡,已打断了车祸与死亡之间的因果关系,食用干酪为中风的近因,故保险人对被保险人中风死亡不承担赔偿责任。

4. 近因原则在汽车保险实务中的运用

按照近因原则,如果是单一原因导致保险损失的,则只需判断该原因是否为保险合同所约定的保险事故,适用较为容易。但存在多个原因的,近因原则的适用较为复杂,以下结合案例来具体分析。

【例3-5】 2012年2月18日11时,某市运输公司甲、乙两台吊车在火车站货运处共同吊装一件水库发电设备。甲吊车吊装吨位为25吨,乙吊车吊装吨位为16吨,被吊设备重约30吨。当货物被吊离地面约90厘米时,乙吊车的吊绳突然崩断,货物失去平衡,造成甲吊车负重侧翻。甲吊车及货物均受损。甲、乙吊车均在同一家保险公司投保了车辆损失险(车损险)及第三者责任险。

本案中,从事故的发生状况来看,甲吊车的损失似乎已构成车损险的倾覆责任,但仔细分析事故产生的原因,倾覆并不是事故发生和造成损失的直接、有效原因。该起事故是由乙吊车吊绳崩断、货物失衡、甲吊车超负荷、甲吊车倾覆、货物坠落这一连串发生的环节造成的,甲车发生倾覆是事故的结果而不是起因。根据近因原则,如前因不属保险责任,后因属于保险责任,但后因是前因的必然结果,则事故不属于保险责任。倾覆由吊绳断裂所致,虽然倾覆属于车损险承保风险,但造成损失的近因是乙吊车吊绳断裂,这种意外事故不属于车损险的列明保险责任范围。如果吊绳断裂是由甲吊车倾覆引起的,则不应归结为除外风险。

【例3-6】 2006年6月14日,A公司为本公司一辆出租车向保险公司投保了机动车辆损失险,保险期限自2006年6月14日零时起至2007年6月13日止,保险金额为25万元(按新车购置价确定)。2007年2月24日,驾驶员龙某在驾驶被投保的车辆时被谭某等罪犯抢劫,罪犯将车辆行驶至永州市红旗镇时将车烧毁。A公司要求保险公司对烧毁的车辆按火灾险赔付25万元,被拒绝,遂起诉至法院,请求人民法院判令保险公司承担赔偿责任。保险公司在答辩中称,因A公司没有投保盗抢险,故不同意A公司的诉讼请求。

社会上对本案的意见有两种。一种意见认为,A公司对车辆投保的是车辆损失险,该车是在抢劫后被烧毁的,造成车辆损失的原因是抢劫,这属盗抢险范畴,不属车辆损失险中的"火险"。由于A公司没有投保盗抢险,故车辆被抢后烧毁不在A公司投保范围之内,保险公司不应承担赔偿责任。另一种意见则认为,虽然投保的车辆被抢劫,但造成车辆毁损的原因是被人为烧毁,应属火险范围,保险公司应承担赔偿责任。

本案中A公司的车辆是被犯罪分子抢劫后烧毁的,A公司投保了车辆损失险,没有投保盗抢险,抢劫是盗抢险中的保险事故,不是车辆损失险中的保险事故,故抢劫不构成车辆损失的近因,保险公司当然不必依盗抢险承担赔偿责任。然而,在抢劫发生以后,出现了新的介入因素,即犯罪分子要烧毁车辆,仅仅发生了抢劫,是不可能致使车辆被烧毁的。车辆的最终损失,是由于纵火造成的。依据机动车辆保险条款的规定,车辆损失险的保险事故包含火灾等,而在保险公司提供的机动车辆保险条款载明的"火灾"中没有排除车辆被抢劫后又被他人纵火烧毁的情况。因此,罪犯纵火将车烧毁属于A公司投保车辆损失的近因。也就是说,虽然前因不属于保险责任范围,但是新的原因直接造成了损失发生,后因视为损失发生的近因。根据近因原则,保险公司理应依据保险合同向A公司承担赔偿责任。

由上述案例可知,近因原则作为认定保险事故与保险损失之间是否存在因果关系的重要原则,对认定保险人是否应承担保险责任具有十分重要的意义,因而是保险理赔过程中必须遵循的重要原则。

任务四 损失补偿原则

1. 损失补偿原则的含义与目的

损失补偿原则,也称补偿原则,是指保险合同生效后,当保险标的发生保险责任范围内的损失时,保险人应当按照保险合同的约定履行补偿义务,从而使被保险人恢复到受灾前的经济状况,但不能使被保险人获得额外的利益。

损失补偿原则包括两层含义:第一,保险人必须承担其责任范围内的赔偿义务,风险事故发生后,对被保险人提出的索赔请求,保险人应对其责任范围内的风险事故,按照主动、迅速、准确、合理的原则尽快核定损失,与被保险人达成协议,全面履行赔偿义务,以补偿保险标的的损失;第二,赔偿金额以补偿保险标的的实际损失额为限,即保险赔偿以恰好能使保险标的恢复到事故损失发生前的状况为限,这是损失补偿原则的意义所在。

保险赔偿不能高于实际损失,否则会产生不当得利,给被保险人带来额外的利益,容易诱发道德风险。保险法上补偿原则的目的和功能就是通过禁止不当得利,以防止道德风险。这里所说的道德风险是指投保人、被保险人、受益人为获取保险金而故意地作为或不作为,造成或者扩大保险事故导致的损失。保险人的赔偿额中除了包括保险标的的实际价值损失之外,还应包括被保险人花费的施救费用、诉讼费用等,其目的是鼓励被保险人积极抢救保险标的,以减少损失。

损失补偿原则一般应用于财产保险合同以及某些特定的人身保险合同,如住院医疗保险等。损失补偿原则是保险法上诸原则的基础,保险法上的许多原则和制度,如超额保险、保险代位求偿、重复保险都是由它派生出来的。

2. 被保险人请求损失补偿的条件

保险事故发生后,被保险人向保险人提出保险补偿必须具备以下三个条件,保险人方能受理。

(1) 被保险人对保险标的具有保险利益。此原则不仅要求投保人或被保险人投保时对保险标的具有保险利益,而且要求在保险合同履行过程中,被保险人对保险标的必须具有保险利益,否则就不能取得保险补偿。

(2) 被保险人遭受的损失在保险责任范围之内。这包括两个方面:一是遭受损失的必须是保险标的;二是保险标的的损失必须是由有保险的风险造成的。如张某为其车辆投保全车盗抢险,张某与李某因有经济纠纷一直未妥善处理,李某心里不平,将张某的投保车辆盗走并造成车辆的损坏。在这种情况下,保险标的物虽然被盗,但保险标的的损失与保险的风险无关,无论公安部门是否出具保险车辆被盗的书面证明,保险人均不负赔偿责任。

(3) 被保险人遭受的损失能用货币衡量。如果被保险人遭受的损失不能用货币衡量,保险人就无法核定损失,从而也无法支付保险赔偿,所以损失补偿原则一般不适用于人身保险。

3. 影响损失补偿的因素

保险人在履行损失补偿义务过程中,会受到各种因素的制约,这些因素主要有以下方面。

1) 保险金额

保险金额是保险人承担赔偿或给付保险金责任的最高限额,所以,赔偿金额不能高于保险金额。另外,保险金额是保险人收取保险费的基础和依据。如果赔偿金额超过保险金额,则会使保险人处于不平等地位。即使在通货膨胀的条件下,被保险人的实际损失往往会超过保险金额,也必须受此因素的制约。例如,一栋新房屋刚投保不久便被全部焚毁,其保险金额为50万元,而房屋遭毁时的市价为60万元,虽然被保险人的实际损失为60万元,但因保单上的保险金额为50万元,所以被保险人只能得到50万元的赔偿。

2) 实际损失

以被保险人的实际损失为限进行保险补偿,这是一个基本限制条件,即当被保险人的财产遭受损失后,保险赔偿应以被保险人所遭受的实际损失为限。在实际赔付中,由于财产的价值经常发生变动,所以,在处理理赔案时,应以财产损失当时的实际价值或市价为准,按照被保险人的实际损失进行赔付。比如,企业投保财产综合险,确定某类固定资产保险金额为30万元,一起重大火灾事故发生使其全部损毁,损失时该类固定资产的市价为25万元,保险人按实际损失赔偿被保险人25万元。

3) 保险利益

发生保险事故造成损失后,被保险人在索赔时,首先必须对受损的标的具有保险利益,而保险人的赔付金额也必须以被保险人对该标的所具有的保险利益为限。例如,某银行开展住房抵押贷款,向某贷款人贷出款额30万元,同时将抵押的房屋投保了30万元的1年期房屋火险。按照约定,贷款人半年后偿还了一半贷款。不久,该保险房屋发生重大火灾事故,贷款人也无力偿还剩余款额,这时由于银行在该房屋上的保险利益只有15万元,尽管房屋的实际损失及保险金额均为30万元,银行也只能得到15万元的赔偿。

4) 赔偿方法

在保险赔偿方法中,有一些赔偿方法对实际损失补偿额的确定会有影响,使被保险人得到的赔偿金额小于实际损失,或者根本得不到赔偿。

(1) 限额责任赔偿方法。

限额责任赔偿方法,指保险人只承担事先约定的损失额以内的赔偿,超过损失限额部分,保险人不负赔偿责任。这种赔偿方法多应用于农业保险中的种植业与养殖业保险。比如,农作物收获保险,保险人与投保人事先按照正常年景的平均收获量约定为保险人保障的限额。当实际收获量低于约定的保险产量时,保险人赔偿其差额;当实际收获量已达到约定的保险产量时,即使发生保险责任事故,保险人也不负赔偿责任。

(2) 免赔额(率)赔偿方法。

免赔额(率)赔偿方法,指保险人对免赔额(率)以内的损失不予负责,而仅在损失超过免赔额(率)时才承担责任。特别是采用绝对免赔额(率)赔偿方法时,免赔额(率)以内的损失被保险人根本得不到赔偿。绝对免赔额(率)赔偿方法,指保险人规定一个免赔额或免赔率,当保险财产受损程度超过免赔限度时,保险人扣除免赔额(率)后,只对超过部分负赔偿责任,其计算公式是:

$$赔偿金额 = 保险金额 \times (损失率 - 免赔率)$$

相对免赔额(率)赔偿方法,指保险人规定一个免赔额或免赔率,当保险财产受损程度超过免赔额(率)时,保险人按全部损失赔偿,不做任何扣除,其计算公式是:

$$赔偿金额 = 保险金额 \times 损失率$$

4. 损失补偿原则在财产保险中的例外

依据保险人履行损失赔偿责任的限度,实际损失是保险补偿最基本的限制条件,赔偿保险金应当以确定损失为前提,发生多少损失,则最多获得多少保险赔偿。但是,在实践中有一些情形并不能严格遵循此规则,在未确定损失准确数额或者只是部分损失的前提下,即按照全额损失给付保险金,这是一些特定的例外情形。

1) **定值保险**

所谓定值保险是指保险合同双方当事人在订立保险合同时,约定保险标的的价值,并以此确定为保险金额,视为足额投保。

定值保险中,当保险事故发生后,保险标的全部损失时不需要再对保险标的进行评估、确定损失,不考虑被保险人实际损失额,而直接以订立保险合同时确定的保险价值,即保险金额,作为赔偿保险金标准。可见,定值保险为保险立法许可其以"保险合同订立时约定的保险价值"代替"保险事故发生时实际的保险价值"。无疑,这种做法可以简化理赔手续,满足投保人或者被保险人的需要,但同时也可能会导致投保人利用定值保险牟取不当得利,在投保的时候将保险价值大大提高,以之为保险金额。从实质上来看,定值保险的意义在于以容忍某种程度之不当得利,换取避免保险事故发生时计算保险价值的麻烦,但确实并不完全符合补偿原则的规定,可能会使得保险人的赔偿超过了被保险人的实际损失。但是如果被保险人没有欺诈或者其他过错时,这种超过损失的赔偿是保险法、保险合同所允许的,是补偿原则的一种例外。

2) 推定全损

推定全损是指保险标的物实际全损已不可避免,或受损货物残值,加上施救、整理、修复、后续运至目的地的费用之和超过其抵达目的地的价值时,视为已经全损。推定全损是"实际全损"的对称,保险标的受损后并未完全丧失,是可以修复或可以收回的,但所花的费用将超过获救后保险标的的价值,因此得不偿失。在此情况下,保险公司放弃努力,给予被保险人以保险金额的全部赔偿即推定全损。

构成推定全损的条件是:①保险标的实际全损已无法避免;②为了避免实际全损需要支付的救助费、施救费等费用将超过保险标的价值;③保险标的受损后,修复费用将超过其保险价值;④被保险人丧失对遭受保险事故的保险标的的所有权,对收回所有权所花的费用超过保险标的的价值。推定全损一般由被保险人发出"委付"通知,经保险人同意后才能按实际金额赔付。

现在有保险公司在保险合同条款中规定:当保险车辆的实际修复费用达到或超过保险车辆价值的80%时,经保险人与被保险人协商同意,视为保险车辆推定全损,保险人按被保险车辆全部损失的规定进行赔偿。此种表述就属于补偿原则的例外,推定全损实际上仍然是部分损失,只是当客观所需要的修理、重做等费用过高,在经济性方面甚为不划算时,才导致保险人同意按照全损对待。

此种推定全损规则的目的在于,一方面促进保险理赔的简便快捷,另一方面防止被保险人因此而不当得利,在商业上有积极性,故为法律所承认,而成为补偿原则的一种例外。

3) 重置价值保险

所谓重置价值保险是指以被保险人重置或重建保险标的所需费用或成本确定保险金额的保险,是财产保险中确定保险金额的一种方法,主要针对房屋和机器。一般的财产保险都是按保险标的的实际价值投保,当保险标的物遭受损失时,保险人只能按原来被保险人投保的实际价值赔偿。当保险标的物(如建筑物或机器设备)在遭受损失后必须重建或重置时,被保险人从保险人所获得的赔偿就不能适应这种情况。被保险人可以选择按重置价值保险的方式投保,即保险人允许被保险人以超过当时市价的财产重置价值作为保险金额,允许以旧换新。保险公司在签发此类保单时,一般都须附加"重置价值保险条款"以明确双方责任。我国保险法规中较少使用这一例外情形。

5. 损失补偿原则在汽车保险实务中的运用

在机动车辆保险的经营过程中,围绕损失补偿原则主要存在两方面的纠纷。

1) 车辆全损的理赔金额

即在机动车辆全部损失的情况下,是应当按照出险前机动车辆的实际价值进行赔偿,还是应当按照保险金额进行赔偿。出现这一纠纷的根本原因是在损失补偿原则及其例外的问题上存在从条款到实务的不完善地方,这一问题在2000年版的机动车辆保险条款中已有明确规定。

【例3-7】 张某于1997年8月新购一辆桑塔纳轿车,市场价为13万元,并以此向保险公司投保了车损险,期限一年。1998年5月,张某在高速公路上驾车,因跟车过近,不慎撞上前面一辆集装箱货车,造成桑塔纳轿车全部报废,张某当场死亡。张某的继承人持保险合同向保险公司提出索赔。保险公司认定事故属于保险责任,但双方在具体索赔金额上未达成协议。原因在于桑塔纳轿车的价格已于1998年初在全国范围内进行了大幅度调整,新车价格于1997年的13万元降至11.8万元。张某家属要求按车损险保险金额13万元索赔,保险公司则以被保险人不应获利为由,坚持按调整后的价值11.8万元计算索赔。

保险条款中明确规定,机动车辆在全部损失的情况下,按保险金额计算索赔,但保险金额高于实际价值时,以不超过出险当时的实际价值赔偿。根据保险的损失补偿原则,保险人应当在责任范围内对被保险人所受的实际损失进行补偿,其目的在于通过补偿使保险标的恢复到保险事故发生前的状况,被保险人不能获得多于或少于损失的补偿。本案中保险人按调整后的价值11.8万元计算赔偿,足以使被保险人的遗属在当时的市场上购买与保险车辆同型号的新车,已经使被保险人得到了充分有效的损失补偿,因此是正确和合理的。

2) 汽车修理费的问题

从理论上讲,作为保险标的物的机动车受损后,依据保险法律和保险合同规定,保险公司的合同义务是对被保险人的损失给予补偿。被保险人直接修车,保险公司将保险金直接给付修理厂,就是补偿原则的一种直接体现。然而,机动车保险有一个比较独特的情形,即在大多数情况下,发生保险事故造成保险车辆损失后,保险公司并不向被保险人直接给付保险金,而是要求被保险人将车辆送到修理厂修理,修理完毕后,凭借修理费用票据,由保险人直接向修理厂给付费用。而修理厂的技术质量、费用、损失的核定和当事人一些不规范的做法都会导致被保险人、保险公司与修理厂之间产生纠纷而诉之法庭。

【例3-8】 陈先生将其一辆宝马车向某保险公司投保车辆损失险80余万元,并支付了保险费1万余元。半年后,驾驶员因违反交通规则与一大型客车相撞,造成车毁人亡,陈先生在处理善后过程中,与保险公司在保险车辆的估损和理赔上发生争执。而保险公司在未通知陈先生的情况下,委托了一家修理厂对该车辆进行鉴定,鉴定的结论为:该宝马车尚可修复,费用44万元。陈先生提出异议,并向法院提起了诉讼,认为车辆已经全损,修理也无必要,应当赔款。

法院受理此案后,指定德国宝马公司在当地的一家特约修理厂对该车进行鉴定,鉴定结论为:该车虽可修复,但因修理费用在76万元以上,该车的修理价值不大。后法院判决,保险公司支付陈先生76万元及承担诉讼费、鉴定费等。

可见,对于这样的纠纷,"估损"是问题的关键,和保险人协商的"估损"是解决问题的基本方法。但在实践中,由于各自不同的利益、立场,各有关方面很难达成协议。修理价格过高,对保险人而言是损失;修理价格过低,汽车修理厂无利可图,车辆也难以恢复到损坏以前的状态和使用性能;对被保险人而言不仅是损失,而且又会使被保险人对保险公司的诚信产生怀疑。而不同的修理厂对同一损失的鉴定结论和修理费用也会有差异。因此,选定一个专业的、中立的权威鉴定机构是解决这类纠纷的关键。例如,近年来先后由保险监督管理委员会批准设立的专门从事保险标的估损鉴定等的保险评估机构,或是该进口保险车辆车型在国内的特约维修部门。

对保险公司而言,为了避免出现这样的麻烦,保险公司不宜在书面上指定修理厂、修理部位或者工序等,不要参与维修车辆的质量验收等程序,一定要明确质量问题应该由修理厂承担的理念。否则,相关的案件还会增加,会给保险公司带来不应有的损失。

任务五 代位原则

1. 代位原则的概念与缘由

代位原则是指保险人依照法律或保险合同约定,对被保险人遭受的损失进行赔偿后,依法取得向对财产损失负有责任的第三者进行追偿的权利或取得被保险人对保险标的的所有权。它包括权上代位和物上代位。

(1) 权上代位,即代位追偿,指当保险标的遭受保险风险损失,依法应当由第三者承担赔偿责任时,保险人自支付保险赔偿金之时,在赔偿金额的限度内相应取得对第三者请求赔偿的权利。

(2) 物上代位,即取得保险标的物的所有权。当保险标的物发生实际全损或推定全损时,保险人可取得被保险人对保险标的物的所有权。

代位原则根源于补偿性的保险合同。当保险标的发生保险单承保责任范围内的损失时,被保险人有权向保险人要求赔偿,如果这项损失是由于第三者的责任造成的,被保险人又有权根据法律,要求肇事者对损失进行赔偿。就被保险人而言,他的两项权利同时成立,保险人不能以保险标的损失是由于第三者的责任所致为由而拒绝履行保险合同责任;同样,第三者也不能以受损财产已有保险为由解除自己的赔偿责任。如果这两项权利都能实现,被保险人就可因依法享有双重损害赔偿请求的权利而获得双重的补偿。这种双重补偿无疑会使被保险人获得超过其实际损失的补偿,从而获得额外利益,这不符合补偿原则。倘若被保险人在获得保险赔款后,放弃对第三者责任方的索赔权,则不仅使责任方得以逃脱其应当承担的法律责任,而且也显失公平。为了解决这个矛盾,保险法律规定保险人在赔偿以后可采取代位追偿的方式向第三者追偿,这样既可以使被保险人能及时取得保险赔偿,又可避免产生双重补偿,同时第三者也不能逃脱其应承担的法律责任。

代位原则作为损失补偿原则的派生原则,不适用于人身保险。保险人代位求偿的对象是对保险标的损失负有责任的第三者,但保险人对被保险人的家庭成员及组成人员的过失行为造成的损失不能行使代位求偿权。

2. 代位求偿实现应具备的条件

(1) 保险标的的损失是由于保险责任事故引起的。如果发生的事故为非保险事故,这与保险人无关,只能由被保险人自己直接向责任人追偿,因而也就不存在保险人代位行使权利的问题。

(2) 保险事故由第三者的责任引起,肇事方依法应对被保险人承担民事损害赔偿责任,这样被保险人才有权向第三者请求赔偿,并在取得保险赔款后将向第三者请求赔偿权转移给保险人,由保险人代位追偿。

(3) 保险人必须在履行了赔偿责任之后才能取得代位求偿权。因为代位求偿权是债权的转移,在债权转移之前是被保险人与第三者之间特定的债权关系,与保险人没有直接的法律关系。保险人只有依照保险合同的规定向被保险人给付保险赔偿金以后,才依法取得对第三者请求赔偿的权利。

3. 保险双方在代位求偿中的权利和义务

（1）保险人的权利和义务。保险人的权利是指保险人在赔偿金额范围内代位行使被保险人对第三者请求赔偿的权利；保险人的义务是指保险人追偿的权利应当与他的赔偿义务等价，如果追得的款项超过赔偿金额，超过部分归被保险人。

（2）被保险人的权利和义务。第一，在保险赔偿前，被保险人需保持对过失方起诉的权利；第二，不能放弃对第三者责任方的索赔权；第三，由于被保险人的过错致使保险人不能行使代位请求赔偿的权利的，保险人可以相应扣减保险赔偿金；第四，被保险人有义务协助保险人向第三者责任方追偿；第五，被保险人已经从第三者责任方取得损害赔偿的，保险人赔偿保险金时，可以相应扣减被保险人从第三者责任方已取得的赔偿金额。

4. 代位权的大小

1）代位追偿权的大小

我国《保险法》第六十条规定："因第三者对保险标的的损害而造成保险事故的，保险人自向被保险人赔偿保险金之日起，在赔偿金额范围内代位行使被保险人对第三者请求赔偿的权利。前款规定的保险事故发生后，被保险人已经从第三者取得损害赔偿的，保险人赔偿保险金时，可以相应扣减被保险人从第三者已取得的赔偿金额。保险人依照本条第一款规定行使代位请求赔偿的权利，不影响被保险人就未取得赔偿的部分向第三者请求赔偿的权利。"据此，我们可以得出以下结论：第一，保险人行使代位追偿权的时间为赔偿保险金之日起；第二，保险人的代位追偿权不超过保险赔款，也即保险人行使代位追偿权而得到的收益小于或等于保险人的赔款；第三，保险人行使代位追偿权时不影响被保险人还应享有的剩余追偿权，即当被保险人的追偿权只是部分转移给保险人时，被保险人自己剩有的追偿权同时有效。

2）所有权的大小

《保险法》第五十九条规定："保险事故发生后，保险人已支付了全部保险金额，并且保险金额等于保险价值的，受损保险标的的全部权利归于保险人；保险金额低于保险价值的，保险人按照保险金额与保险价值的比例取得受损保险标的的部分权利。"

5. 代位原则在机动车辆保险中的运用

在机动车辆保险实务中，保险事故发生时一旦涉及第三者责任，那必然触及代位追偿原则的运用。

【例3-9】 2008年6月15日，个体运输户王某为自己载重量为5吨的东风牌汽车投保车辆损失险和第三者责任险，保险期限为1年。当年7月20日，王某运货时在高速公路上被一辆强行超车的大卡车撞击，车损，王某受伤且货物被浸损，大卡车司机驱车逃走。交通部门认定，此起交通事故由大卡车司机负全责。事后王某向保险公司报案并请求赔偿。经鉴定车损为15万元，保险公司依损失额80%赔付12万元，同时，保险公司还给付王某第三者责任险保险金2 400元及施救费500元，扣除损余（注：损余指保险标的遭受保险事故后，尚存的具有经济价值的部分或可以使用的受损财产）200元，实际赔付12.27万元。后来肇事司机被交通部门抓获，交通部门通知王某。王某与肇事司机会面达成协议，对方支付王某货物损失7 000元及施救费500元。保险公司得知后，要求王某退回重赔保险金，王某拒绝，双方遂起争议。

本案中,按照代位追偿原则的相关规定,为了避免王某行使两种请求权而获得双重利益,王某不能就已获赔款范围再向肇事司机行使原有的赔偿请求权,而保险公司也同时获得这两部分的代位追偿权。故王某从肇事司机处获得的 500 元施救费为重赔保险金,其应归属保险公司;而 7 000 元属货物损失,不属于保险公司代位追偿的范围,归王某所有。

在保险实务中,保险人在涉及第三者引起保险责任事故的案例时,应在签订赔付协议的同时和被保险人签订权益转让书,把相等于保险人赔款的追偿权转移到自己手中,并且根据保险合同规定的保险双方各自追偿权的大小合理地处理好追回的款项,在维护被保险人的利益的同时也维护保险人的利益。

【例 3-10】 2013 年 3 月 2 日,个体运输专业户张某将其私有东风牌汽车向某县保险公司投保了足额车辆损失险和第三者责任险,保险金额为 4 万元,保险期为 1 年。同年 6 月 8 日,该车在途经邻县一险要处时坠入悬崖下一条湍急的河流中,该车驾驶员(系张某堂兄)随车遇难。事故发生后,张某向县保险公司报案索赔。该县保险公司经过现场查勘,认为地形险要,无法打捞,按推定全损处理,当即赔付张某人民币 4 万元,同时声明车内尸体及善后工作保险公司不负责任,由车主自理。同年 8 月 10 日,张某考虑到堂兄尸体及采购货物的 2 800 元现金均在卡车内,就将残车以 4 000 元的价格转让给邻县的王某,双方约定:由王某负责打捞,车内尸体及现金归张某,残车归王某。同年 8 月 20 日,残车被打捞起来,张某和王某均按约行事。保险公司知悉后,认为张某未经保险公司允许擅自处理实际所有权已转让的残车是违法的,遂成纠纷。

本案例中,保险公司推定该车全损,给予车主张某全额赔偿,已取得残车的实际所有权,只是认为地形险要而暂时没有进行打捞。因此,原车主张某未经保险公司同意转让残车是不合理的。保险公司对车主张某进行了全额赔偿,而张某又通过转让残车获得 4 000 元的收入,其所获总收入大于总损失,显然不符合财产保险中的损失补偿原则,因此保险公司追回张某所得额外收入 4 000 元,正是保险损失补偿原则的体现。王某获得的是张某非法转让的残车,但由于他是受张某之托打捞尸体及现金,付出了艰辛的劳动,且获得该车是有偿的,可视为善意取得,保险公司不得请求其归还残车。

【思考题】

1. 何谓保险利益原则?如何界定保险利益及效力?
2. 何谓最大诚信原则?最大诚信原则的内容是什么?
3. 什么是近因?什么是近因原则?
4. 什么是损失补偿原则?
5. 事故发生后如何判定近因?

项目 4
汽车保险合同

任务一　汽车保险合同概述

1. 汽车保险合同的概念和性质

1）汽车保险合同的概念

保险合同,是保险人与投保人双方经过要约和承诺程序,在自愿基础上订立的一种在法律上具有约束力的协议,即根据当事人双方约定,投保人向保险人缴纳保险费,保险人在保险标的遭受约定的事故时,承担经济补偿或给付保险金的一种经济行为。

保险合同按保险人承担的责任,可分为财产保险合同和人身保险合同。财产保险合同是以财产及其有关利益为保险标的的保险合同。人身保险合同是以人的寿命和身体为保险标的的保险合同。财产保险合同与人身保险合同的最大区别在于各自的保险标的不同。

汽车保险合同是财产保险合同的一种,是指以机动车辆及其有关利益作为保险标的的保险合同。由于机动车辆保险业务在财产保险公司的所有业务中占据绝对地位,因而汽车保险合同是财产保险公司经营过程中的重要合同。

2）汽车保险合同的性质

财产保险可分为狭义财产保险和广义财产保险。狭义财产保险是指财产损失保险,即以财产物质以及相关的利益损失为标的的保险;广义财产保险是指除狭义财产保险外,还包括责任保险、信用保险等人身保险以外的一切保险业务。

由于现行的汽车保险合同涉及的保险标的不仅仅局限于狭义财产保险范畴,即基本险条款中车辆损失险部分的保险标的涉及狭义财产保险的范畴,而在第三者责任险部分的保险标的则涉及责任保险的范畴,所以,汽车保险合同属于综合性财产保险合同。

2. 汽车保险合同的种类

1）按保险标的的内涵分类

（1）财产保险合同。

财产保险合同是指投保人以财产及相关利益为保险标的,当保险事件发生导致其财产损失,保险人以货币或实物进行赔偿的一种保险合同。财产保险又可分为火灾保险、海上保险、汽车保险、货物运输保险、航空保险、工程保险以及农业保险等。

（2）责任保险合同。

责任保险合同是以投保人依法应负的民事赔偿责任或经过特别约定的合同责任为保险标的的一种保险合同。

（3）信用保证保险合同。

信用保证保险合同是以经济合同所制定的有形财产或与其应得的经济利益为保险标的的一种担保性质的保险合同,根据担保性质的不同可分为信用保险合同和保证保险合同。

2）按保险标的的价值分类

（1）定值保险合同。

定值保险合同是指投保人以保险标的的实际价值或估价价值作为保险价值,并在合同上注明了保险金额。如果保险事件发生,保险人须按照保险合同约定的保险价值赔偿。若保险标的全损,不管其出险时的实际价值如何,保险人都必须按约定的保险价值赔偿;若是部分损失,则按实际价值赔偿。

(2) 不定值保险合同。

不定值保险合同是指在保险事件发生时，保险人只需按照保险标的的实际价值来赔偿投保人的保险合同。投保人和保险人在签订不定值保险合同时，只约定一个保险人赔偿的最高限额作为保险金额。

(3) 足额保险合同。

足额保险合同是指在出险时约定的保险金额与保险标的的实际价值相等的保险合同。必须指出的是，保险金额不能大于出险时保险标的的实际价值，否则就违反了《保险法》中的"保险金额不能超过保险价值"的规定，保险人只按实际价值赔偿。

(4) 不足额保险合同。

不足额保险合同是指约定的保险金额小于保险标的出险时的实际价值的保险合同。签订不足额保险合同的投保人在保险事件发生时，只能获得保险标的的部分赔偿。

(5) 超额保险合同。

超额保险合同是指约定的保险金额大于保险标的出险时的实际价值的保险合同。造成超额保险合同的主要原因有：一是投保人想获得超过保险价值的赔偿；二是投保人在投保时高估了保险标的的实际价值；三是投保标的的市价下跌了。不管出于什么原因，根据我国《保险法》的规定，在保险事件发生时，投保人只能得到保险标的的实际价值的赔偿。

3) 按保险人承保的方式分类

(1) 原保险合同。

原保险合同是指投保人与保险人直接签订的保险合同。大部分保险合同都属于原保险合同。

(2) 再保险合同。

再保险合同是指保险人为减少承保风险，在签订原保险合同之后，保险人再与其他保险人签订的保险合同。再保险合同的保障对象是原保险合同的保险人。

3. 汽车保险合同的特点

由于汽车保险合同的客体不同于一般经济合同的客体，因此汽车保险合同既具有经济合同的一般特点，也有自身的独特之处。

1) 汽车保险合同的一般特点

(1) 汽车保险合同是有名合同。

在经济生活日益繁荣的今天，法律并不一定将经济生活中的各种合同都列举出来，法律尚未确定名称和规范的合同是无名合同。有名合同是法律直接赋予某种合同以名称并规定了调整规范的合同。保险合同是有名合同，汽车保险合同也不例外。如根据我国的《机动车交通事故责任强制保险条例》，我国的汽车保险被赋予"机动车保险"的名称，汽车保险合同是保险合同中的一种重要合同。

(2) 保险合同是射幸合同。

射幸合同是一种机会性的合同，它是指合同的履行内容在订立合同时并不能确定的合同。对于射幸合同，一方当事人付出的代价所买到的只是一个机会，付出代价的当事人最终可能"一本万利"，也可能毫无所得。

汽车保险合同的射幸性表现为投保人以支付保险费为代价，买到了一个将来的可能补偿的机会。如果在保险期内保险汽车发生保险责任事故造成了损失，被保险人在保险人处得到的赔偿就可能远远超过投保人所支付的保险费;如果在保险期内没有保险事故发生,被保险人只支付保险费而没有任何收入。对于保险人来说,情况正好相反,当发生较大的保险事故时,其所赔付的保险金可能远大于所收取的保险费;如果没有保险事故发生,他只有收取保险费的权利而没有赔付的义务。

汽车保险合同的射幸性特征,即机会性特征,是由汽车保险责任事故发生的偶然性决定的,这种射幸性仅局限于单个汽车保险合同。对于保险人全部承保的汽车保险合同而言,保险人所收到的保险费的总额原则上应当等于所付的赔偿债务和运营支出之和。所以,对于保险人的整个汽车保险业务而言是不存在机会性和偶然性的。

(3) 汽车保险合同是保障合同。

经济合同一般分为交换性合同和保障性合同两类。交换性合同是指合同一方给予对方的报偿都假定有相等或相近的价值,如买卖合同、租赁合同等。汽车保险合同是保障性合同,在合同的有效期内,当保险标的发生保险事故而造成损失时,被保险人所得到的赔付金额远远超过其所付的保险费;而当无损失发生时,被保险人只付出保险费而没有任何收入。

从保险汽车的个体上来看,发生保险事故具有偶然性,因此保险合同的保障性是相对的;而对保险人所承保的所有保险汽车而言,汽车保险事故发生和支付被保险人的赔款又是不可避免的,保险合同的保障性又是绝对的。因此,汽车保险合同的保障性是保险人和被保险人签订保险合同的基本特性。

(4) 汽车保险合同是诚信合同。

汽车保险遵守最大诚信原则,这就决定了汽车保险合同具有诚信性。最大诚信原则是约束当事人双方的,但实际上更多的是约束被保险人,因为保险标的处于被保险人的使用和监管之下,保险人无法控制事故风险。如果被保险人申报不实且有明显的欺骗行为,保险人可以依据保险合同的诚信性解除合同。

(5) 汽车保险合同是双务合同。

当事人双方的义务与享有的权利是互为联系、互为因果的,缴纳保险费是保险合同生效的先决条件。投保人在承担支付保险费的义务以后,汽车保险合同生效,被保险人在保险汽车发生保险事故时,依据保险合同享有请求保险人支付保险金或补偿损失的权利。同样,保险人在收取投保人保险费以后,就必须履行保险合同所规定的赔偿损失的义务。因此,保险人和投保人或被保险人的权利与义务互为因果,汽车保险合同是双务合同。

(6) 汽车保险合同是有偿合同。

订立保险合同是双方当事人有偿的法律行为,保险合同是有偿合同。保险合同的一方享有合同的权利,必须为对方付出一定的代价,这种相互的报偿关系称为对价。汽车保险合同以投保人支付保险费作为对价换取保险人来承担风险。投保人的对价是支付保险费,保险人的对价是承担保险事故风险并在保险事故发生时承担给付保险金或赔偿损失的义务,这种对价是相互的和有偿的。

(7) 汽车保险合同是非要式合同。

要式合同是指法律要求必须具备一定形式和手续的合同,非要式合同是指法律不要求必须具备一定形式和手续的合同,两者的区别在于是否以一定的形式作为合同成立和生效的条件。对于要式合同,当形式要件属成立要件时,如果当事人未根据法律的规定采用一定的形式,合同就不能成立;当形式要件属生效要件时,如果当事人不依法采取一定形式,则已成立的合同不能生效。而非要式合同可由当事人自由决定合同形式,无论采用何种形式都不影响合同的成立和生效。

我国的保险实践过程同世界其他国家一样,也是保险合同从要式合同向非要式合同转变的过程。1981年颁布的《中华人民共和国经济合同法》(简称《经济合同法》)第二十五条规定:财产保险合同,采用保险单或者保险凭证的形式签订。保险合同的订立必须采用法定形式——保险单或保险凭证,其他口头或书面协议无效。1983年颁布的《中华人民共和国财产保险合同条例》第五条进一步规定了保险合同订立的程序,即投保方提出保险要求,填具投保单,经与保险方商定交付保险费的方法,经保险方签章承保后,保险合同即告成立。这表明,保险合同只有当投保方填具投保单并经保险方签字承保后才能成立。这说明,我国当时的保险合同为要式合同。随着保险业的进一步发展,1993年9月八届人大三次会议通过了《关于修改〈中华人民共和国经济合同法〉的规定》,将《经济合同法》的第二十五条修改为:财产保险合同,由投保方提出保险要求,经保险人同意承保,并就合同的条款达成一致后成立,保险人应该及时向投保方签发保险单或其他保险凭证。这就从立法上实现了保险合同从要式合同向非要式合同的转变,我国《保险法》的立法过程也能充分体现这一点。如1995年2月7日提交全国人大常委会第十三次会议审议的《中华人民共和国保险法(草案)》的第十三条规定:"保险合同以保险单或书面协议的形式订立。"而在1995年6月30日通过的《中华人民共和国保险法》中却删除了这部分内容,只是规定在保险合同成立后,保险人应该及时向投保人出具保险单证或其他保险凭证。这种改动实际上改变了保险合同的成立前提,保险单证的法律效力从法定的形式转变为证明保险合同存在的证据。而请求交付保险单证转变为投保人的权利,这样就在法律上完整地确认了保险合同的非要式性。显然,这种保险合同的非要式性有利于保护投保人和被保险人的利益,符合世界性的合同立法的发展趋势。

为了兼顾交易的灵活性和安全性,法律要求保险合同必须有书面形式,因为当事人内心的意愿如果不以某种外部形式表现出来,就无法被他人知晓并难以评价。在保险活动中,各国保险立法和惯例均要求将汽车保险合同制成保险单证,采用证据要件的书面形式,这是由它的射幸性和保障性决定的。此外,汽车保险合同的单证还有特殊的用途,如:在很多国家和地区,汽车没有保险就不能上路或无法年检;当发生保险事故时,有保险单证可以确保受害人得到及时救治;有保险单证还可以预防保险诈骗。因此,作为非要式合同,虽然汽车保险合同不以书面形式作为成立的条件,但采用证据要件的书面形式有利于保障交易的稳定与安全。

(8)汽车保险合同是附和合同。

附和合同不是双方当事人充分商议而订立的,由一方提出合同的主要内容,而另一方只能取与舍,即要么接受对方提出的条件,签订合同,要么拒绝。汽车保险合同是附和合同,合同的主要内容一般没有商量余地,这是由汽车保险的特点和发展汽车保险业务的实际需要决定的。

随着现代交通的发展,汽车已经成为人们必不可少的交通工具之一,保险人每年签订的汽车保险合同不计其数,因此,保险手续必须力求迅速。目前,网络保险也已经成为国内外新的汽车投保方式之一,其特点是保险业务在网上进行,自动处理而不需要人手,投保人无法与保险人就条款进行协商。即使保险人愿意与投保人协商,由于汽车保险合同内容的技术性较强，投保人也很难把握其内容。因此，随着汽车保险业的发展与规模扩大，汽车保险合同逐步出现了定型化和标准化的趋势。一般地，汽车保险合同的基本条款和保险费率等主要内容由各国金融监管部门制定或由保险人事先拟定后经金融监管部门备案，投保人无法提出自己所要求的条款或修改保险合同中的某一条款。汽车保险合同是附和合同的特点决定了保险人与投保人之间签订的汽车保险合同，很难体现双方当事人意思表示一致的结果。因此，各国在法律实践中，当双方当事人对汽车保险合同出现争议与分歧的时候，为保护投保人的利益，法院和仲裁机关通常会做出有利于被保险人的解释。

2) 汽车保险合同的自身特点

汽车保险合同除了具有一般合同的上述特点之外，还有其自身的特点。

(1) 汽车保险合同的可保利益较大。

对于汽车保险，不仅被保险人使用保险汽车时拥有保险利益，对于被保险人允许的合格驾驶员使用保险汽车，也应有保险利益。

(2) 汽车保险合同是包含财产保险和责任保险的综合性保险合同。

汽车保险标的可以是汽车本身，还可以是当保险汽车发生保险事故后被保险人依法应负的民事赔偿责任，除了涉及投保人、被保险人之外，还有第三者受害人。

(3) 汽车保险合同属于不定值保险合同，其保险金额的确定方法不同。

在汽车保险合同中，车辆损失的保险金额可以按照投保时保险标的的实际价值确定，也可以由投保人或被保险人与保险人协商确定，并将投保金额作为保险补偿的最高限额，属于补偿性合同。第三者责任险将投保人选择的投保限额作为保险责任的最高赔偿限额；而人身保险合同的投保金额是投保人根据被保险人的身体条件、经济状况等与保险人协商确定的，并以此作为给付的最高限额。因此，汽车保险合同是给付性保险合同，其保险金额的确定具有不定值的特点，在我国现行的机动车辆保险条款中明确规定了汽车保险合同是不定值保险合同。

(4) 汽车保险合同确保保险人具有对第三者责任的追偿权。

前已述及，当保险汽车发生保险责任事故时，尽管保险汽车的损失是由第三者责任引起的，被保险人还是可以从保险人处取得赔款，但应该将向第三者的追偿权让与保险人，以防被保险人获得双重的经济补偿。而人身保险当因第三者原因导致保险责任事故时，被保险人在获得保险人的赔偿以后，还可以向第三者请求赔偿。基于人的生命的无价性，被保险人允许获得双重的经济补偿，保险人不存在代位追偿的问题。

任务二 汽车保险合同的基本内容

1. 汽车保险合同的主体与客体

1) 汽车保险合同的主体

所谓汽车保险合同的主体是指具有权利能力和行为能力的保险关系双方，包括当事人、关系人和社会中介组织三方面内容。与汽车保险合同订立直接发生关系的是保险合同的当事人，包括保险人和投保人。与汽车保险合同间接发生关系的是合同的关系人，它仅指被保险人。由于保险业务涉及的面较广，通常存在社会中介组织，如保险代理人、保险经纪人、保险公估人等。

(1) 汽车保险合同的当事人。

汽车保险合同的当事人包括保险人和投保人。所谓保险人是指与投保人订立汽车保险合同,对于合同约定的可能发生的事故因其发生造成机动车辆本身损失及其他损失承担赔偿责任的财产保险公司。投保人是指与保险人(即保险公司)订立保险合同,并按照保险合同负有支付保险费义务的人。作为汽车保险合同当事人之一的保险人有权决定是否承保,有权要求投保人履行如实告知义务的,有权代位追偿、处理赔偿后损余物资,同时也有按规定及时赔偿的义务。

投保人必须对机动车辆有可保利益,也就是说,车辆的损毁或失窃,都将影响投保人的利益。换句话讲,可保利益是指投保人对保险标的具有法律上承认的利益。同时,投保人要向保险人申请订立保险合同,并负有缴纳保险费义务。投保汽车保险应具备下列三个条件:

① 投保人是具有权利能力和行为能力的自然人或法人,反之,不能作为投保人;

② 投保人对车辆具有利害关系,存在可保利益;

③ 投保人负有缴纳保险费的义务。

(2) 汽车保险合同的关系人。

在财产保险合同中,合同的关系人仅仅指被保险人,而人身保险合同中的关系人除了被保险人外,还有受益人。通常被保险人是一个,而受益人可以为多个。汽车保险合同是财产保险合同的一种,应当具有财产保险合同的一般特征,因而,汽车保险合同的关系人是被保险人。所谓被保险人是指其财产或者人身受保险合同保障、享有保险金请求权的人。

① 被保险人的特征。

a. 被保险人是因保险事故发生而遭受损失的人。在汽车保险合同中,被保险人是保险标的即保险车辆的所有人或具有利益的人。

b. 被保险人是享有赔偿请求权的人。因为被保险人是保险事故发生而遭受损失的人,所以享有赔偿请求的权利,投保人不享有赔偿请求的权利。

② 投保人和被保险人的关系。

a. 投保人与被保险人的相等关系。在汽车保险中,投保人以自己的车辆投保,投保人同时也就是被保险人。

b. 投保人与被保险人的不相等关系。投保人以他人的车辆投保,保险合同一经成立,投保人与被保险人分属两者。在这种情况下,要求投保人对于被保险人的财产损失具有直接的或间接的利益关系。

(3) 社会中介组织。

由于汽车保险在承保与理赔中涉及的面较广,中间环节较多,因而在汽车保险合同成立及其理赔过程中存在众多的社会中介组织,如保险代理人、保险经纪人、保险公估人等。

2) 汽车保险合同的客体

保险标的是指作为保险对象的财产及其有关利益或者人的寿命和身体,它是保险合同双方当事人权利和义务所指的对象。在财产保险合同中,保险标的是指财产本身或与财产相关的利益与责任;人身保险合同的标的是指人的生命或身体;汽车保险合同的保险标的是指机动车辆本身及其相关的利益。

投保人和保险人订立汽车保险合同的主要目的不是保障保险标的不受损失,而是保障机动车辆发生损失后的补偿,因此保险人保障的是被保险人对保险标的所具有的利益,即保险利益。保险利益是保险合同的客体。

汽车保险利益是指投保人对机动车辆所产生的实际或法律上的利益,如果这种利益丧失,将使之蒙受损失。

(1) 汽车保险利益的特点。

① 这种利益是投保人对机动车辆具有经济上的价值。

② 这种利益得到法律上的允许或承认。

③ 这种利益是能够用货币进行估价或约定的。

(2) 汽车保险利益的表现形式。

汽车保险利益具体表现在财产利益、收益利益、责任利益和费用利益四个方面。

① 财产利益包括车辆的所有利益、占有利益、抵押利益、留置利益、担保利益及债权利益。

② 收益利益包括对车辆的期待利益、营运收入利益、租金利益等。

③ 责任利益包括车辆的民事损害赔偿责任利益。

④ 费用利益是指施救费用及救助费用利益等。

2. 汽车保险合同的主要条款

汽车保险合同的内容主要用来规定保险关系双方当事人所享有的权利和承担的义务,它通过保险条款使这种权利和义务具体化,包括基本条款和附加条款。

基本条款是汽车保险合同中不可缺少的条款,没有基本条款也就没有汽车保险合同。基本条款中包括以下内容:保险人名称和住所;投保人、被保险人名称和住所,以及人身保险的受益人的名称和住所;保险标的;保险责任和责任免除;保险期间和保险开始时间;保险价值;保险金额;保险费以及支付办法;保险金赔偿或者给付办法;违约责任和争议处理等。

附加条款是应投保人的要求而增加承保风险的条款,相当于扩大了承保范围,旨在满足部分投保人的特殊要求。

3. 汽车保险合同双方的基本权利与义务

汽车保险是一种经济合同关系,保险人和被保险人的权利和义务是平等互利、相互关联、互为因果的。当投保人按规定交足了保险费后,便可取得转嫁风险及出险后获得赔偿的权利。同样,当保险人收取了投保人交付的保险费后,也就接受了投保人转嫁的车辆风险,承担了车辆出险后的补偿损失等义务。

在汽车保险合同中,依法规定了双方当事人应尽的各种义务,被保险人只有履行了应尽的义务,才能获取享受保险人给予的相应权利。

1) 保险人的基本权利与义务

(1) 保险人的权利。

根据《保险法》及《机动车辆损失保险条款》的规定,保险人享有以下基本权利:

① 订立保险合同,保险人应当向投保人说明保险合同的条款内容,并可以就保险标的或被保险人的有关情况提出询问,投保人应当如实告知。

② 投保人故意隐瞒事实,不履行如实告知义务的,或者因过错未履行如实告知义务的,足以影响保险人决定是否同意承保或者提高保险费率的,保险人有权解除合同。

③ 投保人故意不履行如实告知义务的,保险人对于保险合同解除前发生的保险事故,不承担赔偿或给付保险金的责任,并不退还保险费。

④ 投保人因过失未履行如实告知义务，对保险事故的发生有严重影响的，保险人对于保险合同解除前发生的保险事故，不承担赔偿或给付保险金的责任，但可以退还保险费。

保险事故是指保险合同约定的保险责任范围内的事故。

（2）保险人的义务。

根据《保险法》及《机动车辆损失保险条款》的规定，保险人应尽的义务包括以下几个方面：

① 说明义务。

保险人在承保时，应向投保人说明投保险种的保险责任、责任免除、保险期限、保险费及支付办法、投保人和被保险人义务等内容。

说明义务是法律规定的当事人在订立合同前需要履行的义务，是法定的先契约义务，它是最大诚信原则的基本要求。

在汽车保险中，常采用投保人签字视为同意的规则来处理。保险人在事先准备的标准投保单上印有"请您详细阅读下列投保须知后，再填写投保单""请认真阅读所附条款"等类似字句，投保人只要在印有其已经了解并同意保险条款内容的签字栏内签字，就视为保险人履行了其说明义务和投保人同意保险内容。

② 查勘义务。

保险人在接到被保险人的事故报案后，应尽快进行现场查勘。

保险人接到报案后48小时内未进行查勘且未给予受理意见，造成财产损失无法确定的，以被保险人提供的财产损毁照片、损失清单、事故证明和维修发票作为赔付理算依据。

③ 赔偿义务。

保险人收到被保险人的索赔请求后，应当及时做出核定。

a. 保险人应根据事故性质、损失情况，及时向被保险人提供索赔须知，审核索赔材料后认为有关的证明和资料不完整的，应当及时通知被保险人补充提供有关的证明和资料。

b. 在被保险人提供了各种必要单证后，保险人应当迅速审查核定，并将核定结果及时通知被保险人。

c. 对属于保险责任的，保险人应在与被保险人达成赔偿协议后10日内支付赔款。

④ 保密义务。

保险人在办理保险业务中，对投保人和被保险人的财产情况及个人隐私负有保密的义务。

2) 投保人及被保险人的基本权利与义务

（1）投保人及被保险人的权利。

根据《保险法》及《机动车辆损失保险条款》的规定，投保人及被保险人享有以下基本权利：

① 获得优质保险服务的权利。

保险公司作为经营"风险"的信用服务企业，不管是在投保人选购保险的过程中，还是在保险合同有效期内，都应提供热情周到、优质高效的服务。

② 保险事故发生后获得损失补偿的权利。

这是汽车保险被保险人最重要、最关键的权利。当发生保险责任范围内的自然灾害或意外事故，导致车辆等财物损失及人员伤亡时，被保险人有权得到保险公司给予的补偿。这种损害补偿权通常包括两个方面：一是被保险财产及人员本身的损失与伤亡的赔付；二是出险后为抢险救灾支付的合理的施救、保护、清理和检验等费用。

③ 获得保险人向第三方代位追偿的权利。

当保险车辆发生基本险条款责任范围内的损失,应当由第三方负责赔偿时,被保险人应当向第三方索赔,如果第三方不予支付,被保险人应提起诉讼,经法院立案后,保险人应根据被保险人提出的书面赔偿请求,按照保险合同予以全部或部分赔偿,但被保险人必须将向第三方追偿的权力部分或全部的转让给保险人,并协助保险人向第三方追偿。

当保险车辆发生基本险条款责任范围内的损失,应当由第三方负责赔偿而无法找到第三方时,保险人应予赔偿,但在符合赔偿规定的范围内实行5%的绝对免赔率。

当被保险人放弃对第三方的请求赔偿权利或过错导致保险人不能行使代位追偿权利时,保险人不承担赔偿责任或相应扣减保险赔偿金。

④ 无赔款续保优待权。

《机动车辆损失保险条款》(2000年版)第三十一条规定:保险车辆在上一年度保险期限内无赔款,续保时可享受无赔款减收保险费优待,优待金额为本年度续保险种应缴保险费的10%。被保险人投保车辆不止一辆的,无赔款优待分别按车辆计算。上年度投保的车辆损失险、第三者责任险、附加险种任何一项发生赔款,续保时均不能享受无赔款优待;不续保者也不能享受无赔款优待。

上年度无赔款的机动车辆,如果续保的险种与上年度不完全相同,无赔款优待则以险种相同的部分为计算基础;如果续保的险种与上年度相同,无赔款优待则以本年度保险金额对应的应缴保险费为计算基础。

由于从2003年起,保监会不再制定统一的车险条款和费率,各保险公司将自主制定、修改和调整车险条款和费率,并从2003年1月1日起实施,因此各保险公司在无赔款优待上将会有较大的差异,车主投保前应多方收集这方面的信息,以供选择保险公司时参考。

⑤ 申请仲裁及提起诉讼权。

承保和投保双方在保险合同履行中若发生纠纷,且经协商或调解无效时,被保险人有权依合同约定向仲裁机关申请仲裁,或向人民法院提起诉讼。

(2) 投保人及被保险人的义务。

根据《保险法》及《机动车辆损失保险条款》的规定,投保人及被保险人应尽的义务包括以下几个方面:

① 告知义务。

投保人应如实填写投保单并回答保险人提出的询问,履行如实告知义务。

在保险期限内,保险车辆改装、加装或非营业用车辆从事营业运输等,导致保险车辆危险程度增加的,应当及时书面通知保险人。否则,因保险车辆危险程度增加而导致的保险事故,保险人不承担赔偿责任。

② 缴纳保险费义务。

《保险法》第十四条规定:"保险合同成立后,投保人按照约定交付保险费,保险人按照约定的时间开始承担保险责任。"除另有约定外,投保人应当在保险合同成立时一次交付保险费。保险费交付前发生的保险事故,保险人不承担赔偿责任。

③ 出险后施救与通知义务。

汽车保险合同生效后,如果发生保险责任事故,投保人和被保险人负有及时采取合理的、必要的施救和保护措施,防止或者减少损失,并在保险事故发生后48小时内通知保险人的义务。否则,造成损失无法确定或扩大的部分,保险人不承担赔偿责任。

④ 协助查勘义务。

发生保险事故后,被保险人应当积极协助保险人进行现场查勘。

被保险人索赔时,应当提供有关证明和资料。被保险人向保险人索赔时提供的情况及各种单据必须真实可靠,对被保险人提供涂改和伪造的单、证或制造假案等图谋骗取赔款的,保险人可拒绝赔偿或追回已支付的保险赔款。

当引起与保险赔偿有关的仲裁或诉讼时,被保险人应当及时书面通知保险人。

4. 汽车保险合同的形式

汽车保险合同主要有以下几种形式。

1) 投保单

投保单又称为要保单或者投保申请书,是投保人申请保险的一种书面行式。通常,投保单由保险人事先设计并印好,上面列明了保险合同的具体内容,投保人只需在投保单上按列明的项目逐项填写即可。投保人填写好投保单后,保险人审核同意签章投保,这意味保险人接受了投保人的书面要约,说明汽车保险合同已宣告成立。

机动车辆投保单的主要内容包括:①被保险人、投保人的名称;②保险车辆的名称;③投保的险别;④保险金额;⑤保险期限的内容。上述投保单的内容经保险人签章后,保险合同即宣告成立,保险人按照约定的时间开始承担保险责任。在保险双方当事人约定的时间后,保险人仍未签发保险单的,投保单仍具法律效力。

2) 暂保单

暂保单是保险人出示正式保单以前签发的临时保险合同,用以证明保险人同意承保。暂保单的内容较为简单,仅包括保险合同名称、保险责任、保险金额以及保险关系当事人的权利义务等。

3) 保险单

保险单简称保单,是保险人和投保人之间订立保险合同的正式书面凭证。它根据汽车投保人的申请,在保险合同成立之后,由保险人向投保人签发。保险单上列明了保险合同的所有内容,它是保险双方当事人确定权利、义务和在发生保险事故遭受经济损失后,被保险人向保险人索赔的重要依据。

4) 保险凭证

保险凭证是保险人发给被保险人证明保险合同已经订立的一种凭证,它也是保险合同的一种存在形式。凡凭证没有记载的内容,均以同类险种的保险单为准,是一种简化的保险单。

在汽车保险业务中,保险人除签发保险单外,还需出具保险凭证,用以证明被保险人已经投保车辆损失险及第三者责任险,便于交通事故的处理。

5) 批单

批单是更改保险合同某些内容的更改说明书。在汽车保险业务中,往往涉及车辆过户、转让、出售等变更车辆所有权的行为,因而也带来车辆保险单中的某些要素如被保险人发生变更,或者保险金额、保险期限等内容变更,这些变更内容需要用某种形式将其记录下来,或者重新出具保险单。但是在实际业务中,这样的变更行为是非常频繁的,因而重新出具保险单往往成了一种烦琐的工作,批单的出现及广泛应用便成为顺理成章的事情。投保人或被保险人在保险有效期内如果需要对保单内容做部分更改,须向保险人提出申请,保险人如同意更改,则批改的内容在保单或保险凭证上批注或附贴便条。凡经批改过的内容均以批单为准,批单是保险单中的一个重要组成部分。

6) 书面协议

保险人经与投保人协商同意,可将双方约定的承保内容及彼此的权利义务关系以书面协议形式明确下来。这种书面协议也是保险合同的一种形式。同正式保单相比,书面协议的内容不事先拟好,而是根据保险合同双方当事人协商一致的结果来签订,具有较大的灵活性和针对性,是一种无固定格式的保险单,因而它与保险单具有同等法律效力。

任务三　汽车保险合同的订立、效力变更及终止

1. 汽车保险合同的订立

汽车保险合同的订立是指被保险人与保险公司就汽车保险合同的内容进行协商、达成一致的过程。汽车保险合同的订立包括要约和承诺两个阶段。

1) 要约

要约是合同一方当事人向另一方当事人提出的订立合同的申请。要约可以口头表示,也可以以书面形式表示。发出要约的人称为要约人,接受要约的人称为受约人。

要约生效后,具有一定法律意义,要约人不得中途撤回或变更要约。因为在要约的有效期间内,受约人可能因接到要约而拒绝其他要约,或者已经履行合同,如果要约人中途撤回或变更要约,必然会给受约人造成一定的损失。除非以下几种情况,要约失效,要约人可以不受要约的约束:一是拒绝要约的通知到达要约人;二是要约人依法撤销要约;三是承诺期限届满,受约人未做出承诺;四是受约人对要约的内容做出实质性变更。

在保险合同中,一般由投保人发出要约,投保人填好投保单并交给保险人,提出投保申请。投保单是由保险人事先拟定好的,在投保单中载明了订立保险合同的必备条款。保险人将空白的投保单发给投保人,只是向投保人发出要约邀请,邀请投保人向自己发出要约。假设保险人在审阅投保人的要约之后又做出了新的附加条件,这就构成了新要约。所以要约过程是一个反复的过程,是投保人与保险人对保险合同条款的内容进行协商的过程。

2) 承诺

承诺是受要约人同意要约的意思表示。承诺不得对原要约有任何修改和附带条款,只能按照要约内容与要约人订立合同。要约一经承诺,合同即宣告成立。受约人对要约的内容做出实质性变更的,为新要约。有关合同标的、数量、质量、价款或者报酬、履行期限、履行地点和方式、违约责任和解决争议方法等的变更,是对要约内容的实质性变更。因此在整个要约过程中不断产生新的要约,原要约人成为受约人,受约人成为新要约人。要约可以是多次的,但承诺只有一次。因为要约是双方为签订合同而进行的协商过程,而承诺是双方订立合同,是结果。一般情况下投保人是先提出要约的人,而保险人则是承诺的人。

在保险合同中,保险人对投保人已经填好的投保单审阅之后,在投保单上签章就表示已经接受投保人承保,即承诺,保险合同成立。保险合同的要约与承诺必须采取书面形式。

2. 汽车保险合同的成立与生效

保险合同的有效订立事实上包括两个方面:一是双方商定好保险合同的条款,即保险合

同已经成立;二是保险合同对双方发生法律约束力,即保险合同生效。判断合同是否成立具有重要的实际意义。首先,判断合同是否成立,是为了判断合同是否存在,如果合同根本就不存在,它的履行、变更、转让、解除等一系列问题也就不存在了;其次,判断合同是否成立,也是为了认定合同的效力,如果合同根本就不存在,则谈不上合同有效、无效问题,即保险合同的成立是保险合同生效的前提条件。

保险合同的成立,是指合同当事人就保险合同的主要条款达成一致协议;保险合同的生效,是指合同条款对当事人双方已发生法律上的效力,要求当事人双方恪守合同,全面履行合同规定的义务。保险合同的成立与生效的关系有两种:一是合同一经成立即生效,双方便开始享有权利,承担义务;二是合同成立后不立即生效,而是等到合同生效的附属条件成立或附属期限到达后才生效。

一般保险合同的成立要件有三条:一是投保人提出保险要求;二是保险人同意承保;三是保险人与投保人就合同的条款达成协议。这三个要件,实质上仍是合同法所规定的要约和承诺过程。因此,保险合同原则上应当在当事人通过要约和承诺的方式达成意思一致时即告成立。

保险合同生效必须赋予合同一定的条件,这种条件基本上可以分为两类:一类是国家有关法律规定的合同生效的必要条件,包括行为人具有民事行为能力、意思表示真实、不违反法律或者社会公共利益等;另一类是合同约定的生效条件。合同一旦不符合生效的条件,将构成合同的无效。

在汽车保险的新车业务中,保险合同生效的问题显得尤为突出,也引起了一些争议。原因是在我国的新车办理牌照的过程中,由于各种原因,办理汽车保险环节往往先于办理牌照环节,而汽车保险条款(责任免除)规定,如果投保的车辆尚未取得牌照,就应该采用专门的提车暂保单承保,提车暂保单是专门针对车辆购买之后至取得牌照之前期间的车辆相关损失和第三者责任风险的保险单。但是,如果保险人用机动车辆保险单承保,就必须与投保人约定"以车辆取得牌照作为保险合同生效的条件",并从取得牌照的那天开始承担保险责任和计算收取保险费。但是,问题出现的原因往往是保险公司的经办人员没有按照规定办理,或者没有将问题向被保险人说明,所以导致了各种纠纷的发生。

3. 汽车保险合同的变更

汽车保险合同的变更是指在汽车保险合同的有效期内,当事人根据主、客观情况的变化,依据法律规定的条件和程序,在协商一致的基础上,对汽车保险合同的某些条款进行修改或补充。《保险法》第二十条规定:"投保人和保险人可以协商变更合同内容。变更保险合同的,应当由保险人在保险单或者其他保险凭证上批注或者附贴批单,或者由投保人和保险人订立变更的书面协议。"《机动车辆保险监制单证管理办法》第十三条规定:"监制单证签发后,内容如需变更,应使用机动车辆保险批单,严禁采取其他任何形式。"

1) 变更事项

汽车保险合同的变更事项主要包括如下内容:

(1) 保险人变更。

一般情况下,保险人变更是不可能的,但是,当出现保险人破产、被责令停业、被撤销保险经营许可等情况时,会导致保险人变更;保险公司的合并或分立,也可能导致保险人变更。

(2) 被保险人变更。

当保险车辆发生转卖、转让、赠送他人时,被保险人需要变更。《保险法》第四十九条规定:"保险标的转让的,保险标的的受让人承继被保险人的权利和义务。保险标的转让的,被保险人或者受让人应当及时通知保险人,但货物运输保险合同和另有约定的合同除外。因保险标的转让导致危险程度显著增加的,保险人自收到前款规定的通知之日起三十日内,可以按照合同约定增加保险费或者解除合同。保险人解除合同的,应当将已收取的保险费,按照合同约定扣除自保险责任开始之日起至合同解除之日止应收的部分后,退还投保人。被保险人、受让人未履行本条第二款规定的通知义务的,因转让导致保险标的危险程度显著增加而发生的保险事故,保险人不承担赔偿保险金的责任。"

(3) 保险车辆变更使用性质,增、减风险程度。

《保险法》第五十二条规定:"在合同有效期内,保险标的的危险程度显著增加的,被保险人应当按照合同约定及时通知保险人,保险人可以按照合同约定增加保险费或者解除合同。保险人解除合同的,应当将已收取的保险费,按照合同约定扣除自保险责任开始之日起至合同解除之日止应收的部分后,退还投保人。被保险人未履行前款规定的通知义务的,因保险标的的危险程度显著增加而发生的保险事故,保险人不承担赔偿保险金的责任。"

(4) 增、减投保车辆。

(5) 增、减或变更约定驾驶人员。

(6) 调整保险金额或责任限额。

(7) 保险责任变更。

保险责任变更是指保险人承担的保险责任范围的扩大或缩小等。如果投保人或被保险人有变更保险责任条款的需要,经过双方协商,可以约定变更。

(8) 保险期限变更。

(9) 变更其他事项。

2) 保险合同变更的办理

保险车辆在保险期限内,发生上述变更事项时,应办理保险合同变更手续。

(1) 保险合同变更的形式。

前已述及,批单是车险实务中保险合同变更时必须使用的书面凭证。在批单中,需要列明变更条款的内容。保险合同一经变更,变更的那一部分内容即取代了原合同中被变更的内容,与原合同中未变更的内容一起,构成了一个完整的合同。保险双方应以变更后的合同履行各自的义务。保险合同的变更没有溯及既往的效力,即对合同变更前已经履行的部分没有约束力,任何一方都不能因为保险合同的变更而单方面要求另一方按照变更后的内容改变已经做出的履行。

在实际操作中可能出现一份保险单多次变更的情况,在这种情况下就会出现变更效力的问题,即在多次变更或者多份批单的情况下,出现优先适用的问题。通常,在合同进行多次变更时,对于适用顺序或者效力,采用两种标准:一是时间标准,即最近一次批改的效力优于之前批改的效力;二是批改方式标准,即手写批改的效力优于打字批改的效力。

(2) 保险合同变更的流程。

保险车辆在保险期限内发生变更事项的,投保人应提出书面申请,办理变更手续。具体变更流程为:①投保人提出书面变更申请;②业务人员接到投保人提出的书面变更申请,对原保险单和有关情况进行核对,按照有关规定验车并提出处理意见;③业务人员将变更申请及初步处理意见提交核保;④核保人员审核签署意见;⑤核保通过后,进行收付费处理;⑥对保险合同进行变更;⑦清分有关单、证;⑧有关单、证归档。

对于保险合同变更时使用的书面凭证,即批单,其主要内容包括:

① 保险单号码。登录原保险单号码。

② 批单号码。以年度按顺序连贯编号。

③ 被保险人。填写被保险人称谓,应与原保单相符。

④ 批文。批文按规定的格式填写。其内容通常包括:变更的要求、变更前的内容、变更后的内容、是否增收(退还)保险费、增收(退还)保险费的计算公式、增收(退还)保险费的金额、变更起始时间以及明确除本变更外原保险合同的其他内容不变。举例如下。

a. 保险车辆转卖、转让、赠送他人的批文内容:

根据被保险人申请,因_____(牌照号)保险车辆已转给_____,自____年____月____日____时起该车的被保险人变更为_____,直至保险期满。其他事项不变。

特此批改。

b. 车辆的使用性质变更,并涉及增、退费的批文内容:

根据被保险人申请,因_____(牌照号)保险车辆的使用性质已由_____变更为_____,变更时间自____年____月____日____时起至保险期满,应增收(退还)保险费人民币_____(大写)元(计算公式:_____)。其他事项不变。

特此批改。

c. 调整保险金额/责任限额的批文内容:

根据被保险人申请,_____(牌照号)保险车辆因_____,保险金额由_____(元)调整为_____(元),变更时间自____年____月____日____时起至保险期满,应增收(退还)保险费人民币(大写)_____元(计算公式:_____)。其他事项不变。

特此批改。

对于变更保险合同需要办理增、退费的,由经办人员填制保险费收据一式三联,随批单一起送财务部门核收、退保险费。变更申请、批单、保险费收据等有关单、证的清分与归档与保险单、证的清分与归档的方法及要求相同。

4. 汽车保险合同的终止

汽车保险合同的终止是指汽车保险合同权利、义务关系的绝对消灭。当保险合同终止后,保险合同的法律效力也就终止了。

1) 汽车保险合同终止的种类

(1) 投保人要求解除合同。

《保险法》第十五条规定:"除本法另有规定或者保险合同另有约定外,保险合同成立后,投保人可以解除合同,保险人不得解除合同。"根据此规定,投保人可以随时向保险人提出解除保险合同,既可以在保险责任开始之前,也可以在保险责任开始之后;既可以在保险事故发生之前,也可以在保险标的发生部分损失之后。但需注意,《保险法》第五十八条规定:"保险标的发生部分损失的,自保险人赔偿之日起三十日内,投保人可以解除合同;除合同另有约定外,保险人也可以解除合同,但应当提前十五日通知投保人。合同解除的,保险人应当将保险标的未受损失部分的保险费,按照合同约定扣除自保险责任开始之日起至合同解除之日止应收的部分后,退还投保人。"

(2) 保险人要求解除合同。

《保险法》第十五条规定:"除本法另有规定或者保险合同另有约定外,保险合同成立后,投保人可以解除合同,保险人不得解除合同。"这一规定表明,非依法律明文规定,保险人不得行使法定解除权。我国《保险法》更是明确地规定了保险人法定解除权的行使条件,主要有:

① 投保人违反如实告知义务。《保险法》第十六条第二款规定:"投保人故意或者因重大过失未履行前款规定的如实告知义务,足以影响保险人决定是否同意承保或者提高保险费率的,保险人有权解除合同。"

② 投保人、被保险人违反防灾减损义务。《保险法》第五十一条规定:"被保险人应当遵守国家有关消防、安全、生产操作、劳动保护等方面的规定,维护保险标的的安全。保险人可以按照合同约定对保险标的的安全状况进行检查,及时向投保人、被保险人提出消除不安全因素和隐患的书面建议。投保人、被保险人未按约定履行其对保险标的的安全应尽责任的,保险人有权要求增加保险费或者解除合同。保险人为维护保险标的的安全,经被保险人同意,可以采取安全预防措施。"

③ 被保险人违反风险增加通知义务。《保险法》第五十二条规定:"在合同有效期内,保险标的的危险程度显著增加的,被保险人应当按照合同约定及时通知保险人,保险人可以按照合同约定增加保险费或者解除合同。保险人解除合同的,应当将已收取的保险费,按照合同约定扣除自保险责任开始之日起至合同解除之日止应收的部分后,退还投保人。被保险人未履行前款规定的通知义务的,因保险标的的危险程度显著增加而发生的保险事故,保险人不承担赔偿保险金的责任。"

④ 被保险人骗取保险金给付。《保险法》第二十七条规定:"未发生保险事故,被保险人或者受益人谎称发生了保险事故,向保险人提出赔偿或者给付保险金请求的,保险人有权解除合同,并不退还保险费。投保人、被保险人故意制造保险事故的,保险人有权解除合同,不承担赔偿或者给付保险金的责任;除本法第四十三条规定外,不退还保险费。保险事故发生后,投保人、被保险人或者受益人以伪造、变造的有关证明、资料或者其他证据,编造虚假的事故原因或者夸大损失程度的,保险人对其虚报的部分不承担赔偿或者给付保险金的责任。投保人、被保险人或者受益人有前三款规定行为之一,致使保险人支付保险金或者支出费用的,应当退回或者赔偿。"

⑤ 保险标的发生部分损失,保险人赔偿后。《保险法》第五十八条规定:"保险标的发生部分损失的,自保险人赔偿之日起三十日内,投保人可以解除合同;除合同另有约定外,保险人也可以解除合同,但应当提前十五日通知投保人。合同解除的,保险人应当将保险标的未受损失部分的保险费,按照合同约定扣除自保险责任开始之日起至合同解除之日止应收的部分后,退还投保人。"

(3) 保险车辆发生全部灭失或损毁致使合同终止。

造成保险车辆全部灭失或损毁的原因既可以是保险责任事故,也可以不是保险责任事故。

(4) 保险车辆因报废、转让、赠予他人,投保人对保险标的不再具有可保利益,保险合同因决定合同效力的要件丧失而中途失效,保险合同中途终止。

(5)保险合同有效期届满而自然终止。

保险合同是有期限的民事法律关系,它不可能永久存续。当保险合同约定的期限届满时,当事人之间的权利、义务关系即归于消灭,合同自然终止。

2)汽车保险合同终止的通知

根据《保险法》和保险惯例,合同除自然终止外,终止合同时,承保方均应发出书面通知(或出具批单代替)。举例如下:

(1)保险车辆因报废、转让、赠予他人等原因中途终止合同的批文(通知)内容:

_____(牌照号)保险车辆,因封存(或报废、转让、赠送他人),自_____年_____月_____日零时起终止保险责任,应退保险费人民币(大写)_____元(计算公式:_____)。

特此批改(通知)。

(2)保险车辆由于发生全损保险事故而终止合同的批文(通知)内容:

_____(牌照号)保险车辆因发生全损保险事故,我公司已按照合同约定履行了保险赔偿义务。因此,有关该车辆的_____(保险单号)保险合同自_____年_____月_____日零时起终止。

特此批改(通知)。

3)汽车保险合同终止的退费

(1)保险责任开始前投保人要求解除合同的,保险费全额退还,但需扣减手续费。

《保险法》第五十四条规定:"保险责任开始前,投保人要求解除合同的,应当按照合同约定向保险人支付手续费,保险人应当退还保险费。保险责任开始后,投保人要求解除合同的,保险人应当将已收取的保险费,按照合同约定扣除自保险责任开始之日起至合同解除之日止应收的部分后,退还投保人。"

(2)下列情况下,合同终止不办理退费手续。

① 保险车辆由于发生保险事故造成全损或推定全损,保险人依约履行了赔偿义务后保险合同终止的。

② 保险合同有效期届满而自然终止的。

③ 投保人在签订保险合同时,故意隐瞒事实,不履行如实告知义务,足以影响保险人决定是否承保的,保险人提出解除合同的。《保险法》第十六条第四款规定:"投保人故意不履行如实告知义务的,保险人对于合同解除前发生的保险事故,不承担赔偿或者给付保险金的责任,并不退还保险费。"

④ 被保险人在未发生保险事故的情况下,谎称发生了保险事故,保险人提出解除合同的。《保险法》第二十七条第一款规定:"未发生保险事故,被保险人或者受益人谎称发生了保险事故,向保险人提出赔偿或者给付保险金请求的,保险人有权解除合同,并不退还保险费。"

⑤ 投保人、被保险人故意制造保险事故,保险人提出解除合同的。《保险法》第二十七条第二款规定:"投保人、被保险人故意制造保险事故的,保险人有权解除保险合同,不承担赔偿或者给付保险金的责任,除本法第四十三条规定外,也不退还保险费。"

(3) 其他情况。

合同终止时按照未了责任期计算退还保险费。未了责任期应退还保险费的计算方法根据合同终止的原因和所属保险公司的不同又有所差异。

任务四　汽车保险合同的争议处理

1. 汽车保险合同争议的处理方式

在保险合同履行过程中，双方当事人经常就赔款处理、责任归属、缴费等问题产生争议。应采用适当方式，公平合理地处理。按照惯例，保险合同争议的处理方式主要有协商和解、仲裁和诉讼三种。因履行保险合同发生争议的，首先由当事人协商解决。协商不成的，提交保险单载明的仲裁委员会仲裁。保险单未载明仲裁机构或者争议发生后未达成仲裁协议的，可向中华人民共和国人民法院的有关机构提起诉讼。

1) 协商和解

在争议发生后，双方应实事求是有诚意地进行磋商，彼此做出让步，达成双方都能接受的和解协议。协商和解一般有自行和解和调解两种方法。

(1) 自行和解。

自行和解即没有第三者介入，双方当事人直接进行交涉。也可以由第三者主持和解，即由双方当事人以外的第三者从中调停，促使双方达成和解协议。这种保险合同争议的处理方式，能快捷、有效地消除争议，并且节约费用，气氛良好，还可以增进彼此之间的关系，从而保证保险合同的履行。这是解决争议最基本的一种方法。

(2) 调解。

调解通常是通过双方都信赖的第三方主持，在双方自愿、平等、相互谅解的基础上，实事求是地分析问题，分清责任，以解决纠纷的方式。调解可以分为行政调解、仲裁调解和法院调解。

2) 仲裁

仲裁是由合同双方当事人在争议发生之前或之后达成书面协议，愿意把他们之间的争议交给双方都同意的第三者进行裁决。仲裁员以裁判者的身份而不是以调解员的身份对双方争议做出裁决。仲裁的好处是提交仲裁是双方自愿的；仲裁机构由经验丰富的专家组成，并且在仲裁时可以更多地考虑商业惯例，具有很大的灵活性；仲裁能比较及时地解决争议，提高了工作效率；仲裁的裁决是终局性的，能够保证受损方的利益。

3) 诉讼

诉讼解决保险纠纷，是指保险合同双方当事人充分行使诉讼权，通过人民法院依据法定诉讼程序，对保险纠纷予以审查，在查明事实、分清责任的基础上做出判决或裁定。诉讼解决保险纠纷是人民法院的司法活动，其所做出的法律裁判具有国家强制力，当事人必须予以执行。这也是处理保险合同争议最为有效的方式，一般当保险双方对合同的争议不能用协商和解和仲裁两种方式解决时，才选择诉讼。

诉讼有行政诉讼、民事诉讼和刑事诉讼三种，绝大多数保险合同争议的诉讼属于民事诉讼，也就是由保险合同中的一方当事人向法院提出诉讼，希望借此来解决争议，主张和保护自己的权益。

2. 汽车保险合同条款的解释

汽车保险合同的履行过程中,由于保险本身的特殊性、专业性和复杂性及局限性,难免会因为双方对合同条款的认识、解释不同而产生争议,对汽车保险合同的解释一般遵循以下原则。

1) 文义解释原则

保险合同条款应当通过其使用的语言文字的基本、自然、一般和通常的语义,并结合上下文加以理解。其所使用的语言文字的含义,应当以普通人使用语言文字所理解的含义解释其内容。当出现专业名词时应按照各行业的通用含义来解释。

2) 真实意图解释原则

保险合同订立是保险人和投保人意思表示一致的法律行为。因此,在解释过程中必须尊重双方当事人订立保险合同时的真实意图。如保险条款前后用词不一,或用词有矛盾之处,则可结合条款上下文来解释,即探索当事人真实意图,而不拘泥于所用词句。

3) 不利解释原则

保险合同是要式合同和附和合同,其条款是由保险人事先拟订的,充分考虑了保险人的自身利益,而极少反映投保人、被保险人或受益人的意思。在订立保险合同时,投保人不能对保险合同的内容进行修改,只能接受或不接受。

另外,保险合同内容复杂,并且其中有很多普通人不易理解的专业术语。投保人受专业知识和时间的限制,往往不可能对保险条款予以细致研究。保险方应比被保险方更熟悉保险业务,应能准确地字斟句酌,对保险合同条款的准确性承担更大的责任。如有歧义,也应由保险人承受其不利。

这些原因使被保险人在订立保险合同的过程中明显处于弱势地位。因此,为了公平,保护投保人、被保险人或者受益人的利益,避免保险人拟订的保险条款含义模糊,损害投保人、被保险人或者受益人的利益,《保险法》第三十条规定:"采用保险人提供的格式条款订立的保险合同,保险人与投保人、被保险人或者受益人对合同条款有争议的,应当按照通常理解予以解释。对合同条款有两种以上解释的,人民法院或者仲裁机构应当作出有利于被保险人和受益人的解释。"但不利解释原则的适用应当是有条件和范围限制的:一是不利解释原则仅适用于保险合同条款所用文字语义不清或有歧义而致使当事人意图不明的情况,当保险合同的语义明晰时,即使当事人对合同内容有争议,也不得适用不利解释原则而曲解合同内容;二是不利解释原则是为了保护处于弱势的普通被保险人的利益而设立的,它只能适用于普通被保险人。

4) 附加条款优于标准合同条款原则

在保险标准合同中,基本条款是事先印就的。如被保险人要求变更,可以采用下列几种方法:贴上已印就之附加条款的纸条、打字或书写。在这几种文字形式发生矛盾时,书写内容的效力优于打字的内容,打字的内容又优于贴上的附加条款,贴上的附加条款又优于保险单上原来印就的条款。

5) 明示优于默示原则

保险行为一般受制于合同及社会法律、公德与公认行为规则。合同中规定的条件称为明示条件,而社会法律、公德与公认行为规则称为默示条件。在不违背法律与公德的前提下,当明示条件与默示条件相抵触时,对合同的解释应以明示条件为准。

6) 尊重保险惯例原则

保险合同所用文字,应按其所具有的通常语义进行解释,但是保险合同所使用的专业术语,应当按其特有的意义进行解释。保险业务的专业性极强,且日趋国际化,在数百年的长期经营之中,形成了许多为世界各国保险经营者所承认的、在国际保险市场上通用的专业术语。在解释保险合同时,尊重保险惯例,对保险业通行的术语,适用保险行业的通用含义来解释,才符合保险合同的本意。

【思考题】

1. 名词解释

①汽车保险合同;②批单;③汽车保险合同的变更;④保险单;⑤暂保单;⑥投保单;⑦保险凭证。

2. 简答题

(1) 汽车保险合同有哪些种类?

(2) 汽车保险合同的主体和客体分别是什么?

(3) 投保汽车保险应具备哪些条件?

(4) 汽车保险合同的客体有什么特点?

(5) 汽车保险合同中保险人有什么义务?

(6) 汽车保险合同中被保险人有什么义务?

3. 论述题

(1) 简述汽车保险合同订立的操作过程。

(2) 汽车保险合同的变更事项有哪些?

(3) 汽车保险合同争议的处理方式有哪些?

4. 案例分析

高某于2010年7月在成都某保险公司为其购置的宝马小轿车投保了车辆损失险、第三者责任险,缴纳保险费17 000元。同年底,高某经汽车交易市场将宝马车卖给金某,高某未告知保险公司。2015年1月,金某驾车行驶至成都市人民路口与同方向王某驾驶的桑塔纳轿车相撞,交通队认定金某负全责。金某支付王某修车费5 800元。金某在向保险公司索赔时遭到拒赔。金某诉至成都金水法院,法院驳回了金某的诉讼请求,并判决诉讼费由金某负担。为什么?

项目 5
汽车投保与核保实务

任务一　汽车投保实务

投保人或被保险人向保险人表达缔结保险合同的意愿,即投保。

1. 汽车投保的方式

目前,汽车投保的方式主要有如下几种。

1) 业务员上门服务

投保人与所选择的保险公司联系,由保险公司派业务员前往上门服务。这是目前最为普遍的投保方式之一。由业务员对条款进行解释和提供咨询服务,帮助投保人进行险种的设计,指导投保人填写投保单。同时,还可以提供代送保险单、发票等其他服务。

2) 到保险公司投保

投保人亲自到所选择的保险公司办公地点办理投保业务。许多车主选择这种投保方式,不但能更全面地了解所选择的保险公司及投保险种,也免除了一些传统型的车主对业务员及保险公司的不信任感。

3) 电话投保

电话投保是指通过保险公司开通的服务电话办理投保业务。这种方式广受投保人欢迎,电话投保将是我国汽车保险的方向之一。现在已开通的服务电话有95518、95510、95511等,但是我国电话投保系统还有待进一步开发。

4) 网上投保

目前,许多保险公司提供了网上投保服务。网上投保是指利用网络完成投保业务,这种方式可大大降低保险公司的经营成本。网上投保代表着保险业务发展的前沿,受到了全世界汽车保险界的关注。我国现在已经开始出现了这样的投保形式。

5) 通过保险中介机构投保

保险中介机构作为我国保险市场的组成部分,正处于蓬勃发展之中。保险中介机构强大了,会带动我国保险市场的健康发展,会给投保人带来更多的方便,能为投保人提供优质的保险服务。

6) 新增渠道

为了方便车主投保,中国人民财产保险股份有限公司在原有投保渠道的基础上,新增了银行、邮政网点两大渠道。中国工商银行(工行)秉承客户至上的理念,充分利用其强大的网上银行功能,与保险公司合作推出"在线投保交强险"业务,为投保人(保户)提供了便捷的投保途径。

(1) 开通在线支付:保户通过网上自助注册或到工行各网点注册成为工行网上银行用户,即可享受工行为保户提供的在线支付服务。

(2) 在线投保流程:①登录工行网站,进入保险频道;②从"在线投保"区域中的"车险"栏目中选择感兴趣的交强险产品,阅读产品说明书;③点击"我要购买";④阅读投保须知、投保声明;⑤选择保险期间等要素,同时填写投保信息;⑥确认并提交投保信息;⑦进行网上支付;⑧生成保单,并由保险公司将投保单和保单送达或寄达投保人。

2. 汽车投保的步骤

1) 选择保险公司

先了解经营机动车辆保险业务的各家保险公司的服务情况,并考察就近是否有正式的保险公司营业机构,从而确定一家既信得过又方便的保险公司。

2) 仔细阅读机动车辆保险条款

尤其对于条款中的责任免除条款和义务条款要认真研究。同时,对于条款中不理解的条文要记下来,以便投保时向保险业务人员咨询。

3) 选择投保险种

根据对条款的初步了解和自身的情况,选择适合自己的投保险种;对于私家车而言,除投保交强险外,一般还投保车辆损失险、第三者责任险以及附加全车盗抢险、玻璃单独破碎险、自燃损失险、车上人员责任险和不计免赔特约险等几个险种较为合适,这种选择可以得到较为全面的保险保障。

4) 填制保险单

携带行车执照、购车发票、车主身份证等相关证件,并把要投保的车辆开到保险公司(网上投保、电话投保除外)。在保险公司业务人员详细介绍了机动车辆保险条款和建议投保的险种后,如果对条款中还有不理解的地方可以向保险公司业务人员仔细咨询。已经完全清楚后,认真填写机动车辆保险投保单,将有关情况向保险公司如实告知。

5) 交付保险费

保险公司业务人员对投保单及投保车辆核对无误并出具保险单正本后,首先要核对一下保险单正本上的内容是否准确,其次检查保险卡是否填写齐全,理赔报案电话、地址是否清晰明确,最后缴纳保险费。

6) 领取保险单证

投保人(被保险人)拿到保险单证后,应审核保险单证是否有误。保险单证与机动车行驶证要随身携带,以备随时使用,同时将保险单正本妥善保管。

投保人(被保险人)应特别注意的事情是,新车投保以后,要尽快领牌照,只有领了牌照,保险合同才有效。

3. 投保单

因保险合同的要约一般要求为书面形式,所以汽车保险的投保需要填写投保单。投保单是投保人向保险人要约的意思表示的书面文件,也是投保人要求投保的书面凭证,保险人接受了投保单,投保单就成为保险合同的要件之一。

1) 填写投保单的基本要求

(1) 告知。

投保时,保险人需要履行告知义务,其告知内容主要包括:

① 依据《中华人民共和国保险法》和《机动车辆保险条款》以及保监会的有关要求,向投保人告知保险险种的保障范围,特别要明示责任免除及被保险人义务等条款内容。

② 对车辆基本险和附加险条款解释产生异议时,特别是对保险责任免除部分的异议,应通过书面或其他方式给予明确说明。当保险条款发生变更时,应及时地明确说明。

③ 应主动提醒投保人履行如实告知义务,尤其对涉及保险人是否同意承保、承保时的特别约定、可能的费率变化等情况要如实告知,不能为了争取保险业务故意误导投保人。

④ 对于摩托车与拖拉机保险,应向投保人解释采用定额保单与采用普通保单承保的不同之处。

(2) 车辆检验。

各保险公司对此规定不一,有的将车辆检验过程与投保单填写工作同时进行,属于承保阶段的实务;有的则将其放在核保阶段与查验车辆一起进行。

① 车辆行驶证检验。

投保时,应检验车辆行驶证或临时牌照是否与投保标的相符,车辆是否为已经办理有效年检的合格车辆,核实投保车辆的使用性质和车辆初次登记日期等。

② 投保时的车辆检验。

针对投保时的车辆检验,要重点检验下述车辆:

a. 首次投保的车辆;

b. 未按期续保的车辆;

c. 在投保第三者责任险后,又申请加保车辆损失险的车辆;

d. 申请增加投保附加险,如盗抢险、自燃损失险及玻璃单独破碎险的车辆;

e. 使用年限较长且接近报废年限的车辆;

f. 特种车辆;

g. 发生重大交通事故后修复的车辆。

车辆检验时,应重点检查车辆的牌照号码、发动机号和车架号是否与车辆行驶证的记录一致,车辆技术状况是否适合运行,消防装备配备是否齐全。投保盗抢险的汽车要拓印车架与发动机号码并将其附在保险单的正面或拓印牌照留底并将照片贴在保险单背面,查验保险汽车是否装有防盗装置等。

2) 投保单的填写内容

投保单的内容包括被保险人、投保人的基本情况,保险车辆和驾驶员的基本情况,投保险种及保险期限等内容。投保业务人员应指导投保人正确填写,如果投保车辆较多,投保单容纳不下,则应填写"机动车辆保险投保单附表"。填写时,应字迹清楚,如有更改,需要投保人或其代表人在更正处签章。保险单填写的具体要求如下。

(1) 投保人的基本情况。

投保人是任何保险合同中不可缺少的当事人。如果投保人为自己投保,保险合同签订后,投保人即成为被保险人。投保人除了应当具有相应的权利能力和行为能力之外,对保险标的必须具有保险利益。因此,投保人应当在投保单上填具自己的姓名,以便保险人核实其资格,避免出现保险纠纷。

一方面,被保险人必须是保险事故发生时遭受损失的人,即受保障的人;另一方面,被保险人必须是享有保险金请求权的人。因此,投保单上必须注明被保险人的姓名。

(2) 被保险人的基本情况。

投保单上需要填具被保险人的详细地址、邮政编码、电话以及联系人,以便于联系和作为确定保险费率的参考因素。首先,保险人接到投保人填写的投保单后需要进行核保。保险合同生效后,保险人需要定期或不定期地向客户调研自身的服务质量或通知被保险人有关信息。其次,不同地区的汽车保有量、道路状况、治安状况等都不尽相同,危险因素也不一样,这是厘定保险费率的重要依据,因此,也需要被保险人的详细地址和邮政编码等信息。

(3) 驾驶员的基本情况。

采用从人主义的汽车保险,投保单需要提供驾驶员的基本情况,如驾驶员的住址、性别、年龄与婚姻状况、健康状况、驾龄、违章情况等,这是确定保险费率的重要依据。

(4) 保险车辆的基本情况。

① 保险车辆的有关资料。

无论是采用从车主义的汽车保险还是采用从人主义的汽车保险,投保单均要求说明保险汽车的有关情况,包括号牌号码、厂牌型号、发动机号、车架号、座位/吨位、车辆特征(车门数、颜色)等内容。我国的汽车保险的投保单要提供车辆的号牌号码、厂牌型号、发动机号、车架号、车辆种类、座位/吨位、车辆颜色、初次登记年月等资料信息。

因在从车主义保险制度下,车辆价值对保费影响较大,所以较为详细的保险车辆有关资料可以帮助保险人核实保险汽车的价值及保险金额是否符合规定。如我国的《机动车辆保险条款》规定:"保险金额不能超过同类型的新车购置价,超过部分无效。"显然,提供上述保险汽车的基本资料为保险人核保提供了依据。

② 车辆的所有与使用情况。

大多数投保单都会有下述类似的问题:

a. 该汽车所属性质是什么?

b. 该汽车是否是分期付款购买的?如果是,卖方是谁?

c. 该汽车的行驶证所列明的车主是谁?

d. 该汽车的使用性质是什么?行驶区域如何?

提出上述问题主要是为保险人核保时确定保险标的的保险利益和保险费率提供依据,以免日后发生不必要的纠纷。

如果是分期付款购买的汽车,保险人一般会要求投保人选择保险范围较宽的险种,以保障财产的安全。在美国,分期付款的汽车必须购买包括汽车损失险在内的综合险。

一般情况下,营业用汽车和非营业用汽车的保险费率差别较大,如我国现行的保险规定的十吨及以上货车的保险费率为:营业1.6%,非营业1.2%。在汽车保险发达的国家和地区,行驶区域不同,保险费率不同。我国由于汽车保险起步较晚,尚处于完善发展阶段,除了深圳地区以外,全国其他地区仍执行统一的费率标准。

(5) 投保险种及保险期限。

在投保单上,需要选择投保险种,填具保险金额或赔偿限额,这是保险人在核保时确定保险费率的基本依据。

保险期限一般为半年或一年。在美国,一般情况下规定保险期限为半年,除了一次交清保险费外,也可以采用按月交付;而我国规定的保险期限一般为一年。

(6) 投保人签章。

投保单必须由投保人亲笔签名认可方能生效,其主要作用为:

① 提供保险凭证所需要的信息。

投保人签章就视同其确认了投保单上所提供的信息,保险人在签发保险证和保险单时,可以依据这些信息填写。

② 便于保险人核保。

保险人在核保时,需要甄别承保风险和确定保险适合的条款。只有投保人签章后,才能确认投保单所提供的信息,便于保险人核保。

③ 获得投保人对保险合同信息的确认。

投保人在投保单上签字后,保险人受理同意,投保单就构成保险合同的要件。如果核保后所填信息没有变化,保险人据此认为投保人已经确认了保险合同的信息。

4. 汽车投保注意事项

1) 不要重复投保

有些投保人自以为多投几份保,就可以使被保车辆多几份赔偿。《保险法》第五十六条规定:重复保险的各保险人赔偿保险金的总和不得超过保险价值。因此,即使投保人重复投保,也不会得到超价值赔款。

2) 不要超额投保或不足额投保

有些车主,明明车辆价值10万元,却投保了15万元的保险,认为多花钱就能多赔付;而有的车价值20万元,却只投保了10万元。这两种投保都不能得到有效的保障。《保险法》第五十五条规定:保险金额不得超过保险价值,超过保险价值的,超过的部分无效。保险金额低于保险价值的,除合同另有约定外,保险人按照保险金额与保险价值的比例承担赔偿保险金的责任。所以,超额投保、不足额投保都不能获得额外的利益。

3) 保险要保全

有些车主为了节省保费,想少保几种险,或者只保车损险,不保第三者责任险,或者只保主险,不保附加险等。其实各险种都有各自的保险责任,假如车辆真的出事,保险公司只能依据当初订立的保险合同承担保险责任给予赔付,而车主的其他任何损失都得不到赔偿。

4) 及时或提前续保

有些车主在保险合同到期后没有及时续保,但天有不测风云,万一车辆就在这几天出了事故,岂不是悔之晚矣。因此,最好能记住保险的截止日期,提前办理续保。

5) 要认真审阅保险单证

当你接到保险单证时,一定要认真核对,看看单据第三联是否采用了白色无碳复写纸印刷并加印浅褐色防伪底纹,其左上角是否印有"中国保险监督管理委员会监制"字样,右上角是否印有"限在××省(市、自治区)销售"的字样,如果没有,可拒绝签单。

6) 注意审核代理人真伪

投保时要选择国家批准的保险公司所属机构投保,而不能只图省事随便找一家保险代理机构投保,更不能被所谓的"高返还"所引诱,只求小利而上假代理人的当。

7) 核对保单

办理完保险手续拿到保险单正本后,要及时核对保险单上所列项目(如车牌号、发动机号等),如有错漏,要立即提出更正。

8) 随身携带保险卡

保险卡应随车携带,如果发生事故,要立即通知保险公司并向交通管理部门报案。

9) 莫使"骗赔"伎俩

有极少数人,总想把保险当成发财的捷径,如有的先出险后投保,有的人为地制造出险事故,有的伪造、涂改、添加修车、医疗等发票和证明,这些都属于骗赔的范围,是触犯法律的行为。因此,各位车主在这些问题上千万不要耍小聪明。

任务二 汽车核保实务

保险人在承保时必须经过核保过程。所谓核保,是指保险人在承保前,对保险标的的各种风险情况加以审核与评估,从而决定是否承保、承保条件与保险费率的过程。

核保工作原则上采取两级核保体制。先由展业人员、保险经纪人、代理人进行初步核保,然后由核保人员复核决定是否承保、承保条件及保险费率等。因此,核保实务包括审核保险单、查验车辆、核定保险费率、计算保险费、核保等必要程序。

1. 核保的意义

(1) 防止逆选择,排除经营中的道德风险。保险公司通过建立核保制度,由资深人员运用专业技术和经验对投保人标的进行风险评估,通过风险评估可以最大限度地解决信息不对称的问题,排除道德风险,防止逆选择。

(2) 确保业务质量,实现经营的稳定。保险公司要实现经营的稳定,关键的一个环节是控制承保业务的质量。但是,在实际工作中,发展与管理始终是一对矛盾。其主要表现为:

① 为了拓展业务而急剧扩充业务人员,这些新人员的素质有限,无法认识和控制承保的质量。

② 保险公司为了扩大保险市场占有份额,稳定与保户的业务关系,放松了对拓展业务方面的管理。

③ 保险公司为了拓展新的业务领域,开发一些不成熟的新险种,签署了一些未经详细论证的保险协议,增加了风险因素。

(3) 扩大保险市场规模,与国际惯例接轨。随着我国市场经济体制改革的深入和加入国际经济一体化的进程,以及保险市场主体的增加和完善,外国的保险中介组织对中国市场表现出极大的兴趣,纷纷要求进入中国市场。加入WTO以来,我国逐步向国外的保险中介机构开放,同时我国的保险中介力量也在不断壮大。

(4) 实现经营目标,确保持续发展。在我国保险市场的发展过程中,保险公司要在市场上争取和赢得主动,就必须确定自己的市场营销方针和政策,包括选择特定的业务和客户作为自己发展的主要对象。确定对于各类风险的承保态度,制定承保业务的原则、条款、费率等条件。通过核保制度实现风险选择和控制的功能,保险公司能够有效地实现其既定的经营目标,并保持业务的持续发展。

2. 审核投保单,查验车辆

业务人员在接到投保单以后,首先要根据保险公司内部制定的承保办法,决定是否接受此业务。如果不属于拒保业务,应立即加盖公章,注明收件日期。

1) 审查投保单

首先审查投保单所填写的各项内容是否完整、清楚、准确。

2) 验证

结合投保车辆的有关证明,如车辆行驶证、介绍信等,进行详细审核。首先,检查投保人称谓与其签章是否一致。如果投保人称谓与投保车辆的行驶证标明的不符,投保人需要提供其对投保车辆拥有可保利益的书面证明。其次,检验投保车辆的行驶证是否与保险标的相符,投保车辆是否年检合格。核实投保车辆的合法性,确定其使用性质。检验车辆的牌照号码、发动机号码是否与行驶证一致等。

3）查验车辆

根据投保单、投保单附表和车辆行驶证,对投保车辆进行实际查验。查验的内容主要包括:

(1) 确定车辆是否存在和有无受损,是否有消防和防盗设备等。

(2) 车辆本身的实际牌照号码、车型及发动机号、车身颜色等是否与行驶证一致。

(3) 车辆的操纵安全性与可靠性是否符合行车要求,重点检查转向、制动、灯光、喇叭、刮雨器等涉及操纵安全性的因素。

4）检查发动机、车身、底盘、电气等部分的技术状况

根据检验结果,确定整车的新旧成数。对于私有车辆,一般需要填具验车单,附于保险单副本上。

3. 核定保险费

首先,应根据投保单上所列的车辆情况和保险公司的机动车辆保险费率表,逐项确定投保车辆的保险费率。在确定车辆保险费率的基础上,保险公司业务人员应根据投保人所选择的保险金额和赔偿限额计算保险费。

1）交强险保险费的计算方法

自2006年7月1日起,所有上路行驶的机动车都必须投保交强险。保监会表示,交强险在我国是一项全新的保险制度,考虑到其法律环境、赔偿方式等诸多因素与商业性机动车第三者责任险有本质不同,故交强险实施的第一年先实行全国统一价格,在实践中积累经营数据。今后,通过实行保险费与交通违法行为、交通事故挂钩的"奖优罚劣"的浮动费率机制,并根据各地区经营情况,加入地区差异化因素等,将逐步实行交强险差异化费率。

(1) 基础保险费的计算。

① 一年期基础保险费的计算。

投保一年期机动车交通事故责任强制保险的,根据机动车交通事故责任强制保险基础费率表(2008版)中相对应的金额确定基础保险费,如表5-1所示。

表5-1 机动车交通事故责任强制保险基础费率表(2008版)

车辆大类	序号	车辆明细分类	保险费/元
一、家庭自用车	1	家庭自用汽车6座以下	950
	2	家庭自用汽车6座以上	1 100
二、非营业客车	3	企业非营业汽车6座以下	1 000
	4	企业非营业汽车6~10座	1 130
	5	企业非营业汽车10~20座	1 220
	6	企业非营业汽车20座以上	1 270
	7	机关非营业汽车6座以下	950
	8	机关非营业汽车6~10座	1 070
	9	机关非营业汽车10~20座	1 140
	10	机关非营业汽车20座以上	1 320

续表

车辆大类	序号	车辆明细分类	保险费/元
三、营业客车	11	营业出租租赁6座以下	1 800
	12	营业出租租赁6～10座	2 250
	13	营业出租租赁10～20座	2 400
	14	营业出租租赁20～36座	2 560
	15	营业出租租赁36座以上	3 530
	16	营业城市公交6～10座	2 250
	17	营业城市公交10～20座	2 520
	18	营业城市公交20～36座	3 020
	19	营业城市公交36座以上	3 140
	20	营业公路客运6～10座	2 350
	21	营业公路客运10～20座	2 620
	22	营业公路客运20～36座	3 420
	23	营业公路客运36座以上	4 690
四、非营业货车	24	非营业货车2吨以下	1 200
	25	非营业货车2～5吨	1 470
	26	非营业货车5～10吨	1 650
	27	非营业货车10吨以上	2 220
五、营业货车	28	营业货车2吨以下	1 850
	29	营业货车2～5吨	3 070
	30	营业货车5～10吨	3 450
	31	营业货车10吨以上	4 480
六、特种车	32	特种车一	3 710
	33	特种车二	2 430
	34	特种车三	1 080
	35	特种车四	3 980
七、摩托车	36	摩托车50 cc及以下	80
	37	摩托车50～250 cc(含)	120
	38	摩托车250 cc以上及侧三轮	400
八、拖拉机	39	兼用型拖拉机14.7 kW及以下	按保监产险〔2007〕53号实行地区差别费率
	40	兼用型拖拉机14.7 kW以上	
	41	运输型拖拉机14.7 kW及以下	
	42	运输型拖拉机14.7 kW以上	

注：① 座位和吨位的分类都按照"含起点不含终点"的原则来解释。

② 特种车一：油罐车、汽罐车、液罐车。特种车二：专用净水车、特种车一以外的罐式货车，以及用于清障、清扫、清洁、起重、装卸、升降、搅拌、挖掘、推土、冷藏、保温等的各种专用机动车。特种车三：装有固定专用仪器设备从事专业工作的监测、消防、运钞、医疗、电视转播等的各种专用机动车。特种车四：集装箱拖头车。

③ 挂车根据实际的使用性质并按照对应吨位货车的30%计算。

④ 低速载货汽车参照运输型拖拉机14.7 kW以上的费率执行。

② 短期基础保险费的计算。

投保保险期间不足一年的机动车交通事故责任强制保险的，按短期费率系数计收保险费，不足一个月按一个月计算。具体为：先按"机动车交通事故责任强制保险基础费率表"中相对应的金额确定基础保险费，再根据投保期限选择相对应的短期月费率系数，如表5-2所示，两者相乘即得短期基础保险费。

短期基础保险费＝年基础保险费×短期月费率系数

表5-2 短期月费率系数表

保险期间/月	1	2	3	4	5	6	7	8	9	10	11	12
短期约费率系数/(%)	10	20	30	40	50	60	70	80	85	90	95	100

(2) 最终保险费的计算。

交强险最终保险费＝交强险基础保险费×(1＋与道路交通事故相联系的浮动比率)

机动车交通事故责任强制保险基础费率浮动因素和浮动比率按照《机动车交通事故责任强制保险费率浮动暂行办法》（保监发〔2007〕52号）执行。

2) 解除保险合同保险费的计算办法

根据《机动车交通事故责任强制保险条例》的规定解除保险合同时，保险人应按如下标准计算退还投保人保险费。

(1) 投保人已缴纳保险费，但保险责任尚未开始的，全额退还保险费。

(2) 投保人已缴纳保险费，但保险责任已开始的，退回未到期责任部分保险费。

退还保险费＝保险费×(1－已到责任天数/保险期间天数)

3) 主险保险费的计算方法

(1) 第三者责任险。

① 按照投保人类别、车辆用途、座位数/吨位数/排量/功率、责任限额直接查找保险费。

② 挂车保险费按同吨位货车保险费的30%计收。

③ 联合收割机保险费按兼用型拖拉机14.7 kW以上保险费计收。

(2) 机动车损失保险。

① 按照投保人类别、车辆用途、座位数/吨位数/排量/功率、车辆使用年限所属档次查找基础保险费和费率。

保险费＝基础保险费＋实际新车购置价×费率

机动车损失保险费率表如表5-3所示。

表 5-3 机动车损失保险费率表

家庭自用汽车与非营业用车		机动车损失保险			
		1年以下		1~2年	
		基础保险/元	费率/(%)	基础保险/元	费率/(%)
家庭自用汽车	6座以下	539	1.28	513	1.22
	6~10座	646	1.28	616	1.22
企业非营业客车	6座以下	305	1.01	290	0.96
	6~10座	365	0.96	348	0.91
	10~20座	365	1.03	348	0.98
	20座以下	381	1.03	363	0.98

【例 5-1】 假定某 5 座家庭自用汽车投车辆损失险,车龄为 1 年以下,新车购置价为 20 万元。在费率表上查得对应的基础保险费为 539 元,费率为 1.28%。则:

该车辆的保险费 = 539 元 + 200 000 元 × 1.28% = 3 099 元

【例 5-2】 假定某 7 座企业非营业客车投保车损险,车龄为 1 年,新车购置价为 18 万元。在费率表上查得对应的基础保险费为 348 元,费率为 0.91%。则:

该车辆的保险费 = 348 元 + 180 000 元 × 0.91% = 1 986 元

② 如果投保人选择不足额投保,即保险金额小于新车购置价,保险费应做相应调整,公式为:

保险费 = (0.05 + 0.95 × 保险金额/新车购置价) × 足额投保时的标准保险费

③ 挂车保险费按同吨位货车对应档次保险费的 50% 计收。

④ 联合收割机保险费按兼用型拖拉机 14.7 kW 以上保险费计收。

(3) 车上人员责任险。

按照投保人类别、车辆用途、座位数、投保方式查找费率。

保险费 = 单座责任限额 × 投保座位数 × 费率

注意:选择座位投保,保险费率上浮 50%。

(4) 机动车提车保险。

① 保险期间为 30 天:

提车保险总保险费 = (第三者责任险和机动车损失险保险费
+ 车上人员责任险保险费) × $A_1 × A_2 × A_3$

② 保险期间为 10 天:

提车保险总保险费 = (第三者责任险和机动车损失险保险费
+ 车上人员责任险保险费) × $A_1 × A_2 × A_3 × 50\%$

式中,第三者责任险和机动车损失险保险费根据投保人类别、新车购置价和三者险(第三者责任险)限额直接查找;车上人员责任险按照投保人类别、责任限额查找每座保险费。

保险费 = 每座保险费 × 投保座位数

A_1、A_2 和 A_3 为保险费修正系数,在机动车提车保险费率表中可以查找确定提车保险修正系数。

机动车提车暂保单仅承保机动车损失险和第三者责任险，机动车损失险保额为机动车的新车购置价，第三者责任险限额为 5 万元，保险期间为 30 天。机动车提车暂保单的保险费根据新车购置价所属档次直接查找。

4) 附加险保险费的计算方法

(1) 盗抢险。

按照投保人类别、车辆用途、座位数、车辆使用年限查找基础保险费和费率。

$$保险费＝基础保险费＋保险金额×费率$$

(2) 不计免赔率特约条款。

$$保险费＝适用本条款的所有险种标准保险费之和×15\%$$

(3) 火灾、爆炸、自燃损失险。

$$保险费＝保险金额×固定费率$$

(4) 机动车停驶损失险。

$$保险费＝约定的最高赔偿天数×约定的最高日赔偿限额×固定费率$$

(5) 代步机动车服务特约条款。

固定保险费，无须计算。

(6) 更换轮胎服务特约条款。

固定保险费，无须计算。

(7) 送油、充电服务特约条款。

固定保险费，无须计算。

(8) 拖车服务特约条款。

固定保险费，无须计算。

(9) 新增加设备损失保险。

$$保险费＝本附加险保险金额×车损险标准保险费/车损险保险金额$$

(10) 附加换件特约条款。

$$保险费＝车损险标准保险费×10\%$$

(11) 发动机特别损失险。

$$保险费＝车损险标准保险费×5\%$$

(12) 随车行李物品损失保险。

$$保险费＝保险金额×固定费率$$

(13) 附加交通事故精神损害赔偿责任保险。

$$保险费＝每次事故责任限额×固定费率$$

每人每次事故的最高责任限额为 50 000 元。

(14) 教练车特约条款。

$$保险费＝适用本条款的所有险种标准保险费之和×10\%$$

(15) 异地出险住宿费特约条款。

$$保险费＝保险金额×固定费率$$

(16) 可选免赔额特约条款。

按照投保人类别、选择的免赔额、新车购置价查找费率折扣系数。

约定免赔额之后的机动车损失保险费＝机动车损失保险费×费率折扣系数

(17) 玻璃单独破碎险。

按照投保人类别、座位数、投保国产/进口玻璃查找费率。

$$保险费＝新车购置价×费率$$

对于特种车,防弹玻璃等特殊材质玻璃标准保险费上浮10%。

(18) 车身划痕损失险。

按新车购置价所属档次直接查找保险费。

(19) 附加机动车出境保险。

按照扩展的区域半径查找费率。

$$保险费＝(车损险标准保险费＋三者险标准保险费)×费率$$

只有同时投保了机动车损失险和第三者责任险,方可投保本附加险。

(20) 新车特约条款A。

按照车辆使用年限、协定比例查找费率。

$$保险费＝车损险标准保险费×费率$$

(21) 新车特约条款B。

按照车辆使用年限、协定比例查找费率。

$$保险费＝车损险标准保险费×费率$$

(22) 自燃损失险。

按照车辆使用年限查找费率。

$$保险费＝保险金额×费率$$

(23) 车上货物责任险。

按照营业用、非营业用查找费率。

$$保险费＝责任限额×费率$$

最低责任限额为20 000元。

(24) 附加油污污染责任保险。

按照责任限额直接查找保险费。

只有同时投保了机动车损失险和第三者责任险,方可投保本附加险。

4. 核保

计算保险费工作完成后,应进行核保。

1) **本级核保**

(1) 审核保险单是否按照规定内容与要求填写,有无错漏,审核保险价值与保险金额是否合理。对不符合要求的,退给业务人员指导投保人进行相应的更正。

(2) 审核业务人员或代理人是否验证和查验车辆,是否按照要求向投保人履行了告知义务,对特别约定的事项是否在特约栏内注明。

(3) 审核费率标准和计收保险费是否正确。

(4) 对于高保额和投保盗抢险的车辆,审核有关证件、实际情况是否与投保单填写一致,是否按照规定拓印牌照存档。

(5) 对高发事故和风险集中的投保单应提出限制性承保条件。

(6) 对费率表中没有列明的车辆,包括高档车辆和其他专用车辆,视风险情况提出厘定费率的意见。

(7) 审核其他相关情况。

核保完毕后,核保人应在投保单上签署意见。对超出本级核保权限的,应上报上级公司核保。

2) 上级核保

上级公司接到请示公司的核保申请以后,应有重点地开展核保工作。

(1) 根据掌握的情况考虑可否接受投保人投保。

(2) 接受投保的险种、保险金额、赔偿限额是否需要限制与调整。

(3) 是否需要增加特别的约定。

(4) 协议投保的内容是否准确、完善,是否符合保险监管部门的有关规定。

上级公司核保完毕后,应签署明确的意见并立即返回请示公司。核保工作结束后,核保人将投保单、核保意见一并转业务内勤据以缮制保险单证。

任务三　缮制与签发保险单证

1. 缮制保险单

业务内勤接到投保单及其附表以后,根据核保人员签署的意见,即可开展缮制保险单工作。

保险单原则上应由计算机出具,暂无计算机设备而只能由手工出具的营业单位,必须得到上级公司的书面同意。

计算机制单的,将投保单有关内容输入到保险单对应栏目内,在保险单"被保险人"和"厂牌型号"栏内登录统一规定的代码。录入完毕检查无误后,打印出保险单。

手工填写的保险单必须是保监会统一监制的保险单,保险单上的印制流水号码即保险单号码。将投保单的有关内容填写在保险单对应栏内,要求字迹清晰、单面整洁。如有涂改,涂改处必须有制单人签章,但涂改不能超过 3 处。制单完毕后,制单人应在"制单"处签章。

此外,缮制保险单时应注意以下事项:

① 双方协商并在投保单上填写的特别约定内容应完整地载明到保险单对应栏目内,如果核保有新的意见,应该根据核保意见修改或增加。

② 无论是主车和挂车一起投保,还是挂车单独投保,挂车都必须单独出具具有独立保险单号码的保险单。在填制挂车的保险单时,"发动机号码"栏统一填写"无"。当主车和挂车一起投保时,可以按照多车承保方式处理,给予一个合同号,以方便调阅。

③ 特约条款和附加条款应印在或加贴在保险单正本背面,加贴的条款应加盖骑缝章。应注意,责任免除、被保险人义务和免赔等规定的印刷字体应该与其他内容的字体不同,以提醒被保险人注意阅读。

保险单缮制完毕后,制单人应将保险单、投保单及其附表一起送复核人员复核。

2. 复核保险单

复核人员接到保险单、投保单及其附表后,应认真对照复核。复核无误后,复核人员在保险单"复核"处签章。

3. 收取保险费

收费人员经复核保险单无误以后,向投保人核收保险费,并在保险单"会计"处和保险费收据的"收款人"处签章,在保险费收据上加盖财务专用章。

只有被保险人按照约定交纳了保险费,该保险单才能产生效力。

4. 签发保险单证

汽车保险合同实行一车一单(保险单)和一车一证(保险证)制度。投保人缴纳保险费后,业务人员必须在保险单上注明公司名称、详细地址、邮政编码及联系电话,加盖保险公司业务专用章。根据保险单填写汽车保险证并加盖业务专用章,所填内容应与保险单有关内容一致,险种一栏填写总颁险种代码,电话应填写公司报案电话,所填内容不得涂改。

签发单证时,交由被保险人收执保存的单证有保险单正本、保险费收据(保户留存联)、汽车保险证。

对已经同时投保车辆损失险、第三者责任险、车上人员责任险、不计免赔率特约条款的投保人还应签发事故伤员抢救费用担保卡,并做好登记。

5. 保险单证的补录

手工出具的汽车保险单、提车暂保单和其他定额保单,必须按照所填内容录入到保险公司的计算机车险业务数据库中。补录内容必须完整准确。补录时间不能超过出单后的第十个工作日。

单证补录必须由专人完成,由专人审核,业务内勤和经办人不能自行补录。

6. 保险单证的清分与归档

对于投保单及其附表、保险单及其附表、保险费收据、保险证,应由业务人员清理归类。

投保单的附表要加贴在投保单的背面,保险单及其附表需要加盖骑缝章。清分时,应按照送达的部门清分:

(1) 财务部门留存的单证:保险费收据(会计留存联)、保险单副本。

(2) 业务部门留存的单证:保险单副本、投保单及其附表、保险费收据(业务留存联)。

留存业务部门的单证,应由专人保管并及时整理、装订、归档。每套承保单证应按照保费收据、保险单副本、投保单及其附表、其他材料的顺序整理,按照保险单(包括作废的保险单)流水号码顺序装订成册,并在规定时间内移交档案部门归档。

任务四 续保与批改

1. 续保

保险期满以后,投保人在同一保险人处重新办理保险汽车的保险事宜称为续保。汽车保险业务中有相当大的比例是续保业务,做好续保工作对巩固保险业务来源十分重要。

在汽车保险实务中,续保业务一般在原保险期到期前一个月开始办理。为防止续保以后至原保险单到期这段时间发生保险责任事故,在续保通知书内应注明"出单前,如有保险责任事故发生,应重新计算保险费;全年无保险责任事故发生,可享受无赔款优待"等字样。

2. 批改

在保险单签发以后,因保险单或保险凭证需要进行修改或增删时所签发的一种书面证明,称为批单,也称背书。批改作业的结果通常用这种批单表示。

一般地，在保险合同主体及内容变更的情况下，保险合同需要进行相应变更。当汽车保险合同生效后，如果保险汽车的所有权发生了变化，汽车保险合同是否继续有效取决于申请批改的情况。如果投保人或被保险人申请批改，保险人经过必要的核保，签发批单同意，则原汽车保险合同继续有效。如果投保人或被保险人没有申请批改，汽车保险不能随着保险汽车的转让而自动转让，汽车保险合同也不能继续生效。

保险车辆在保险有效期内发生转卖、转让、赠送他人，变更使用性质，调整保险金额或每次事故最高赔偿额，增加或减少投保车辆，终止保险责任等，都需申请办理批改单证，填具批改申请书送交保险公司。保险公司审核同意后出具批改单给投保人存执，存执粘贴于保险单正本背面。保险凭证上的有关内容也将同时批改异动，并在异动处加盖保险人业务专用章。

为此，我国《机动车辆保险条款》也规定："在保险合同有效期内，保险车辆转卖、转让、赠送他人、变更用途或增加危险程度，被保险人应当事先书面通知保险人并申请办理批改。"同时，一般汽车保险单上也注明"本保险单所载事项如有变更，被保险人应立即向本公司办理批改手续，否则，如有任何意外事故发生，本公司不负赔偿责任"的字样，以提醒被保险人注意。

批改作业的主要内容包括：
（1）保险金额增减。
（2）保险种类增减或变更。
（3）车辆种类或厂牌型号变更。
（4）保险费变更。
（5）保险期间变更。

当办理保险车辆的过户手续时，应将保险单、保险费收据、新的车辆行驶证和有原被保险人签章的批改申请书等有关资料交送保险人，保险人审核同意后将就车辆牌照号、被保险人姓名和住址等相关内容进行批改。

批改涉及的保险费返还参照我国的《机动车辆保险费率规章》执行。

【思考题】

1. 名词解释
①投保单；②核保；③续保；④批改。

2. 简答题
（1）投保单内容填写的基本要求是什么？
（2）汽车投保的方式有哪些？
（3）汽车投保的注意事项有哪些？
（4）什么是核保？核保工作的具体要求有哪些？
（5）如何签发保险单？
（6）什么是续保？如何办理续保手续？
（7）什么是批改？批改的内容有哪些？
（8）如何根据车主和车辆的实际情况选择合适的汽车投保方案？
（9）汽车投保时，为什么要查验车辆？

3. 论述题

(1) 简述我国汽车投保的步骤。

(2) 简述汽车核保实务的工作流程。

4. 计算题

某家庭自用 5 座汽车足额投保机动车损失保险,车龄为 1.5 年,新车购置价为 12 万元。请计算该车的机动车损失保险费。

5. 社会实践

走访当地的保险公司,了解不同保险公司根据汽车保险市场的需求制定和推出的品牌车辆保险方案,并对各保险公司不同的保险方案进行比较。

项目 6
机动车交通事故责任强制保险

任务一　国外机动车交通事故责任强制保险概述

汽车交通事故责任强制保险(汽车责任强制保险)制度是一项全新的保险制度,具有社会性、公益性和强制性等特点。我国的交强险制度需要在实践中逐步探索、完善。伴随着国民经济的发展,全民保险意识和道路安全意识的增强,保险公司经营管理水平的提高,交强险制度会越来越成熟,必将真正成为促进提高交通安全意识、促进加强法制观念的利民工程。

1. 汽车责任强制保险的含义

责任保险,指以被保险人依法应当对第三者承担的损害赔偿责任为保险标的的保险。汽车责任强制保险,是政府基于公共政策的考虑,为维护社会的普遍利益,以颁布法律法规的形式实施的汽车责任保险。一方面用法律法规的手段强制被保险人参加责任保险;另一方面保险人也必须承保汽车责任保险。其中心目的就是保障交通事故受害人能得到合理的基本保障。实施汽车责任强制保险的国家广泛采用"法定保险,商业经营"的模式。

1) 汽车责任强制保险的特征

与商业汽车保险相比,汽车责任强制保险所具有的特征表现为:①强制性;②对第三者利益具有基本保障性;③具有不可选择性;④建立社会保险基金;⑤以无过失责任为基础;⑥具有公益性。

2) 汽车责任强制保险的产生

第一次世界大战以后,汽车产业迅速发展,随着汽车的大量生产和销售价格的急剧下降,特别是分期付款促销方式的出现,汽车变成了最为普遍的交通工具,为汽车保险业的发展创造了条件。但是,因为车主在购买汽车时几乎花费了所有的积蓄,出现了许多无力购买汽车保险的驾车人。发生交通事故的受害人的人身伤亡和财产损失无法及时有效赔偿。因此许多国家的政府相继制定法令,强制实行汽车责任险,以保障交通事故受害人的基本权益。

汽车责任强制保险最早产生于美国。美国是世界"超级汽车大国",为这个"汽车轮子上的国家"保驾护航的,正是历史悠久的美国汽车保险。1919年,美国的马萨诸塞州率先立法,规定汽车所有人必须在汽车登记注册时,提供保单或以债券作为车辆发生意外事故时赔偿能力的担保,该法案被称为《赔偿能力担保法》。1927年,马萨诸塞州首先采用汽车责任强制保险;1956年,纽约州也立法实行强制保险,次年,北卡罗纳州也通过相应法律。从此,汽车责任强制保险开始在美国盛行。

2. 国外汽车责任强制保险

1) 美国汽车责任强制保险

美国是推行汽车责任强制保险最早的国家。1927年,马萨诸塞州颁布了举世闻名的强制机动车保险法,以此为标志,机动车强制保险由自愿保险向强制保险发展,美国已有38个州相继颁布了类似法令。这些立法对英、法、德、日等国家机动车强制保险立法产生了积极深远的影响。该保险的责任限额由各州分别确定。多数州规定,保额上限每次事故2万美元,人身伤害的法定限额为2 000~4 000美元,财产损失限额为5 000~10 000美元。美国机动车强制保险制度的立法模式包括绝对强制保险和相对强制保险两类。绝对强制保险,指机动车所有人在领取行驶牌照之前,必须投保最低限额的责任保险。对不投保最低保费车险的人,大多数州会多种处罚一起实施,如初犯者会被罚款并撤销注册,累犯者会被拘留并没收牌照。相对强制保险,指机动车所有人可以自愿投保机动车强制险,但机动车所有人如果因为使用或允许其他人使用机动车发生道路交通事故导致损害或严重违反交通规则,经法院判决确定机动车所有人投保机动车责任保险或提供保证金的,所有人义务投保机动车责任保险或提供保险金,对违反法律规定者采取的处罚措施包括罚款、监禁、没收牌照、撤销驾照等,在一些地方还会扣押违规车辆。在美国至少有4个州通过公路检查站对未投保司机进行识别,检查站已成为提高公众车险投保意识、促进对不投保驾驶人抓捕的一个重要工具。美国大部分州实行相对强制保险,同时,美国各州都设有机动车第三者责任保险基金,在肇事人未投保、逃逸、失去清偿能力或其保险人无力赔偿时,由各州设立的专业保险基金予以救济。

美国各州初期实施的机动车强制保险所采用的是过失责任制,但交通事故往往发生突然,判断当事人过失比较困难,常需通过诉讼程序来解决赔偿问题。民事损害赔偿在美国法院的诉讼程序非常复杂,诉讼时间长,成本高,律师费用高达赔偿金额的25%~40%,使车祸受害者无法获得合理的赔偿。马萨诸塞州于1971年率先通过立法实施无过失汽车保险制度,后有近30个州相继仿效采用。

在保费厘定问题上,各州采用的做法不一,有的州要求采用监管部门规定的费率标准,有的州要求采用保险协会统一制定的保费,在多数情况下,保险费率必须事先审批。

2) 德国汽车责任强制保险

自1939年颁布首部《车主赔偿责任保险法》以来,德国交强险市场经过70多年的发展已经相当完善。德国机动车采用的是绝对保险的立法模式,赔偿责任险属于强制性法定保险,无论是购买新车还是二手车,都必须投保,否则车辆不能上路行驶。按照法律的规定,所有购买机动车强制险的车辆都会在车前窗玻璃上贴一个醒目的标志。车主可自由选择保险公司,保险公司也将根据相关标准不断调整车险费率。德国交强险赔付范围同样相当广泛,包括人身伤害、车辆和财产损失,甚至还包括误工损失、交通补贴、精神损失赔偿等间接损失,法律规定最高赔偿额达1亿欧元。德国道路交通法规定:汽车持有人在责任限额内承担无过失责任;汽车驾驶人承担过失责任,可以为自己无过错抗辩,但法律要求驾驶人履行最高的注意义务,使其反证极为困难,实际效果是驾驶人和持有人一样,在法定限额内负严格责任。

德国法律规定,只要是具备相应资质的保险公司,均可以经营交强险,不同公司可与客户谈定不同费率。法律同样规定,所有保险公司的最高赔付额不得低于一定限额,如人身伤害不低于每人250万欧元,车辆损失不低于50万欧元,受害方误工损失和交通补偿不低于5万欧元。

德国交强险实行浮动费率制,根据车主的不同情况,实际缴纳年费差异很大,可以从不足100欧元到超过2 000欧元。依据法律规定和各保险公司的操作办法,德国已经形成了一套完善的交强险费率核算办法。政府和保险公司网站均提供公开的费率计算软件,车主可以根据自身状况估算相关费率,并且与保险公司存在相当大的谈判空间。根据法律规定,德国交强险费率核算的依据包括硬性指标和软性指标两部分。硬性指标主要是根据车主数据来统计交强险大致数额,然后根据软性指标进行相应调整。硬性指标包括开车年限、居住地区和车辆类型三个主要标准,软性指标则更体现出费率核算的个性化,如车辆使用人数、日常停车位置、驾车者年龄和性别、驾驶时间、车辆寿命,甚至包括车主是自有房屋还是租房生活,车主家庭是否有孩子等。这些都是核算车主潜在风险水平的重要指标。根据核算结果,不同车主将被归为不同的等级,按照该等级相应标准确定保险年费,同时根据每年车主状况进行年度调整。总体而言,德国交强险基准年费为500～800欧元。法律规定,根据车主情况可以分为30个等级,实际费率为基准年费的30%～245%。

为了保证对交通事故受害人的赔付,德国成立了第三者责任保险基金,主要负责对肇事车辆未投保、肇事车辆逃逸和驾驶人恶意行为三种情况下的赔付。基金按照一定比例从保险公司强制险保费中提取,这个比例是可以浮动的,由监管部门掌握。如果基金经营出现亏损,监管部门可以上调提取比例;反之,则下调。

3) 日本汽车责任强制保险

(1) "任意保险"有益补充。

在日本,强制保险只对由机动车造成的人身伤害赔偿,对汽车等财物损坏不赔。加害者因开车造成被害者死伤的情况下,强制保险给予补偿,这显示了对被害者的保护。

日本强制保险赔偿最高有一定限度,导致死亡最高限度为3 000万日元。在留有后遗症的情况下,根据丧失劳动能力的情况和被害者可能得到的工资收入分为14级,最高限度赔偿4 000万日元,最低一级为75万日元。

(2) 不允许有营利目的。

1955年,日本通过《机动车第三者责任保险法》,开始实施交强险,保费执行"成本价主义",实行"无损失、无利润"原则,不允许有营利目的的介入,费率由中立组织财险费率算定机构估算后呈报金融厅,经过90天的审查后,才可使用该费率。费率的制定主要参考投保汽车数量、事故率、每件事故平均赔偿金额等情况。为了保证保险公司不亏损,规定另征收附加保险费作为手续费,对死亡事故车主还要追加保险费。

日本汽车责任强制保险实行的是浮动费率制度,车主缴纳保费的标准要参照许多方面的因素,车主的年龄和婚姻状况都可能影响到保费的高低,最高保费标准可以达到基准保费标准的2.55倍。

(3) 政府担当"再保险人"。

日本汽车责任强制保险制度有两个比较鲜明的特点:一是采用过失推定制度,也就是说,受害者在遭受意外事故时不负举证责任,而直接推定加害人有过失;二是政府担当"再保险人"角色。《机动车损害赔偿保障法》规定,保险公司所承保的自赔险保险合同,除轻型机车外,由政府就其承保额的60%进行再保险业务。此外,日本的汽车责任强制保险制度还有个与别国不同的地方,那就是对于无保险车辆或肇事逃逸车辆所造成的意外事故,规定由政府负责赔偿,起到了保护无辜受害第三人的目的。

(4) 保障基金制度完善。

值得一提的是,日本还建立了完善的汽车保障基金制度,其目的就是在没有投保、肇事后逃逸、保险公司无法赔付等情况发生时,救助被害者。汽车保障基金制度的建立有效避免了交通事故受害者因无法及时获得赔偿而陷入非常悲惨的境地。

4) 英国汽车责任强制保险

1931年,英国开始正式实施强三险,规定任何车辆如果没有有效的第三者责任保险单或保险凭证，不得在道路上使用。英国强三险最初只保障人身伤亡，赔偿无限额，而财产损失责任于1989年列入保险范围内，限额为25万英镑。

对未获投保人授权驾车者使用保险车辆造成的第三方财产和人身伤亡者，保险公司必须承担赔偿责任。

在认定交通事故责任时，英国全面实行"过失责任制"，只有机动车驾驶员有过错或过失时才依法承担民事赔偿责任。

另外，英国成立中央基金和汽车保险局，同时实行绿卡制度作为强三险的补充。这些补充机制主要是为那些没有购买强三险、司机肇事逃逸、被保险方违反保险条款等特殊情况而设置的。

英国汽车保险局成立于1945年，该局依协议运作，其基金由各保险人按年度汽车保费收入的比例分担。当肇事者没有依法投保强制汽车责任保险，或保单失效，受害者无法获得赔偿时，由汽车保险局承担保险责任，该局支付赔偿后，可依法向肇事者追偿。

1951年，欧洲经济理事会及后来的欧共体所属成员国又建立了类似英国的汽车保险局，凡持有汽车保险局所属会员公司签发的绿卡者，在国外肇事造成赔偿责任时，可以通知当地汽车保险局根据强制保险内容支付赔款，而后再由该保险局向肇事汽车所属的汽车保险局追偿。此举大大减少了纠纷，同时使受害者的经济利益得到了保障。

任务二　我国机动车交通事故责任强制保险概述

我国大陆的交强险历史要追溯到20世纪50年代。当时，由于境内的国外机动车要求强制投保，我国形成了这样一个强制机动车投保的制度，但并非全面的立法。真正大规模的强制投保源于20世纪80年代。1983年，国务院颁发了第27号文件，首次要求个人与联户的汽车及拖拉机必须参加机动车辆第三者责任险；1984年，国务院发布的第151号文件，明确提出了汽车的第三者责任险问题；2004年5月1日，《中华人民共和国道路交通安全法》（简称《道路交通安全法》）正式通过并且生效，其中第十七条强调，我国在全国范围内设置交强险制度和道路救助基金制度。这两个制度和《道路交通安全法》一起，强调在全国范围内，机动车不分种类都必须予以全部投保。同时指出，授权国务院设定交强险条例，在法律上明确汽车责任保险的强制性。2006年3月21日，国务院第462号文件颁布了《机动车交通事故责任强制保险条例》（简称《条例》），2006年7月1日，该《条例》正式施行。至此，我国交强险正式诞生。《机动车交通事故责任强制保险条例》弥补了我国机动车强制保险的空白，保障了机动车道路交通事故受害人依法得到赔偿，促进了道路交通安全。2007年末，保监会对2007年1—10月的交强险经营情况进行了初步财务分析和精算估评，认为随着交强险业务的平稳运行，经营费用率有所下降，2007年1—10月交强险账面利润为9.3亿元。随后，我国金融行业首个全国听证会——交强险费率听证会在北京举行。中国保监会于2007年12月14日举行机动车交通事故责任强制保险费率调整听证会，就中国保险行业协会提出的《关于上报交强险费率方案的请示》听取各方面的意见。此次费率调整遵循了三个原则：①最大限度地减轻车主的负担；②对责任限额、费率水平进行了"双调整"；③基础费率"调低不调高"。随后，对交强险条款进行修改，新版本的交强险条款于2008年2月1日开始实施。

1. 《机动车交通事故责任强制保险条例》制定的背景

《道路交通安全法》规定在我国建立机动车交通事故责任强制保险制度和道路交通事

社会救助基金制度,并由国务院制定具体办法。

《机动车交通事故责任强制保险条例》作为规范机动车交通事故责任强制保险制度的具体措施,受到社会各界的广泛关注。2004年12月2日,国务院法制办征求以运输行业为主的北京市民代表对《条例》草案的意见。2005年1月12日,国务院法制办将《条例》草案分别在《人民日报》《法制日报》和中国政府法制信息网上全文公布,广泛听取社会公众的意见和建议。2005年2月,保监会组织两次专题研讨会,听取国内外专家学者的意见。在征求意见过程中,社会关注的焦点主要集中在赔偿原则、责任限额、保险条款和费率、救助基金来源及税收政策等方面。针对这些问题,国务院法制办、保监会等有关部门经过深入的分析研究,在遵守《道路交通安全法》有关规定的前提下,充分吸收了各方面的意见和建议,对《条例》草案进一步予以修改和完善。2006年3月1日,国务院常务会议审议通过了《条例》,并于2006年7月1日起正式实施。

2.《机动车交通事故责任强制保险条例》出台的意义

《条例》的出台是落实《道路交通安全法》中关于建立机动车交通事故责任强制保险制度和道路交通事故社会救助基金制度的具体要求,是保护广大人民群众利益、促进道路交通安全的有效举措。《条例》明确了机动车交通事故责任强制保险制度的适用范围、各项原则、保险各方当事人权利义务及监督管理机构的职责,对于机动车交通事故责任强制保险制度的顺利运行具有十分重要的作用。

建立机动车交通事故责任强制保险制度有利于道路交通事故受害人获得及时有效的经济保障和医疗救治;有利于减轻交通事故肇事方的经济负担;有利于促进道路交通安全,通过"奖优罚劣"的费率经济杠杆手段,促进驾驶人增强安全意识;有利于充分发挥保险的社会保障功能,维护社会稳定。

3.《机动车交通事故责任强制保险条例》的主要特点

《条例》立足现实,着眼长远,既考虑了中国当前经济社会的发展水平和能力,又充分借鉴了国外先进经验,具有较强的针对性和鲜明的特点。

1)突出"以人为本"

将保障受害人得到及时有效的赔偿作为首要目标。《条例》规定,被保险机动车发生道路交通事故造成本车人员、被保险人以外的受害人人身伤亡、财产损失的,由保险公司依法在机动车交通事故责任强制保险责任限额范围内予以赔偿。

2)体现"奖优罚劣"

通过经济手段提高驾驶员守法合规意识,促进道路交通安全。《条例》指出,有关部门要逐步建立机动车交通事故责任强制保险与道路交通安全违法行为和道路交通事故的信息共享机制,被保险人缴纳的保险费与是否有交通违章挂钩。安全驾驶者将享有优惠的费率,经常肇事者将负担高额保费。

3)坚持社会效益原则

《条例》要求保险公司经营机动车交通事故责任强制保险不以营利为目的,且机动车交通事故责任强制保险业务必须与其他业务分开管理,实行单独核算。保监会将定期核查保险公司经营机动车交通事故责任强制保险业务的盈亏情况,以保护广大投保人的利益。

4)实行商业化运作

机动车交通事故责任强制保险费率由保险公司制定,保监会按照机动车交通事故责任强制保险业务总体上不盈利、不亏损原则进行审批。《条例》主要从机动车交通事故责任强制保险的投保、赔偿及监督管理等方面进行了规定,明确了机动车交通事故责任强制保险制度的各项原则、保险双方当事人的权利义务及监督管理机构的职责。

4. 我国机动车交通事故责任强制保险的定义和功能

1) 定义

交强险是机动车交通事故责任强制保险的简称,机动车,指汽车、电车、电瓶车、摩托车、拖拉机及各种专用机械车、特种车。根据《条例》的规定:交强险,是指由保险公司对被保险机动车发生道路交通事故造成受害人(不包括本车人员和被保险人)的人身伤亡、财产损失,在责任限额内予以赔偿的强制性责任保险,是我国首个由国家法律规定实行的强制保险制度。

2) 功能

从性质上看,交强险是一种具有准社会保险性质的国家法定保险,通过国家法律规定强制实施,具有强化保险的分散风险、消化损失、稳定社会生活的固有功能。

5. 机动车交通事故责任强制保险与商业第三者责任险的区别

1) 强制性不同

商业第三者责任险并不具有强制性,在本质上是按照商业保险制度建立起来的一种商业性质的保险。对车辆所有者及保险人来说,更注重的是风险的分散和保险利益的获取,是否投保是双方协商一致的结果,在现实中其投保率全国只维持在30%左右。

机动车交通事故责任强制保险具有强制性,具有类似于社会保险的性质,其更注重的是让第三人的利益能及时得到保障,所有行驶的车辆所有者都被强制必须投保,同时保险公司必须承保而不得拒保。

2) 赔偿原则不同

商业第三者责任险是按照过错责任来确定保险人所应当承担的责任,具体的赔偿方式保险合同中有具体约定,且其赔偿不区分人伤还是物损,均按照合同的约定进行,保险人依据被保险人在事故中所承担的事故责任的大小来承担赔偿的多少。

机动车交通事故责任强制保险保险人的赔偿责任是按照无过错的原则确定的,并不是按照保险合同约定而是依据法律及《条例》的具体规定在责任限额内给予赔偿,每次事故的最高赔偿额全国统一为12.2万元。

3) 费率厘定不同

商业第三者责任险保费可以由投保人与保险人约定,不同保险人之间的费率存在差异,与其他车险(如防盗险、车损险等)的管理模式一致,保险人通过经营三者险获得相应的利润。

机动车交通事故责任强制保险实行统一的保险条款和费率,为促使驾驶人员安全驾驶,其费率与交通违章挂钩,其业务与保险人的其他业务分开核算,并以不盈利、不亏损为目的。

4) 赔偿范围不同

商业第三者责任险对赔偿的范围做出了许多免责的设定,包括不同的责任免除事项和免赔率。

机动车交通事故责任强制保险除了故意造成事故之外,其保险责任覆盖了几乎所有的交通事故,且没有免赔率的规定。

5）机动车交通事故责任强制保险实行责任限额制

机动车交通事故责任强制保险责任限额分为死亡伤残赔偿限额、医疗费用赔偿限额、财产损失赔偿限额及被保险人在道路交通事故中无责任的赔偿限额。其中，无责任的赔偿限额又可分为无责任死亡伤残赔偿限额、无责任医疗费用赔偿限额、无责任财产损失赔偿限额。而商业第三者责任险只设定综合的责任赔偿限额，且可以分为不同的档次，供保险人自由选择。

6．我国机动车交通事故责任强制保险适用的对象及强制性体现

《条例》第二条规定，在中华人民共和国境内道路上行驶的机动车的所有人或者管理人应当投保机动车交通事故责任强制保险。

机动车交通事故责任强制保险的强制性不仅体现在强制投保上，同时也体现在强制承保上：一方面，未投保机动车交通事故责任强制保险的机动车不得上路行驶；另一方面，具有经营机动车交通事故责任强制保险资格的保险公司不能拒绝承保机动车交通事故责任强制保险业务，也不能随意解除机动车交通事故责任强制保险合同（投保人未履行如实告知义务的除外）。违反强制性规定的机动车所有人、管理人或保险公司都将受到处罚。

7．机动车交通事故责任强制保险的保障对象和保障内容

机动车交通事故责任强制保险涉及全国2亿多辆机动车，保障全国十几亿道路和非道路通行者的生命财产安全。机动车交通事故责任强制保险的保障对象是被保险机动车致害的交通事故受害人，但不包括被保险机动车本车人员、被保险人。限定受害人范围，一是考虑到机动车交通事故责任强制保险作为一种责任保险，以被保险人对第三方依法应负的民事赔偿责任为保险标的；二是考虑到2004年实施的《中华人民共和国道路运输条例》要求从事客运服务的承运人必须投保承运人责任险，乘客的人身财产损害可以依法得到赔偿。

机动车交通事故责任强制保险的保障内容包括受害人的人身伤亡和财产损失。《条例》第二十一条规定，被保险机动车发生道路交通事故造成本车人员、被保险人以外的受害人人身伤亡、财产损失的，由保险公司依法在机动车交通事故责任强制保险责任限额范围内予以赔偿。目前，从已经建立机动车交通事故责任强制保险的国家和地区看，机动车交通事故责任强制保险的保障范围一般有两类：一类是仅保障受害人的人身伤亡，对财产损害不予赔偿，如日本、韩国、中国台湾等国家和地区；另一类是对人身伤亡和财产损失均予以保障，如英国、美国等。我国的机动车交通事故责任强制保险的保障内容既包括人身伤亡，也包括财产损失，这贯彻了《道路交通安全法》第七十六条的有关规定，更好地维护了交通事故受害人的合法权益。

8．机动车交通事故责任强制保险的赔偿原则

《条例》规定，被保险机动车发生道路交通事故造成本车人员、被保险人以外的受害人人身伤亡、财产损失的，由保险公司依法在机动车交通事故责任强制保险责任限额范围内予以赔偿。若道路交通事故的损失是由受害人故意造成的，则保险公司不予赔偿。

目前实行的商业机动车第三者责任险是根据被保险人在交通事故中所承担的事故责任来确定其赔偿责任的。机动车交通事故责任强制保险实施后，无论被保险人是否在交通事故中负有责任，保险公司均将按照《条例》及机动车交通事故责任强制保险条款的具体要求在责任限额内予以赔偿。这一规定秉承了《道路交通安全法》的立法宗旨，对于切实保护道路交通通行者的人身财产安全、维护道路的安全和畅通具有重要的作用，减少了法律纠纷，简化了处理程序,有利于受害人获得及时有效的赔偿。

9. 机动车交通事故责任强制保险的运作主体

《条例》规定,保监会依法对保险公司的机动车交通事故责任强制保险业务实施监督管理。公安机关交通管理部门、农业(农业机械)主管部门对机动车参加机动车交通事故责任强制保险的情况实施监督检查。

根据《条例》的有关规定,保监会在监督管理保险公司开展机动车交通事故责任强制保险业务中有以下8项事权:①核准中资保险公司经营机动车交通事故责任强制保险资格,并向社会公示;②审批机动车交通事故责任强制保险条款费率;③每年核查保险公司经营机动车交通事故责任强制保险情况,并向社会公布;④会同公安部、农业部及其他有关部门建立机动车交通事故责任强制保险、道路交通安全违法行为和道路交通事故信息共享机制;⑤监制机动车交通事故责任强制保险保险单、保险标志;⑥会同公安部、卫生部、农业部制定机动车交通事故责任强制保险责任限额;⑦配合财政部制定救助基金管理办法;⑧对非法从事或违规经营机动车交通事故责任强制保险业务的情况进行取缔及处罚。

《条例》规定,中资保险公司经保监会批准,可以从事机动车交通事故责任强制保险业务。未经保监会批准,任何单位或个人不得从事交强险业务。保监会首次批准22家中资保险公司经营交强险业务,由于我国加入世贸组织(WTO)时未承诺允许外资保险公司经营强制保险业务,因此,目前机动车交通事故责任强制保险暂时不对外资开放。这22家中资保险公司分别为中国人民财产保险股份有限公司、中国太平洋财产保险股份有限公司、中国平安财产保险股份有限公司、中国大地财产保险股份有限公司、大众保险股份有限公司、华泰财产保险股份有限公司、永安财产保险股份有限公司、永诚财产保险股份有限公司、阳光财产保险股份有限公司、阳光农业相互保险公司、安邦财产保险股份有限公司、中华联合保险控股股份有限公司、华安财产保险股份有限公司、天安保险股份有限公司、太平保险有限公司、上海安信农业保险股份有限公司、安华农业保险股份有限公司、都邦财产保险股份有限公司、华农财产保险股份有限公司、渤海财产保险股份有限公司、天平汽车保险股份有限公司、民安保险(中国)有限公司。随后又批准了中国人寿财产保险股份有限公司、安诚财产保险股份有限公司和长安责任保险股份有限公司经营交强险业务。为了保证机动车交通事故责任强制保险制度的实行,保监会有权要求保险公司从事机动车交通事故责任强制保险业务。

任务三 我国机动车交通事故责任强制保险赔款计算

(一)基本计算公式

保险人在交强险各分项赔偿限额内,对受害人死亡伤残费用、医疗费用、财产损失分别计算赔偿:

1. 总赔款=∑各分项损失赔款=死亡伤残费用赔款+医疗费用赔款+财产损失赔款

2. 各分项损失赔款=各分项核定损失承担金额,即:

死亡伤残费用赔款=死亡伤残费用核定承担金额

医疗费用赔款=医疗费用核定承担金额

财产损失赔款=财产损失核定承担金额

3. 各分项核定损失承担金额超过交强险各分项赔偿限额的,各分项损失赔款为交强险各分项赔偿限额。

注:"受害人"为被保险机动车的受害人,不包括被保险机动车本车车上人员、被保险人,下同。

(二)当保险事故涉及多个受害人时

1. 基本计算公式中的相应项目表示为:

各分项损失赔款 = $\sum$ 各受害人各分项核定损失承担金额,即:

死亡伤残费用赔款 = $\sum$ 各受害人死亡伤残费用核定承担金额

医疗费用赔款 = $\sum$ 各受害人医疗费用核定承担金额

财产损失赔款 = $\sum$ 各受害人财产损失核定承担金额

2. 各受害人各分项核定损失承担金额之和超过被保险机动车交强险相应分项赔偿限额的,各分项损失赔款为交强险各分项赔偿限额。

3. 各受害人各分项核定损失承担金额之和超过被保险机动车交强险相应分项赔偿限额的,各受害人在被保险机动车交强险分项赔偿限额内应得到的赔偿为:

被保险机动车交强险对某一受害人分项损失的赔偿金额 = 交强险分项赔偿限额 × [事故中某一受害人的分项核定损失承担金额 / ($\sum$ 各受害人分项核定损失承担金额)]

【例 6-1】 A 车肇事造成两行人甲、乙受伤,甲医疗费用 7 500 元,乙医疗费用 5 000 元。设 A 车适用的交强险医疗费用赔偿限额为 10 000 元,则 A 车交强险对甲、乙的赔款计算为:

A 车交强险赔偿金额 = 甲医疗费用 + 乙医疗费用

= 7 500 元 + 5 000 元 = 12 500 元(大于适用的交强险医疗费用赔偿限额,赔付 10 000 元)

甲获得交强险赔偿:10 000 元 × 7 500 元/(7 500 + 5 000)元 = 6 000 元

乙获得交强险赔偿:10 000 元 × 5 000 元/(7 500 + 5 000)元 = 4 000 元

(三)当保险事故涉及多辆肇事机动车时

1. 各被保险机动车的保险人分别在各自的交强险各分项赔偿限额内,对受害人的分项损失计算赔偿。

2. 各方机动车按其适用的交强险分项赔偿限额占总分项赔偿限额的比例,对受害人的各分项损失进行分摊。

某分项核定损失承担金额 = 该分项损失金额 × [适用的交强险该分项赔偿限额 / ($\sum$ 各致害方交强险该分项赔偿限额)]

注:① 肇事机动车中的无责方车辆,不参与对其他无责方车辆和车外财产损失的赔偿计算,仅参与对全责/有责方车辆损失或本车以外人员伤亡损失的赔偿计算。

② 根据交强险"无责代赔"机制,无责方车辆对全责/有责方车辆损失应承担的赔偿金额,由有责方在本方交强险无责任财产损失赔偿限额项下代赔。

③ 肇事机动车中应投保而未投保交强险的车辆,视同投保机动车参与计算。

④ 对于相关部门最终未进行责任认定的事故,统一适用有责任限额计算。

3. 肇事机动车均有责任或均无责任的,简化为各方机动车对受害人的各分项损失进行平均分摊：

(1) 对于受害人的机动车、机动车上人员、机动车上财产损失：

某分项核定损失承担金额＝受害人的该分项损失金额÷(N－1)

(2) 对于受害人的非机动车、非机动车上人员、行人、机动车外财产损失：

某分项核定损失承担金额＝受害人的该分项损失金额÷N

注：① N 为事故中所有肇事机动车的辆数。

② 肇事机动车中有应投保而未投保交强险的车辆的，视同投保机动车计算。

4. 初次计算后，如果有致害方交强险限额未赔足，同时有受害方损失没有得到充分补偿，则对受害方的损失在交强险剩余限额内再次进行分配，在交强险限额内补足。对于待分配的各项损失合计没有超过剩余赔偿限额的，按分配结果赔付各方；超过剩余赔偿限额的，则按每项分配金额占各项分配金额总和的比例乘以剩余赔偿限额分摊；直至受损各方均得到足额赔偿或应赔付方交强险无剩余限额。

(四) 受害人财产损失需要施救的，财产损失与施救费赔款累计不超过财产损失赔偿限额。

(五) 主车和挂车在连接使用时发生交通事故，主车、挂车分别在各自的交强险责任限额内承担赔偿责任。

主车、挂车的保险人对各受害人的各分项损失平均分摊，并在对应的分项赔偿限额内计算赔偿。

主车与挂车连接使用时发生内部互碰，分别属于不同被保险人的，按互为三者的原则处理。

(六) 被保险机动车投保一份以上交强险的，保险期间起期在前的保险合同承担赔偿责任，起期在后的不承担赔偿责任。

(七) 对被保险人依照法院判决或者调解承担的精神损害抚慰金，原则上在其他赔偿项目足额赔偿后，在死亡伤残赔偿限额内赔偿。

涉及诉讼纠纷等特殊情况下，可按照精神损害抚慰金核定承担金额占死亡伤残费用赔偿项目下所有核定损失承担金额总和的比例，计算交强险对精神损害抚慰金的赔偿金额。

【例6-2】 A、B两机动车发生交通事故，两车均有责任。A、B两车车损分别为2 000元、5 000元，B车车上人员医疗费用7 000元，死亡伤残费用6万元，另造成路产损失1 000元。设两车适用的交强险财产损失赔偿限额为2 000元，医疗费用赔偿限额为1万元，死亡伤残赔偿限额为11万元。则：

1. A车交强险赔偿计算

A车交强险赔偿金额＝受害人死亡伤残费用赔款＋受害人医疗费用赔款＋受害人财产损失赔款

＝B车车上人员死亡伤残费用核定承担金额＋B车车上人员医疗费用核定承担金额＋财产损失核定承担金额

1) B车车上人员死亡伤残费用核定承担金额＝60 000元÷(2－1)＝60 000元

2) B车车上人员医疗费用核定承担金额＝7 000元÷(2－1)＝7 000元

3) 财产损失核定承担金额＝路产损失核定承担金额＋B车损核定承担金额

＝1 000元÷2＋5 000元÷(2－1)＝5 500元(超过财产损失赔偿限额，按限额赔偿，赔

偿金额为 2 000 元)

A 车交强险对 B 车损的赔款＝财产损失赔偿限额×B 车损核定承担金额÷(路产损失核定承担金额＋B 车损核定承担金额)

＝2 000 元×[5 000 元÷(1 000 元÷2＋5 000 元)]＝1 818.18 元

A 车交强险对路产损失的赔款＝财产损失赔偿限额×路产损失核定承担金额÷(路产损失核定承担金额＋B 车损核定承担金额)

＝2 000 元×[(1 000 元÷2)÷(1 000 元÷2＋5 000 元)]＝181.82 元

4) A 车交强险赔偿金额＝60 000 元＋7 000 元＋2 000 元＝69 000 元

2. B 车交强险赔偿计算

B 车交强险赔偿金额＝路产损失核定承担金额＋A 车损核定承担金额

＝1 000 元÷2＋2 000 元÷(2－1)＝2 500 元(超过财产损失赔偿限额,按限额赔偿,赔偿金额为 2 000 元)

【例 6-3】 A、B 两机动车发生交通事故,A 车全责,B 车无责,A、B 两车车损分别为 2 000 元、5 000 元,另造成路产损失 1 000 元。设 A 车适用的交强险财产损失赔偿限额为 2 000 元,B 车适用的交强险无责任财产损失限额为 100 元,则:

1. A 车交强险赔偿计算

A 车交强险赔偿金额＝B 车损失核定承担金额＋路产损失核定承担金额

＝5 000 元＋1 000 元＝6 000 元(超过财产损失赔偿限额,按限额赔偿,赔偿金额为 2 000 元)

2. B 车交强险赔偿计算

B 车交强险赔偿金额＝A 车损核定承担金额

＝2 000 元(超过无责任财产损失赔偿限额,按限额赔偿,赔偿金额为 100 元)

B 车对 A 车损失应承担的 100 元赔偿金额,由 A 车保险人在交强险无责财产损失赔偿限额项下代赔。

任务四 机动车交通事故责任强制保险承保、理赔实务

目前,我国的机动车交通事故责任强制保险由商业保险公司来经营,但作为国家强制性保险,机动车交通事故责任强制保险在承保和理赔方面与商业保险不完全相同。这里主要介绍机动车交通事故责任强制保险的承保和理赔实务。

1. 交强险承保实务规程

1) 说明和告知

(1) 保险人向投保人介绍条款、履行明确说明义务。

① 向投保人介绍条款,主要包括保险责任、各项赔偿限额、责任免除、投保人义务、被保险人义务、赔偿处理等内容。特别对责任免除事项,要向投保人明确说明。

② 向投保人明确说明机动车交通事故责任强制保险各分项赔偿限额。

③ 向投保人明确说明,保险人按照国务院卫生主管部门组织制定的交通事故人员创伤临床诊疗指南和国家基本医疗保险标准审核医疗费用。

④ 告知投保人不要重复投保交强险,即使投保多份也只能获得一份保险保障。

⑤ 提醒有挡风玻璃的机动车的投保人将保险标志贴在车内挡风玻璃右上角;摩托车、拖拉机的驾驶人要随身携带。

⑥ 告知投保人如何查询交通安全违法行为、交通事故记录。

(2) 提醒投保人履行如实告知义务。

① 投保人应提供以下资料。

a. 首次投保交强险的,投保人应提供投保机动车行驶证和驾驶证复印件。

b. 对于续保业务,投保人需要提供上期交强险保险单原件或其他能证明上年已投保交强险的书面文件。未建立交通事故责任交强险信息平台的地区,投保人不能提供机动车上年交通安全违法行为、交通事故记录的,保险人不给予相应的费率优惠;建立交通事故责任交强险信息平台的地区,根据信息平台记录的信息相应浮动费率。

② 要求投保人对重要事项履行如实告知义务。

重要事项包括以下内容:

a. 机动车种类、厂牌型号、识别代码、牌照号码、使用性质。

b. 机动车所有人或者管理人的姓名(名称)、性别、年龄、住址、身份证或驾驶证号码(组织机构代码)。

c. 续保前该机动车交通安全违法行为、交通事故记录等影响费率水平的事项(交强险实施第一年不需要提供)。

d. 保监会规定的其他事项。

③ 要求投保人提供联系电话、地址、邮政编码等,以便于保险人提供保险服务。

④ 交强险合同解除后,投保人应当及时将保险单、保险标志交还保险人核销(若标志残损,只要可辨认,即可核销)。

2) 投保单填写

(1) 保险人应指导投保人正确填写投保单,投保单至少应当载明机动车的种类、厂牌型号、识别代码、牌照号码、使用性质,投保机动车所有人或者管理人的姓名(名称)、性别、年龄、住所、身份证或者驾驶证号码(组织机构代码),以及续保前投保机动车交通安全违法行为、交通事故记录等影响费率水平的事项。

(2) 要求投保人真实、准确填写交强险投保单的各项信息,并在投保单上签字或加盖公章。

(3) 投保人提供的资料复印件附贴于投保单背面。

(4) 保险期间的起期必须在保险人接受投保人的投保申请日之后,保险期间开始前保险人不承担赔偿责任。

(5) 交强险的保险期间为1年,但有下列情形之一的,投保人可以投保短期保险:

① 临时入境的境外机动车。

② 距报废期限不足1年的机动车。

③ 临时上道路行驶的机动车(例如,领取临时牌照的机动车、临时提车到异地办理注册登记的新购机动车等)。

④ 保监会规定的其他情形。

3) 出具保险单、保险标志

(1) 保险人必须在收取保险费后方可出具保险单、保险标志。

(2) 保险单必须单独编制保险单号码并通过业务处理系统出具。

(3) 交强险必须单独出具保险单、保险标志和发票。保险单、保险标志必须使用保监会监制的交强险保险单、保险标志,不得使用商业保险单证代替。

(4) 投保人因交强险保险单、保险标志发生损毁或者遗失申请补办的,保险人应在收到补办申请及报失认定证明后的 5 个工作日内完成审核,补发相应的交强险保险单、保险标志;并通过业务系统重新打印保险单、保险标志,新保险单、保险标志的印刷流水号码与原保险单号码能够通过系统查询到对应关系。

(5) 对于业务分散的摩托车、兼用型拖拉机业务可以使用定额保险单。定额保险单可以手工出单,但必须在出具保险单后的 7 个工作日内,准确补录到业务处理系统中。

(6) 对于运输型拖拉机不使用定额保险单。

4) 保险合同变更和终止

(1) 保险人解除合同。投保人对重要事项未履行如实告知义务,保险人解除合同前,应当书面通知投保人,投保人应当自收到通知之日起 5 日内履行如实告知义务;投保人在上述期限内履行如实告知义务的,保险人不得解除合同。保险人解除合同的,保险人应收回保险单、保险标志,并书面通知机动车管理部门。

(2) 除下列情况外,不得接受投保人解除合同的申请:

① 被保险机动车被依法注销登记的;

② 被保险机动车办理停驶的;

③ 被保险机动车经公安机关证实丢失的;

④ 投保人重复投保交强险的。

办理合同解除手续时,投保人应提供相应的证明材料,保险人应收回交强险保险单、保险标志后,方可办理交强险退保手续,并书面通知机动车管理部门。

投保人因重复投保解除交强险合同的,只能解除后签订的保险合同,保险人全额退还后签订的保险合同的保险费,出险时由起期在前的保险合同负责赔偿。

(3) 发生以下变更事项时,保险人应对保险单进行批改,并根据变更事项增加或减少保险费:

① 被保险机动车转卖、转让、赠送他人;

② 被保险机动车变更使用性质;

③ 变更其他事项。

上述批改按照日费率增加或减少保险费。

(4) 发生下列情形时,保险人应对保险单进行批改,并按照保单年度重新核定保险费计收:

① 投保人未如实告知重要事项,对保险费计算有影响的,并造成按照保单年度重新核定保险费上升的;

② 在保险合同有效期限内,被保险机动车因改装、加装、使用性质改变等导致危险程度增加,未及时通知保险人,且未办理批改手续的。

2. 交强险理赔实务规程

1) 接报案和理赔受理

(1) 接到被保险人或者受害人报案后,应问问有关情况,并立即告知被保险人或者受害人具体的赔偿程序等有关事项。

涉及人员伤亡或事故一方没有投保交强险的，应提醒事故当事人立即向当地交通管理部门报案。

（2）保险人应对报案情况进行详细记录，并统一归档管理。

（3）被保险机动车发生交通事故的，应由被保险人向保险人申请赔偿保险金。保险人应当自收到赔偿申请之日起1个工作日内，以索赔须知的方式书面告知被保险人需要向保险公司提供的与赔偿有关的证明和资料。保险人应当自收到被保险人提供的证明和资料之日起5个工作日内，对是否属于保险责任做出核定，并将结果通知被保险人。对不属于保险责任的，应当书面说明理由；对属于保险责任的，在与被保险人达成赔偿协议后10个工作日内赔偿保险金。

索赔须知必须通俗、易懂，并根据实际案情提供以下与赔偿有关的证明和资料：索赔申请书，机动车交通事故责任强制保险单正本，交通事故责任认定书，调解书，简易事故处理书，交通事故自行协商处理协议书，法院裁定书、裁决书、调解书、判决书，仲裁书，车辆定损单，车辆修理发票，财产损失清单，医院诊断证明，医疗费报销凭证，误工证明及收入情况证明，伤残鉴定书，死亡证明，被扶养人证明材料，户籍证明，机动车行驶证，机动车驾驶证，被保险人身份证明，领取赔款人身份证明等。

2）查勘和定损

（1）事故各方机动车的保险人在接到报案后，均有责任进行查勘，对受害人的损失进行核定。

（2）事故任何一方的估计损失超过交强险赔偿限额的，应提醒事故各方当事人依法进行责任划分。

（3）事故涉及多方保险人，但存在一方或多方保险人未能进行查勘定损的案件，未能进行查勘定损的保险人，可委托其他保险人代为查勘定损。接受委托的保险人，应向委托方的被保险人提供查勘报告、事故/损失照片和损失情况确认书。损失情况确认书一车一份，并由事故各方签字确认。

3）垫付和追偿

（1）抢救费用垫付条件。

① 符合《机动车交通事故责任强制保险条例》第二十二条规定的情形。

② 接到公安机关交通管理部门要求垫付的通知书。

③ 受害人必须抢救，且抢救费用已经发生，抢救医院提供了抢救费用单据和明细项目。

④ 不属于应由道路交通事故社会救助基金垫付的抢救费用。

（2）垫付标准。

按照交通事故人员创伤临床诊疗指南和抢救地的国家基本医疗保险的标准，在交强险医疗费用赔偿限额或无责任医疗费用赔偿限额内垫付抢救费用。

被抢救人数多于一人且在不同医院救治的，在医疗费用赔偿限额或无责任医疗费用赔偿限额内按人数进行均摊；也可以根据医院和交警的意见，在限额内酌情调整。

（3）垫付方式。

自收到交警部门出具的书面垫付通知、伤者病历/诊断证明、抢救费用单据和明细之日起，及时向抢救受害人的医院出具"承诺垫付抢救费用担保函"，或将垫付款项划转至抢救医院在银行开立的专门账户,不进行现金垫付。

(4) 追偿。

对于所有垫付的案件,保险人垫付后均有权向致害人追偿。追偿收入在扣减相关法律费用(诉讼费、律师费、执行费等)、追偿费用后,全额冲减垫付款。

4) 赔偿处理

(1) 赔偿原则。

保险人在交强险责任范围内负责赔偿被保险机动车因交通事故造成的对受害人的损害赔偿责任。

(2) 抢救费用支付。

交通事故属于保险责任,因抢救受害人需要保险人支付抢救费用的,保险人在接到公安机关交通管理部门的书面通知和医疗机构出具的抢救费用清单后,参照事故赔款的标准和支付方式进行赔偿。

交通事故不属于保险责任或者应由道路交通事故社会救助基金垫付的抢救费用,保险人不予以支付。

(3) 赔款计算。

保险人在交强险各分项赔偿限额内,对受害人人身伤亡、财产损失分别计算赔偿。基本计算公式为:

总赔款＝各分项损失赔款总和＝受害人死亡伤残赔款＋受害人医疗费用赔款＋受害人财产损失赔款

各分项损失赔款＝各分项核定损失金额

各分项核定损失金额超过各分项赔偿限额的,按各分项赔偿限额计算赔偿。

下列情况下,保险人按以下方式计算赔偿。

① 两辆及两辆以上机动车交通事故的赔偿。

a. 交通管理部门未确定保险事故各方机动车在交强险项下所承担的赔偿责任时,按照以下方式进行赔偿。

各分项核定损失金额＝交通事故中被保险机动车以外的所有受害人的各分项核定损失金额之和÷$(N-1)$

N 为交通事故肇事机动车的数量。

b. 交通管理部门已确定保险事故各方机动车在交强险项下所承担的赔偿责任时,按照以下方式进行赔偿。

各分项核定损失金额＝交通管理部门确定的被保险机动车对事故中所有受害人承担的各分项损失之和

c. 肇事机动车中有未投保交强险的,视同投保机动车计算赔款。

② 机动车与非机动车、行人的交通事故的赔偿。

a. 事故中所有受害人的分项核定损失之和在交强险分项赔偿限额之内的,按实际损失计算赔偿。

b. 事故中所有受害人的分项核定损失之和超过交强险分项赔偿限额的,按分项赔偿限额计算赔偿。

c. 交通管理部门已确定保险事故各方机动车在交强险项下所承担的赔偿责任时,按照以下方式进行赔偿。

各分项核定损失金额＝交通管理部门确定的被保险机动车对事故中所有受害人承担的各分项损失之和

d. 多辆被保险机动车碰撞非机动车或行人的,各被保险机动车的保险人分别在交强险的责任限额内承担赔偿责任,若交通管理部门未确定事故各方机动车应承担的赔偿责任,各被保险机动车的保险人对各受害人的各分项损失平均分摊,并在对应的分项赔偿限额内计算赔偿。

③ 两辆及两辆以上机动车与多个非机动车、行人的交通事故,参照上述规定计算赔偿。

④ 受害人财产损失需要施救的,财产损失赔款与施救费累计不超过财产损失赔偿限额。

⑤ 主车和挂车在连接使用时发生交通事故,主车与挂车的交强险保险人分别在各自的责任限额内承担赔偿责任。若交通管理部门未确定主车、挂车应承担的赔偿责任,主车、挂车的保险人对各受害人的各分项损失平均分摊,并在对应的分项赔偿限额内计算赔偿。主车与挂车由不同被保险人投保的,在连接使用时发生交通事故,按互为三者的原则处理。

⑥ 被保险机动车投保一份以上交强险的,保险期间起期在前的保险合同承担赔偿责任,起期在后的不承担赔偿责任。

(4) 死亡伤残费用和医疗费用的核定标准。

按照《最高人民法院关于审理人身损害赔偿案件适用法律若干问题的解释》规定的赔偿范围、项目和标准,公安部颁布的《道路交通事故受伤人员伤残评定》(GB 18667—2002),以及交通事故人员创伤临床诊疗指南和交通事故发生地的基本医疗标准核定人身伤亡的赔偿金额。

(5) 对被保险人依照法院判决或者调解承担的精神损害抚慰金,原则上在其他赔偿项目足额赔偿后,在死亡伤残赔偿限额内赔偿。

5) 支付赔款

(1) 支付赔款。

未建立机动车事故责任交强险信息平台的,保险人支付赔款后应在保险单正本上加盖"××××年××月××日出险,负××(全部、主要、同等、次要)责任,×(有、无)伤人"字样的条形章。

(2) 单证分割。

如果交强险和商业三者险在不同的保险公司投保,损失金额超过交强险责任限额,由交强险承保公司留存已赔偿部分发票或费用凭据原件,将需要商业保险赔付的项目原始发票或发票复印件,加盖保险人赔款专用章,交被保险人办理商业险索赔事宜。

(3) 直接向受害人支付赔款的赔偿处理。

① 发生受害人人身伤亡,且符合下列条件之一的,保险人可以受理受害人的索赔。

a. 被保险人出具书面授权书。

b. 人民法院签发的判决书或执行书。

c. 被保险人死亡、失踪、逃逸、丧失索赔能力或书面放弃索赔权利。

d. 法律规定的其他情形。

②受害人索赔时应当向保险人提供下列材料。

a. 人民法院签发的判决书或执行书,或交警部门出具的交通事故责任认定书和调解书原件。

b. 受害人的有效身份证明。

c. 受害人人身伤残程度证明以及有关损失清单和费用单据。

d. 其他与确认保险事故的性质、原因、损失程度等有关的证明和资料。经被保险人书面授权的,还应提供被保险人书面授权书。

(3) 赔款计算。

a. 保险事故涉及多个受害人的,在所有受害人均提出索赔申请,且受害人所有材料全部提交后,保险人方可计算赔款。

b. 事故中所有受害人的分项核定损失之和在交强险分项赔偿限额之内的,按实际损失计算赔偿。

保险事故中各分项赔偿限额下核定损失之和超过交强险各分项赔偿限额的,保险人按照各分项赔偿限额下各受害人的核定损失金额占所有受害人的总核定损失金额的比例,乘以相应赔偿限额,计算被保险人对各受害人的分项赔偿金额。

某一受害人得到的被保险人交强险项下的分项赔偿金额=各分项赔偿限额×(事故中某一受害人的分项核定损失金额/事故中所有受害人的分项核定损失金额之和)

6) 结案和归档

(1) 理赔单证。

保险人向被保险人或受害人支付赔款后,将赔案所有单证按赔案号进行归档。必备单证包括以下几种。

a. 保单抄件。

b. 报案记录、被保险人书面索赔申请。

c. 查勘报告、现场照片及损失项目照片、损失情况确认书、医疗费用原始票据及费用清单、赔款计算书。以上原始票据,由查勘定损公司留存。

d. 行驶证及驾驶证复印件,被保险人和受害人的身份证明复印件(如直接支付给受害人)。

e. 公安机关交通管理部门或法院等机构出具的合法事故证明、有关法律文件及其证明,当事人自行协商处理的协议书。

f. 其他能够确认保险事故性质、原因、损失程度等的有关证明、协议及文字记录。

g. 赔款收据、领取赔款授权书。

(2) 上传至信息平台。

有关赔付情况应于赔付后 3 个工作日内上传至机动车事故责任交强险信息平台。

【思考题】

1. 什么是汽车责任强制保险?我国是如何定义汽车责任强制保险的?

2. 制定《机动车交通事故责任强制保险条例》的目的是什么?该条例出台的背景和意义是什么?

3.《机动车交通事故责任强制保险条例》的适用对象和机动车交通事故责任强制保

的运作主体是什么?

4. 交强险与商业三者险有哪些区别?

5. 机动车交通事故责任强制保险的保障对象以及保障内容是什么?有哪些事故赔偿原则?

6. 什么是交强险合同中的被保险人、交强险合同中的受害人、交强险合同中的责任限额、交强险合同中的抢救费用?

7.《机动车交通事故责任强制保险条例》规定的交强险不负责赔偿和垫付的损失和费用有哪些?

项目 7
机动车商业保险

任务一 车辆损失险

目前,在世界上的大多数国家,车损险都不是强制性保险,投保与否取决于车辆所有者或使用者的个人意愿。但国外有些保险公司也设计了一种综合汽车保险,车损险和第三者责任险放在一起,顾客需同时购买,其特点是保费较高,但便于保险管理和降低成本。我国的车辆损失险是机动车辆保险的基本险种之一,由用户任意选择投保,其相应的保险合同包括被保险人、保险标的、保险责任、责任免除、保险金额、保险费率、保险期限、赔偿方式、争议处理、被保险人义务、无赔款优待、附加险等主要内容。

在我国,汽车损失保险又称为车辆损失保险,简称车损险,其保险标的为机动车辆。它是不定值保险,为汽车保险的基本险之一。根据《中华人民共和国保险法》和《机动车辆保险条款》的规定,除了深圳地区以外,我国的车辆损失险包括下述主要内容。

1. 保险责任

1) 保险责任事故

被保险人或其允许的合格驾驶员在使用保险车辆过程中,因下列原因造成保险车辆的损失,保险人负责赔偿:

(1) 碰撞、倾覆。

碰撞是指保险车辆与外界静止的或运动中的物体意外撞击。这里的碰撞包括两种情况:一是保险车辆与外界物体的意外撞击造成的本车损失;二是保险车辆按《中华人民共和国道路交通管理条例》关于车辆装载的规定载运货物(当车辆装载货物不符合装载规定时,须报请公安交通管理部门批准,并按指定时间、路线、时速行驶),车与货即视为一体,所装货物与外界物体的意外撞击造成的本车损失。同时,碰撞应是保险车辆与外界物体直接接触。保险车辆的人为划痕不属本保险责任。

倾覆是指保险车辆由于自然灾害或意外事故,造成本车翻倒,车体触地,使其失去正常状态和行驶能力,不经施救不能恢复行驶。

(2) 火灾、爆炸。

火灾是指在时间或空间上失去控制的燃烧所造成的灾害。此处指车辆本身以外的火源以及车辆损失险的保险事故造成的燃烧导致保险车辆的损失。

爆炸是指物体在瞬息分解或燃烧时放出大量的热和气体,并以很大的压力向四周扩散,形成破坏力的现象。对于发动机因其内部原因发生爆炸或爆裂、轮胎爆炸等,不属本保险责任。

(3) 外界物体倒塌、空中运行物体坠落、保险车辆行驶中平行坠落。

外界物体倒塌是指保险车辆自身以外由物质构成并占有一定空间的个体倒下或陷下,造成保险车辆损失,如地上或地下建筑物坍塌,树木倾倒,致使保险车辆受损,都属本保险责任。

空中运行物体坠落是指陨石或飞行器等空中掉落物体所致保险车辆受损,属本保险责任。吊车的吊物脱落以及吊钩或吊臂的断落等,造成保险车辆的损失,也视为本保险责任。但吊车本身在操作时由于吊钩、吊臂上下起落砸坏保险车辆的损失,不属本保险责任。

保险车辆行驶中平行坠落是指保险车辆在行驶中发生意外事故,整车腾空(包括翻滚

360度以上)后,仍四轮着地所产生的损失。

(4) 雷击、暴风、龙卷风、暴雨、洪水、海啸、地陷、冰陷、崖崩、雪崩、雹灾、泥石流、滑坡。

雷击是指由雷电造成的灾害。由于雷电直接击中保险车辆或通过其他物体引起保险车辆的损失,均属本保险责任。

暴风是指风力速度在28.5米/秒(相当于11级大风)以上的大风。

龙卷风是一种范围小而持续时间短的猛烈旋风,平均风速一般为79～103米/秒,极端最大风速一般在100米/秒以上。

暴雨指每小时降雨量达16毫米以上,或连续12小时降雨量达30毫米以上,或连续24小时降雨量达50毫米以上。

所谓洪水,是指凡是江河泛滥、山洪暴发、潮水上岸及倒灌,致使保险车辆遭受泡损、淹没的损失,都属于本保险责任。

海啸是由于地震或风暴而造成的海面巨大涨落现象,按成因分为地震海啸和风暴海啸两种。由于海啸以致海水上岸泡损、淹没、冲失保险车辆都属本保险责任。

地陷是指地表突然下陷,由其造成的保险车辆的损失,属本保险责任。

冰陷是指在公安交通管理部门允许车辆行驶的冰面上,保险车辆通行时,冰面突然下陷造成保险车辆的损失,属本保险责任。

崖崩是指石崖、土崖因自然风化、雨蚀而崩裂下塌,或山上岩石滚落,或雨水使山上沙土透湿而崩塌,致使保险车辆遭受的损失,属本保险责任。

雪崩泛指大量积雪突然崩落的现象。

雹灾是指由于冰雹降落造成的灾害。

泥石流是指山地突然爆发饱含大量泥沙、石块的洪流。

滑坡是指斜坡上不稳的岩体或土体在重力作用下突然整体向下滑动。

(5) 载运保险车辆的渡船遭受自然灾害(只限于有驾驶员随车照料者)。

保险车辆在行驶途中因需跨过江河、湖泊、海峡才能恢复到道路行驶而过渡,驾驶员把车辆开上渡船,并随车照料到对岸,这期间因遭受(4)项所列的自然灾害,致使保险车辆本身发生损失的,保险人予以赔偿。但由货船、客船、客货船或滚装船等运输工具承载保险车辆的过渡,不属于本保险责任。

2) 保险事故的施救责任

发生保险事故时,被保险人或其允许的合格驾驶员对保险车辆采取施救、保护措施所支出的合理费用,保险人负责赔偿。但此项费用的最高赔偿金额以保险金额为限。

施救措施是指当发生保险责任范围内的事故或灾害时,被保险人为减少和避免保险车辆损失所实施的抢救行为。保护措施是指保险责任范围内的事故或灾害发生时,被保险人为防止保险车辆损失扩大和加重而采取的措施。而合理费用是指采取施救、保护措施所支出的直接的和必要的费用。

如保险车辆因洪水而倾覆在水中,被保险人雇人将其拖到陆地上,就是为减少损失而采取的积极施救措施;当保险车辆被拖到陆地以后,由于受损不能行驶,为防止损失扩大,被保险人雇人看守就是合理的保护措施。上述费用支出根据有关部门出具的相应证明,由保险人予以赔偿。

2. 责任免除

我国现行的《机动车辆保险条款》规定的车辆损失险的责任免除如下。

1) 不可抗拒因素造成的车辆损失责任

(1) 地震。地震是因地壳发生急剧的自然变异,影响地面而发生震动的现象。无论地震使保险车辆直接受损,还是地震造成外界物体倒塌所致保险车辆的损失,保险人都不负责赔偿。

(2) 战争、军事冲突、暴乱、扣押、罚没、政府征用。分别介绍如下:

战争是指国家与国家、民族与民族、政治集团与政治集团之间为了一定的政治、经济目的而进行的武装斗争;军事冲突是指国家或民族之间在一定范围内的武装对抗;暴乱是指破坏社会秩序的武装骚动。

战争、军事冲突、暴乱以政府宣布为准。

扣押是指采用强制手段扣留保险车辆;罚没是指司法或行政机关没收违法者的保险车辆作为处罚;政府征用特指政府利用行政手段有偿或无偿占用保险车辆。

2) 车辆自身原因导致的车辆损失责任

(1) 车辆的自然磨损、朽蚀、故障或轮胎单独损坏。自然磨损是指车辆由于使用造成的机件损耗;朽蚀是指机件与有害气体、液体相接触,被腐蚀损坏;故障是指由于车辆某个部件或系统性能发生问题,影响车辆的正常工作;轮胎单独损坏是指保险车辆在使用过程中,不论何种原因造成轮胎的单独破损。

但由于自然磨损、朽蚀、故障、轮胎损坏而引起保险事故(如碰撞、倾覆等),造成保险车辆其他部位的损失,保险人应予以赔偿。

(2) 受本车所载货物撞击。受本车所载货物撞击的损失是指保险车辆行驶时,车上货物与本车相互撞击,造成本车的损失。

(3) 自燃以及不明原因产生火灾。本保险合同约定的自燃是指没有外界火源,保险车辆也没有发生碰撞、倾覆的情况下,由于保险车辆本车漏油或电器、线路、供油系统、载运的货物等自身发生问题而引起的火灾。

不明原因产生火灾是指在公安消防部门的火灾原因认定书中认定的起火原因不明的火灾。

(4) 玻璃单独破碎。玻璃单独破碎是指不论任何原因引起的玻璃单独损坏。玻璃包括挡风玻璃、车窗玻璃。

(5) 车辆所载货物掉落、泄漏。车辆所载货物掉落是指保险车辆装载的货物从车上掉下砸伤他人或砸坏他人财产。车辆所载货物泄漏是指保险车辆装载液体、气体因流泄、渗漏而对外界一切物体造成腐蚀、污染、人畜中毒、植物枯萎以及其他财物的损失。例如,保险车辆漏油造成对路面的损害。

3) 驾驶员责任

(1) 操作责任。

① 人工直接供油、高温烘烤造成的损失。人工直接供油是指不经过车辆正常供油系统的供油。高温烘烤是指无论是否使用明火,凡违反车辆安全操作规则的加热、烘烤升温的行为。

② 两轮及轻便摩托车停放期间翻倒的损失,即两轮摩托车或轻便摩托车停放期间由于翻倒造成车辆的损失。

③ 受保险责任范围内的损失后,未经必要修理继续使用,致使损失扩大的部分。保险

车辆因发生保险事故遭受损失后,没有及时进行必要的修理,或修理后车辆未达到正常使用标准而继续使用,造成保险车辆损失扩大的部分。

④ 保险车辆在淹及排气筒的水中启动或被水淹后操作不当致使发动机损坏。保险车辆在停放或行驶的过程中,被水淹及排气筒或进气管,驾驶员继续启动车辆或利用惯性启动车辆;以及车辆被水淹后转移至高处,或水退后未经必要的处理而启动车辆,造成的发动机损坏。

⑤ 被保险人或其允许的合格驾驶员的故意行为。被保险人或其允许的合格驾驶员明知自己为或不为可能造成损害的结果,而仍希望或放任这种结果的发生,属于被保险人或其允许的合格驾驶员的故意行为。

⑥ 保险车辆肇事逃逸。保险车辆肇事逃逸是指保险车辆肇事后,为了逃避法律法规的制裁,逃离肇事现场的行为。

(2) 驾驶员驾驶资格问题。

① 非被保险人或非被保险人允许的驾驶员使用保险车辆。非被保险人或非被保险人允许的合格驾驶员指被保险人或其允许的驾驶员以外的其他人员。

② 驾驶员饮酒、吸毒、被药物麻醉。驾驶员饮酒指驾驶员饮酒后开车。可根据下列情形之一来判定:公安交通管理部门处理交通事故时做出的酒后驾车结论;有饮酒后驾车的证据。吸毒是指驾驶员吸食或注射鸦片、吗啡、海洛因、大麻、可卡因以及国家规定管制的其他能够使人形成瘾癖的麻醉药品和精神药品。被药物麻醉是指驾驶员吸食或注射有麻醉成分的药品,在整个身体或身体的某一部分暂时失去控制的情况下驾驶车辆。

③ 没有驾驶证。

④ 驾驶与驾驶证准驾车型不相符合的车辆。

⑤ 持军队或武警部队驾驶证驾驶地方车辆;持地方驾驶证驾驶军队或武警部队车辆。

⑥ 持学习驾驶证学习驾车时,无教练员随车指导,或不按指定时间、路线学习驾车。

⑦ 实习期驾驶大型客车、电车、起重车和带挂车的汽车时,无正式驾驶员并坐监督指导。

⑧ 实习期驾驶执行任务的警车、消防车、工程救险车、救护车和载运危险品的车辆。

⑨ 持学习驾驶证及实习期在高速公路上驾车。

⑩ 驾驶员持审验不合格的驾驶证,或未经公安交通管理部门同意,持未审验的驾驶证驾车。

⑪ 使用各种专用机械车、特种车的人员无国家有关部门核发的有效操作证。

⑫ 公安交通管理部门规定的其他属于无有效驾驶证的情况。

(3) 其他责任。

① 竞赛、测试、在营业性修理场所修理期间。

竞赛指保险车辆作为赛车直接参加车辆比赛活动;测试是指对保险车辆的性能和技术参数进行测量或试验;在营业性修理场所修理期间是指保险车辆进入维修厂(站、店)保养、修理期间,由于自然灾害或意外事故所造成的保险车辆损失。其中,营业性修理场所指保险车辆进入以盈利为目的的修理厂(站、店);修理期间指保险车辆从进入维修厂(站、店)开始到保养、修理结束并验收合格提车时止,包括保养、修理过程中的测试。

② 未按书面约定履行缴纳保险费义务。

③ 除本保险合同另有书面约定外，发生保险事故时保险车辆没有公安交通管理部门核发的行驶证和号牌，或未按规定检验或检验不合格。

发生保险事故时，保险车辆必须具备以下两个条件：

a. 保险车辆须有公安交通管理部门核发的行驶证或号牌；

b. 保险车辆达到《机动车运行安全技术条件》(GB 7258—1997)的要求，并在规定期间内经公安交通管理部门检验合格。

但保险合同另有书面约定的情况下，保险人应承担保险责任。其中，"另有书面约定"是指保险合同中做出明示的、与该条文内容相反的约定。如：保险合同中特别约定承保的、在特定区域内行驶的、没有公安交通管理部门核发的正式号牌的特种车（矿山机械车、机场内专用车等）；或政府部门规定需先保险后检验核发号牌的新入户车辆等。

④ 保险车辆发生意外事故，致使被保险人停业、停驶、停电、停水、停气、停产、中断通信以及其他各种间接损失。

本规定意指：保险车辆发生保险事故受损后丧失行驶能力，从受损到修复这一期间，被保险人停止营业或不能继续运输等损失，保险人均不负责赔偿。

⑤ 因保险事故引起的任何有关的精神损害赔偿。

因保险事故引起的任何有关精神损害赔偿是指无论是否依法应由被保险人承担的任何精神损害赔偿。

⑥ 因污染引起的任何补偿和赔偿。

本规定是指不论是否发生保险事故，保险车辆本身及保险车辆所载货物泄漏造成的保险车辆损失，保险人都不负责赔偿。

⑦ 直接或间接由计算机 2000 年问题引起的损失。

计算机 2000 年问题，指因涉及 2000 年日期变更，或此前、期间、其后任何其他日期变更，包括闰年的计算，直接或间接引起计算机硬件设备、程序、软件、芯片、媒介物、集成电路及其他电子设备中的类似装置的故障，进而直接或间接引起和导致保险财产的损失或损坏问题。包括：

a. 不能正确识别日期；

b. 由于不能正确识别日期，导致无法读取、存储、保留、检索、操作、判别、处理任何数据或信息，或执行命令和指令；

c. 在任何日期或该日期之后，由编程输入任何计算机软件的操作命令引起的数据丢失，或不能读取、储存、保留、检索、正确处理该类数据；

d. 因涉及 2000 年日期变更，或任何其他日期变更，包括闰年的计算，而不能正确进行计算、比较、识别、排序和数据处理；

e. 因涉及 2000 年日期变更，或任何其他日期变更，包括闰年的计算，对包括计算机、硬件设备、程序、芯片、媒介物、集成电路及其他电子设备中的类似装置进行预防性的、治理性的或其他性质的更换、改变、修改。

⑧ 保险车辆全车被盗窃、被抢劫、被抢夺，以及在此期间受到损坏或车上零部件、附属设备丢失所造成的损失。

全车被盗窃、被抢劫、被抢夺期间是指保险车辆被盗窃、被抢劫、被抢夺行为发生之时起至公安部门将该车收缴之时止；附属设备是指购买新车时，随车装备的基本设备。随车工具、新增加设备等,不属于附属设备。

⑨ 其他不属于保险责任范围内的保险车辆损失和费用。

本规定是指所有的不属于车辆损失险责任范围内的损失和费用。

3. 保险金额

车辆损失险的保险金额由投保人和保险人选择以下三种方式之一协商确定。

1) 按新车购置价确定

本条所称新车购置价是指保险合同签订时,在签订地购置与保险车辆同类型新车(含车辆购置附加费)的价格。

2) 按投保时的实际价值确定

实际价值是指同类型车辆市场新车购置价减去该车已使用年限折旧金额后的价格。折旧按每满一年扣除一年计算,不足一年的部分,不计折旧。折旧率按国家对车辆的报废标准等规定执行,但最高折旧金额不超过新车购置价的80%。

3) 由投保人与保险人协商确定

保险金额不得超过同类型新车购置价,超过部分无效。

投保人和保险人可根据实际情况选择。原则上新车按第一种方式承保,旧车可以在三种方式中由投保人和保险人双方自愿协商确定,但保险金额的不同确定方式直接影响和决定了发生保险事故时保险赔偿的计算原则。

保险人根据保险金额的不同确定方式承担相应的赔偿责任。

4. 赔偿限额、赔偿处理和保险期限

1) 赔偿限额

(1) 全部损失。

保险金额高于实际价值时,以出险时的实际价值计算赔偿;保险金额等于或低于实际价值时,按保险金额计算赔偿。

(2) 部分损失。

以新车购置价确定保险金额的车辆,按实际修理及必要、合理的施救费用计算赔偿;保险金额低于新车购置价的车辆,按保险金额与新车购置价的比例计算赔偿修理及施救费用。

保险车辆损失赔偿及施救费用分别以不超过保险金额为限。如果保险车辆部分损失一次赔偿金额与免赔金额之和大于或等于保险金额,车辆损失险的保险责任即行终止。但保险车辆在保险期限内,不论发生一次还是多次保险责任范围内的部分损失或费用支出,只要每次赔款加免赔金额之和未达到保险金额,其保险责任仍然有效。

(3) 如果施救的财产中含有本保险合同未保险的财产,应按本保险合同保险财产的实际价值占总施救财产的实际价值比例分摊施救费用。

2) 赔偿处理

(1) 被保险人索赔时,应当向保险人提供保险单、事故证明、事故责任认定书、事故调解书、判决书、损失清单和有关费用单据。

(2) 保险人依据保险车辆驾驶员在事故中所负责任比例,相应承担赔偿责任。

(3) 保险车辆因保险事故受损,应当尽量修复。修理前被保险人须会同保险人检验,确定修理项目、方式和费用。否则,保险人有权重新核定或拒绝赔偿。

(4) 保险车辆损失后的残余部分,应协商作价折归被保险人,并在赔款中扣除。

(5) 根据保险车辆驾驶员在事故中所负责任,车辆损失险在符合赔偿规定的金额内实行绝对免赔率;负全部责任的免赔 20%,负主要责任的免赔 15%,负同等责任的免赔 10%,负次要责任的免赔 5%。单方肇事事故的绝对免赔率为 20%。

单方肇事事故是指不涉及与第三方有关的损害赔偿的事故,但不包括自然灾害引起的事故。

本条规定了机动车辆保险每次保险事故与赔偿计算应按责免赔的原则。车辆损失险的损失经保险双方确认,还应根据保险车辆驾驶员在事故中所负责任,按照免赔率扣除一定的金额:负事故全部责任的以及单方肇事事故,扣除应付赔款金额的 20%;负事故主要责任的,扣除应付赔款金额的 15%;负事故同等责任的,扣除应付赔款金额的 10%;负事故次要责任的,扣除应付赔款金额的 5%。

本条明确自然灾害导致的事故不属于单方肇事事故,保险人不扣除免赔。

(6) 保险车辆发生保险责任范围内的损失应当由第三方负责赔偿的,确实无法找到第三方的,保险人予以赔偿,但在符合赔偿规定的范围内实行 5% 的绝对免赔率。

(7) 被保险人提供的各种必要的单证齐全后,保险人应当迅速审查核定。赔款金额经保险合同双方确认后,保险人在 10 天内一次赔偿结案。

3) 保险期限

保险期限为一年。除法律另有规定外,投保时保险期限不足一年的按短期月费率计收保险费。保险期限不足一个月的按月计算。

5. 其他规定

1) 无赔款优待

我国的《机动车辆保险条款》对无赔款优待规定如下。

(1) 保险车辆在上一年保险期限内无赔款,续保时可享受无赔款减收保险费优待,优待金额为本年度续保险种应交保险费的 10%。被保险人投保车辆不止一辆的,无赔款优待分别按车辆计算。上年度投保的车辆损失险、第三者责任险、附加险中任何一项发生赔款,续保时均不能享受无赔款优待。不续保者不享受无赔款优待。

(2) 上年度无赔款的机动车辆,如果续保的险种与上年度不完全相同,无赔款优待则以险种相同的部分为计算基础;如果续保的险种与上年度相同,但保险金额不同,无赔款优待则以本年度保险金额对应的应交保险费为计算基础。不论机动车辆连续几年无事故,无赔款优待一律为应交保险费的 10%。

所以,无赔款优待的条件应为:保险期限必须满一年;保险期限内无赔款;保险期满前办理续保。

具体在确定无赔款优待时应注意以下几点。

① 同时投保车辆损失险、第三者责任险和附加险的,只要其中任一险种发生赔款,被保险人续保时就不能享受无赔款优待。

② 保险车辆发生保险事故,续保时案件未决,被保险人不能享受无赔款优待。但事故处理后,保险人无赔款责任,则退还无赔款优待应减收的保险费。

③ 在一年保险期限内,发生所有权转移的保险车辆,续保时不享受无赔款优待。

④ 无赔款优待仅限于续保险种,即上年度投保而本年度未续保的险种和本年度新投保的险种,均不享受无赔款优待。

2）条款适用的范围

我国的《机动车辆保险条款》适用于全国范围内除深圳所属的和在深圳特区内行驶的同时挂深圳、香港两地牌照的机动车辆外的所有机动车辆。深圳所属的和在深圳特区内行驶的同时挂深圳、香港两地牌照的机动车辆保险应遵循《深圳市机动车辆保险条款》的规定。

3）保险合同的解除

我国的《机动车辆保险条款》规定:"被保险人在保险责任开始前,要求解除合同的,保险人应退还保险费,并按照《中华人民共和国保险法》的有关规定,扣减保险费金额3%的退保手续费。"

4）合同的争议处理

合同争议的解决方式由被保险人与保险人约定从下列两种方式中选择一种。

(1) 因履行本合同发生的争议,由当事人协商解决,协商不成的,依合同约定提交仲裁委员会仲裁。

(2) 因履行本合同发生的争议,由当事人协商解决,协商不成的,依法向人民法院起诉。

任务二　国内车辆损失险的附加险

对于除了任务一所讲述的车辆损失保险以外的其他风险要求,保险人往往会设计一些附加险供被保险人选择,但附加险不能单独承保。我国现行的《机动车辆保险条款》规定的车辆损失险的附加险包括全车盗抢险、玻璃单独破碎险、车辆停驶损失险、自燃损失险、新增加设备损失险、不计免赔特约险,其中,前5种附加险必须在投保车辆损失险的基础上才能投保,不计免赔特约险只有在同时投保了车辆损失险和第三者责任险的基础上才能投保。

1. 全车盗抢险

国外一般全车盗抢包括在车辆损失险范围之内,而我国由于汽车盗抢较为严重,保险人难以承担有关损失,因此将汽车盗抢从车辆损失险中分离出来形成附加险,被保险人可以根据自己的意愿选择承保。我国《机动车辆保险条款》对全车盗抢险的规定如下。

1）保险责任

(1) 保险车辆(含投保的挂车)全车被盗窃、被抢劫、被抢夺,经县级以上公安刑侦部门立案证实,满三个月未查明下落。

(2) 保险车辆全车被盗窃、被抢劫、被抢夺后受到损坏或车上零部件、附属设备丢失需要修复的合理费用。

2）责任免除

(1) 非全车遭盗抢,仅车上零部件或附属设备被盗窃、被抢劫、被抢夺、被损坏。

(2) 被他人诈骗造成的全车或部分损失。

(3) 全车被盗窃、被抢劫、被抢夺期间,保险车辆肇事导致第三者人员伤亡或财产损失。本除外责任是指保险车辆在全车被盗窃、被抢劫、被抢夺期间,无论任何人驾驶该车辆导致的第三者人员伤亡或财产损失。

(4) 被保险人因违反政府有关法律、法规被有关国家机关罚没、扣押。

(5) 被保险人因与他人的民事、经济纠纷而致保险车辆被抢劫、被抢夺。

无论公安部门是否出具保险车辆被抢劫、被抢夺的书面证明,只要是被保险人与他人因民事或经济纠纷而导致保险车辆被抢劫、被抢夺,保险人均不负赔偿责任。

(6) 租赁车辆与承租人同时失踪。

(7) 被保险人及其家庭成员、被保险人允许的驾驶员的故意行为或违法行为造成的全车或部分损失。

3) 保险金额

保险金额由保险人与被保险人在保险车辆的实际价值内协商确定。当保险车辆的实际价值高于购车发票金额时,以购车发票金额确定保险金额。

4) 被保险人义务

(1) 被保险人得知或应当得知保险车辆被盗窃、被抢劫、被抢夺后,应在24小时内(不可抗力因素除外)向当地公安部门报案,同时在48小时内通知保险人,并在通知保险人后,在保险人指定的报纸上登载其保险车辆被盗窃、被抢劫、被抢夺的声明。

(2) 被保险人向保险人索赔时,须提供保险单、机动车行驶证、购车原始发票、车辆购置附加费凭证、车钥匙,以及出险地县级以上公安刑侦部门出具的盗抢案件证明和车辆已报停手续。

5) 赔偿处理

根据被保险人提供的索赔单证,保险人按以下规定赔偿。

(1) 全车损失。

保险金额高于实际价值时,以出险时的实际价值计算赔偿;保险金额等于或低于实际价值时,按保险金额计算赔偿,并实行20%的绝对免赔率。但被保险人未能提供机动车行驶证、购车原始发票、车辆购置附加费凭证的,每缺少一项,增加0.5%的免赔率;缺少车钥匙的增加5%的免赔率。

(2) 部分损失。

保险车辆全车被盗窃、被抢劫、被抢夺后受到损坏或车上零部件、附属设备丢失需要修复的,按实际修复费用计算赔偿,最高不超过全车盗抢险保险金额。

(3) 结案。

被保险人索赔时未能向保险人提供出险地县级以上公安刑侦部门出具的盗抢案件证明及车辆已报停手续的,保险人不负赔偿责任。保险人确认索赔单证齐全、有效后,由被保险人签具权益转让书,赔付结案。

6) 其他事项

保险人赔偿后,如被盗抢的保险车辆找回,应将该车辆归还被保险人,同时收回相应的赔款。如果被保险人不愿意收回原车,则车辆的所有权益归保险人。

2. 玻璃单独破碎险

我国《机动车辆保险条款》对玻璃单独破碎险的规定如下。

1) 保险责任

(1) 投保了本保险的机动车辆在使用过程中,发生本车玻璃单独破碎,保险人按实际损失计算赔偿。

(2) 投保人在与保险人协商的基础上,自愿按进口挡风玻璃或国产挡风玻璃选择投保;保险人根据其选择承担相应保险责任。

2) 责任免除

(1) 灯具、车镜玻璃破碎。

(2) 被保险人或其驾驶员的故意行为,以及安装、维修车辆过程中造成的破碎。

3. 车辆停驶损失险

我国《机动车辆保险条款》对车辆停驶损失险的规定如下。

1) 保险责任

投保了本保险的机动车辆在使用过程中,因发生车损险的保险事故,造成车身损毁,致使车辆停驶的,保险人按以下规定承担赔偿责任:

(1) 部分损失的,保险人在双方约定的修复时间内按保险单约定的日赔偿金额乘以从送修之日起至修复竣工之日止的实际天数计算赔偿;

(2) 全车损毁的,按保险单约定的赔偿限额计算赔偿;

(3) 在保险期限内,上述赔款累计计算,最高以保险单约定的赔偿天数为限。

2) 责任免除

(1) 车辆被扣押期间的损失。

(2) 因车辆修理质量不合要求,造成返修期间的损失。

(3) 被保险人及其驾驶员拖延车辆送修或修复时间的损失。

3) 赔偿限额

赔偿限额以投保人与保险人投保时约定的赔偿天数乘以约定的日赔偿金额为准,但本保险的最高约定赔偿天数为 90 天。

4. 自燃损失险

我国《机动车辆保险条款》对自燃损失险的规定如下。

1) 保险责任

保险车辆在使用过程中,因本车电器、线路、供油系统发生故障及运载货物自身原因起火燃烧,造成保险车辆的损失,以及被保险人在发生本保险事故时,为减少保险车辆损失所支出的必要合理的施救费用,保险人在保险单该项目所载明的保险金额内,按保险车辆的实际损失计算赔偿;发生全部损失的,按出险时保险车辆实际价值在保险单该项目所载明的保险金额内计算赔偿。

2) 责任免除

对下列原因造成的损失,保险人不负责赔偿:

(1) 被保险人在使用保险车辆过程中,因人工直接供油、高温烘烤等违反车辆安全操作规则造成的损失;

(2) 因自燃仅造成电器、线路、供油系统的损失;

(3) 运载货物自身的损失;

(4) 被保险人的故意行为或违法行为造成保险车辆的损失。

3) 保险金额

由投保人和保险人在保险车辆的实际价值内协商确定。

4) 赔偿处理

本保险每次赔偿均实行 20% 的绝对免赔率。

5. 新增加设备损失险

我国《机动车辆保险条款》对新增加设备损失险的规定如下。

1) 保险责任

投保了本保险的机动车辆在使用过程中,发生了前述车辆损失险所列的保险事故,造成车上新增加设备的直接损毁,保险人在保险单该项目所载明的保险金额内,按实际损失计算赔偿。

本保险所指的新增加设备是指保险车辆在原有附属设备外,被保险人另外加装或改装的设备与设施。如在保险车辆上加装制冷设备、加氧设备、清洁燃料设备、CD及电视录像设备、检测设备、真皮或电动座椅、电动升降器、防盗设备等。办理本保险时,应列明车上新增加设备明细表及价格。

未发生保险事故,而新增加设备单独损毁,如被盗窃、丢失、故障、老化、被破坏等,保险人不负赔偿责任。

2) 保险金额

保险金额以新增加设备的实际价值确定。

3) 赔偿处理

本保险每次赔偿均实行绝对免赔率,负全部责任的免赔20%,负主要责任的免赔15%,负同等责任的免赔10%,负次要责任的免赔5%。单方肇事事故的绝对免赔率为20%。发生部分损失的,按照实际修复费用赔偿。

6. 不计免赔特约险

只有在同时投保了车辆损失险和第三者责任险的基础上方可投保本附加险。当车辆损失险和第三者责任险中任一险别的保险责任终止时,本附加险的保险责任同时终止。

1) 保险责任

办理了本项特约保险的机动车辆发生保险事故造成赔偿,对其在符合赔偿规定的金额内按本险条款规定计算的免赔金额,保险人负责赔偿。

2) 责任免除

对于各附加险项下规定的免赔金额,保险人不负责赔偿。

除了上述附加险之外,有些保险公司还开设了如下的车辆损失险的附加险险种供用户选择。

(1) 他人恶意行为险。

本保险为车辆损失险的附加险,投保了车辆损失险的车辆方可投保本保险。

办理了本项保险的机动车辆,在停放和使用过程中因"他人的恶意行为"而造成的车辆损毁,保险人按照保险合同的规定进行赔偿,并实行20%的绝对免赔。保险人赔付后,被保险人应将代位追偿权移交给保险人。

(2) 车载货物撞击险。

本保险也是车辆损失险的附加险,投保了车辆损失险的车辆方可投保本保险。本保险的保险期限与车辆损失险的保险期限一致。本附加险实行每次事故300元的绝对免赔额。

① 保险责任。

保险车辆在行驶过程中,因车厢内所载货物与本车相互撞击造成保险车辆本身的直接损失,经保险人核定后,根据机动车辆保险条款的有关规定负责赔偿。

② 责任免除。

下列损失保险人不负赔偿责任:

a. 由于货物装载不符合规定而引起的与本车撞击造成的损失;

b. 货物本身的损失。

任务三　第三者责任险

在我国,第三者责任险和汽车损失险构成了车辆保险的基本险。根据我国现行的《机动车辆保险条款》的规定,除了深圳地区以外,我国的第三者责任险包括下述主要内容。

1. 保险标的

被保险车辆发生保险责任事故致使第三者人身伤亡或者财物受损,被保险人依法应负经济赔偿责任。

2. 保险责任

被保险人或其允许的合格驾驶员在使用保险车辆过程中,发生意外事故,致使第三者遭受人身伤亡或财产的直接损毁,依法应当由被保险人支付的赔偿金额,保险人依照《中华人民共和国道路交通安全法实施条例》(简称《道路交通安全法实施条例》)和保险合同的规定给予赔偿。但因事故产生的善后工作,保险人不负责处理。

1) 意外事故

意外事故是指不是行为人出于故意,而是行为人不可预见的以及不可抗拒的并造成人员伤亡或财产损失的突发事件。

车辆使用中发生的意外事故分为道路交通事故和非道路事故。

道路包括公路、城市街道和胡同(里巷),以及公共广场、公共停车场等供车辆、行人通行的地方。

凡在道路上发生的交通事故均属于道路交通事故。

道路交通事故是指车辆驾驶人员、行人、乘车人以及其他在道路上进行与交通有关活动的人员,因违反《中华人民共和国道路交通安全法》和其他道路交通管理法规、规章的行为,过失造成人身伤亡或者财产损失的事故。

凡在道路以外的地方使用保险车辆过程中发生的事故,属于非道路事故。例如,在铁路道口、渡口、机关大院、农村场院、乡间小道上发生的与机动车辆有关的事故。

在我国,道路交通事故一般由公安交通管理部门处理。对于非道路事故,公安交通管理部门一般不予受理。这时可请出险当地政府有关部门根据道路交通事故处理规定研究处理,但应参照《道路交通安全法实施条例》规定的赔偿范围、项目和标准以及保险合同的规定计算保险赔款金额。事故双方或保险双方当事人对公安交通管理部门或出险当地政府有关部门的处理意见有严重分歧的案件,可提交法院处理解决。

2) 第三者及其损失

在保险合同中,保险人是第一方,也叫第一者;被保险人或使用保险车辆的致害人是第二方,也叫第二者;除保险人与被保险人之外的,因保险车辆的意外事故致使保险车辆下的人员或财产遭受损害的,在车下的受害人是第三方,也叫第三者。

同一被保险人的车辆之间发生意外事故,相对方均不构成第三者。

第三者的损失包括人身伤亡与财产的直接损毁。

人身伤亡是指人的身体受伤害或人的生命终止。

直接损毁是指保险车辆发生意外事故,直接造成事故现场他人现有财产的实际损毁。

3) 赔偿的依据

发生汽车责任险的保险事故时,保险人不是无条件地完全承担"被保险人依法应当支付的赔偿金额",而是依照《道路交通安全法实施条例》及保险合同的规定给予赔偿。

(1) 无论是道路交通事故还是非道路事故,第三者责任险的赔偿均应参照《道路交通安全法实施条例》规定的赔偿范围、项目、标准计算保险赔款。

(2) 在上述基础上,根据保险合同所载的有关规定计算保险赔款。

(3) 应剔除保险合同中规定的免赔部分。

(4) 因事故产生的善后工作,保险人不负责处理。这里的善后工作是指民事赔偿责任以外对事故进行妥善料理的有关事项,如保险车辆对他人造成伤害所涉及的抢救、医疗、调解、诉讼等具体事宜。

3. 责任免除

我国《机动车辆保险条款》规定了车辆损失险的责任免除如下。

1) 驾驶员问题

(1) 被保险人或其允许的合格驾驶员的故意行为。

(2) 保险车辆肇事逃逸造成的第三者责任。

(3) 驾驶资格问题。

下列驾驶员资格原因导致的第三者人身伤亡或财产损失,保险人不予赔偿:

① 非被保险人或非被保险人允许的驾驶员使用保险车辆;

② 驾驶员饮酒、吸毒、被药物麻醉;

③ 没有驾驶证;

④ 驾驶与驾驶证准驾车型不相符合的车辆;

⑤ 持军队或武警部队驾驶证驾驶地方车辆;持地方驾驶证驾驶军队或武警部队车辆;

⑥ 持学习驾驶证学习驾车时,无教练员随车指导,或不按指定时间、路线学习驾车;

⑦ 实习期驾驶大型客车、电车、起重车和带挂车的汽车时,无正式驾驶员并坐监督指导;

⑧ 实习期驾驶执行任务的警车、消防车、工程救险车、救护车和载运危险品的车辆;

⑨ 持学习驾驶证及实习期在高速公路上驾车;

⑩ 驾驶员持审验不合格的驾驶证,或未经公安交通管理部门同意,持未审验的驾驶证驾车;

⑪ 使用各种专用机械车、特种车的人员无国家有关部门核发的有效操作证;

⑫ 公安交通管理部门规定的其他属于无有效驾驶证的情况。

2) 其他责任免除

(1) 保险车辆造成的下列人身伤亡和财产损毁,不论在法律上是否应当由被保险人承担赔偿责任,保险人都不负责赔偿。

① 被保险人或其允许的驾驶员所有或代管的财产。

被保险人或其允许的驾驶员自有的财产,或与他人共有财产的自有部分,或代替他人保管的财产都属于被保险人或其允许的驾驶员所有或代管的财产。

对于有些规模较大的投保单位,"自有的财产"可以掌握在其所属各自独立核算单位的财产范围内。例如,某运输公司下属甲、乙两个车队各自独立核算,由运输公司统一投保第三者责任险后,甲队车辆撞坏甲队的财产,保险人不予负责,撞坏乙队的财产,保险人可予以负责。

② 私有、个人承包车辆的被保险人或其允许的驾驶员及其家庭成员,以及他们所有或代管的财产。

a. 私有、个人承包车辆的被保险人家庭成员,可根据独立经济的户口划分区别。例如,父母兄弟多人,各自另立户口分居,家庭成员指每户中的成员,而不能单纯按是否是直系亲属来划分。夫妻分居两地,虽有两个户口,因两者经济上并不独立,实际上是合一的,所以只能视为一个户口。

本条责任免除的原则在于:肇事者本身不能获得赔款,即保险人付给受害方的赔款,最终不能落到被保险人手中。

b. 私有、个人承包车辆的被保险人及其家庭成员所有或代管的财产是指私有、个人承包车辆的被保险人或其允许的驾驶员及其家庭成员自有的财产,或与他人共有财产的自有部分,或他们代替他人保管的财产。

私有车辆是指车辆所有权属于私人的车辆。如个人、联户和私营企业等的车辆。而个人承包车辆是指以个人名义承包单位、他人的车辆。

c. 本车上的一切人员和财产。

本车上的一切人员和财产是指意外事故发生的瞬间,在本保险车辆上的一切人员和财产,包括此时在车下的驾驶员。这里包括车辆行驶中或车辆未停稳时非正常下车的人员,以及吊车正在吊装的财产。

(2) 战争、军事冲突、暴乱、扣押、罚没、政府征用造成的第三者责任。

(3) 竞赛、测试、在营业性修理场所修理期间造成的第三者责任。

竞赛的第三者责任免除是指保险车辆作为赛车直接参加车辆比赛活动所造成的第三者损失,保险人不予赔偿。

测试的第三者责任免除是指对保险车辆的性能和技术参数进行测量或试验所造成的第三者损失,保险人不予赔偿。

在营业性修理场所修理期间的第三者责任免除是指保险车辆进入维修厂(站、店)保养、修理期间,由于意外事故所造成的他人的损失,保险人不予赔偿。其中,营业性修理场所指保险车辆进入以盈利为目的的修理厂(站、店);修理期间指保险车辆从进入维修厂(站、店)开始到保养、修理结束并验收合格提车时止,包括保养、修理过程中的测试。

(4) 车辆所载货物掉落、泄漏造成的第三者人身伤亡或财产损毁。

本责任免除是指保险车辆装载的货物从车上掉下砸伤他人或砸坏他人财产。

车辆所载货物泄漏指保险车辆装载液体、气体因流泄、渗漏而对外界一切物体造成腐蚀、污染、人畜中毒、植物枯萎以及其他财物的损失。例如,保险车辆漏油造成对路面的损害。

(5) 机动车辆拖带车辆(含挂车)或其他拖带物,二者当中至少有一个未投保第三者责任险。

机动车辆拖带车辆(含挂车)及其他拖带物,二者当中至少有一个未投保第三者责任险:无论是保险车辆拖带未保险车辆(物),还是未保险车辆拖带保险车辆,都属于保险车辆增加危险程度,超出了保险责任正常所承担的范围,故由此产生的任何损失,保险人不予赔偿(公安交通管理部门的清障车拖带障碍车不在此列)。

但拖带车辆和被拖带车辆均投保了车辆损失险的,发生车辆损失险责任范围内的损失时,保险人应对车辆损失部分负赔偿责任。

(6) 被保险人未按书面约定履行缴纳保险费义务。

(7) 除本保险合同另有书面约定外,发生第三者责任事故时保险车辆没有公安交通管理部门核发的行驶证和号牌,或未按规定检验或检验不合格。

(8) 保险车辆发生意外事故,致使第三者停业、停驶、停电、停水、停气、停产、中断通信以及其他各种间接损失。

保险车辆发生意外事故致使第三者营业停止、车辆停驶、生产或通信中断和不能正常供电、供水、供气的损失以及由此而引起的其他人员、财产或利益的损失,不论在法律上是否应由被保险人负责,保险人都不负责赔偿。

(9) 因保险事故引起的任何有关第三者的精神损害赔偿。

因保险事故引起的任何有关精神损害赔偿是指无论是否依法应由被保险人承担的任何精神损害赔偿。

(10) 因污染引起的任何针对第三者的补偿和赔偿。

保险车辆本身及保险车辆所载货物泄漏造成的对外界任何污染而引起的针对第三者的补偿和赔偿,保险人都不负责赔偿。

污染包括保险车辆在正常使用过程中,由于车辆油料或所载货物的泄漏造成的污染,以及保险车辆发生事故导致本车或第三者车辆的油料或所载货物的泄漏造成的污染。

(11) 直接或间接由计算机 2000 年问题引起的第三者损失。

(12) 保险车辆全车被盗窃、被抢劫、被抢夺所造成的第三者人员伤亡或财产损失。

(13) 其他不属于第三者责任险范围内的损失和费用。

4. 保险金额和赔偿限额

1) 保险金额

(1) 在不同区域内,摩托车、拖拉机的最高赔偿限额分为四个档次:2 万元、5 万元、10 万元和 20 万元。

(2) 其他车辆的最高赔偿限额分为六个档次:5 万元、10 万元、20 万元、50 万元、100 万元和 100 万元以上,且最高不超过 1 000 万元。

2) 赔偿限额

(1) 每一个事故的最高赔偿限额按照被保险人选定的承保档次赔付。

此处规定了第三者责任险每次事故最高赔偿限额的确定方式。选择每次事故最高赔偿限额是保险人计算保险费的依据,同时也是保险人承担第三者责任险每次事故补偿的最高限额。

① 摩托车、拖拉机的每次事故最高赔偿限额因不同区域其选择原则是不同的,与《机动车辆保险费率规章》有关摩托车定额保单销售区域的划分相一致。

② 除摩托车、拖拉机外的其他机动车辆第三者责任险的最高赔偿限额分几个档次。例如,六座以下客车分为 5 万元、10 万元、20 万元、50 万元、100 万元及 100 万元以上 1 000 万元以下等档次,供投保人和保险人在投保时自行协商选择确定。

(2) 挂车投保后与主车视为一体。发生保险事故时,挂车引起的赔偿责任视同主车引起的赔偿责任。保险人对挂车赔偿责任与主车赔偿责任所负赔偿金额之和,以主车赔偿限额为限。

挂车投保后与主车视为一体,是指主车和挂车都必须投保第三者责任险,而且主车拖带挂车。无论赔偿责任是否是由挂车引起的,均视同是由主车引起的,保险人的第三者责任险的总赔偿责任以主车赔偿限额为限。主车、挂车在不同保险公司投保的,发生保险事故后,被保险人应向承保主车的保险公司索赔,还应提供主车、挂车各自的保险单。两家保险公司按照所收取的保险单上载明的第三者责任险保险费比例分摊赔款。

5. 赔偿处理和保险期限

1)赔偿处理

(1)被保险人索赔时,应当向保险人提供保险单、事故证明、事故责任认定书、事故调解书、判决书、损失清单和有关费用单据。

(2)保险人依据保险车辆驾驶员在事故中所负责任比例,相应承担赔偿责任。

(3)保险车辆因保险事故致使第三者财产损坏,应当尽量修复。修理前被保险人须会同保险人检验,确定修理项目、方式和费用。否则,保险人有权重新核定或拒绝赔偿。

(4)保险车辆发生第三者责任事故时,应按照《道路交通安全法实施条例》规定的赔偿范围、项目和标准以及保险合同的规定,在保险单载明的赔偿限额内核定赔偿金额。对被保险人自行承诺或支付的赔偿金额,保险人有权重新核定或拒绝赔偿。

(5)第三者责任事故赔偿后,对受害第三者的任何赔偿费用的增加,保险人不再负责。

此处规定了机动车辆第三者责任险一次性赔偿结案的原则。

保险人对第三者责任险保险事故赔偿结案后,对被保险人追加受害人的任何赔偿费用不再负责。

(6)第三者责任事故赔偿后,保险责任继续有效,直至保险期满。

(7)第三者的财产遭受损失后的残余部分,应协商作价折归被保险人,并在赔款中扣除。

(8)根据保险车辆驾驶员在事故中所负责任,第三者责任险在符合赔偿规定的金额内实行绝对免赔率;负全部责任的免赔20%,负主要责任的免赔15%,负同等责任的免赔10%,负次要责任的免赔5%。单方肇事事故的绝对免赔率为20%。

(9)被保险人提供的各种必要的单证齐全后,保险人应当迅速审查核定。赔款金额经保险合同双方确认后,保险人在10天内一次赔偿结案。

2)保险期限

机动车辆保险合同期限通常为一年。除法律另有规定外,保险合同期限不足一年的,应按短期月费率计收保险费。对于保险合同期限和短期月费率的对应关系应以各险别的保险期限而确定。保险期限不足一个月的,按一个月计算。机动车辆保险合同解除时,除法律、法规和保险合同另有规定外,应按《机动车辆保险费率规章》的有关规定计收已了责任部分的保险费,并退还未到期责任部分的保险费。

6. 其他规定

同任务一中车辆损失险的其他规定部分的内容。

任务四 第三者责任险的附加险

和车辆损失险一样,对于除了任务三所讲述的第三者责任险以外的其他风险要求,保险人往往会设计一些附加险供被保险人选择,但附加险不能单独承保。我国《机动车辆保险条款》规定的第三者责任险的附加险包括车上责任险、无过失责任险、车载货物掉落责任险和不计免赔特约险,其中,前3种附加险只有在投保了第三者责任险的基础上才能投保,不计免赔特约险只有在同时投保了车辆损失险和第三者责任险的基础上才能投保。

除了我国保险条款规定的上述第三者责任险的附加险以外,有的保险公司还根据保险市场的需要开设了他人肇事逃逸责任险作为第三者责任险附加险的补充。

1. 车上责任险

我国《机动车辆保险条款》对车上责任险的规定如下。

1) 保险责任

投保了本保险的机动车辆在使用过程中,发生意外事故,致使保险车辆上所载货物遭受直接损毁和车上人员的人身伤亡,依法应由被保险人承担的经济赔偿责任,以及被保险人为减少损失而支付的必要合理的施救、保护费用,保险人在保险单所载明该保险赔偿限额内计算赔偿。

2) 责任免除

由于以下原因引起的损失,保险人不负责赔偿。

(1) 货物遭哄抢、自然损耗、本身缺陷、短少、死亡、腐烂、变质。

(2) 违法载运或因包装、紧固不善,装载、遮盖不当造成的货物损失。

(3) 车上人员携带的私人物品、违章搭乘的人员或违章所载货物。

违章搭乘的人员是指客货混载或超核定载客数载客等;违章载货是指所载货物超过公安交通管理部门核定的长度、宽度、高度等。凡由于违章搭乘或违章载货直接导致事故发生,造成人员伤亡或货物损毁,保险人不负赔偿责任。

(4) 由于驾驶员的故意行为、紧急刹车或本车上的人员因疾病、分娩、自残、殴斗、自杀、犯罪行为所致的人身伤亡、货物损失以及车上人员在车下时所受的人身伤亡。

(5) 其他不属于保险责任范围内的损失和费用。

3) 赔偿限额

车上承运货物的赔偿限额和车上人员每人的最高赔偿限额由被保险人和保险人在投保时协商确定。投保座位数以保险车辆的核定载客数为限。

4) 赔偿处理

(1) 车上伤亡人员按《道路交通安全法实施条例》规定的赔偿范围、项目和标准以及保险合同的规定计算赔偿,但每人最高赔偿金额不超过保险单载明的本保险每座赔偿限额,最高赔偿人数以投保座位数为限。

(2) 承运的货物发生保险责任范围内的损失,保险人按起运地价格在赔偿限额内负责赔偿。

(3) 每次赔偿均实行相应的免赔率,负全部责任的免赔20%,负主要责任的免赔15%,负同等责任的免赔10%,负次要责任的免赔5%。单方肇事事故的绝对免赔率为20%。

2. 无过失责任险

我国《机动车辆保险条款》对无过失责任险的规定如下。

1）保险责任

投保了本保险的机动车辆在使用过程中，因与非机动车辆、行人发生交通事故，造成对方人员伤亡和财产直接损毁，保险车辆一方无过失，且被保险人拒绝赔偿未果，对被保险人已经支付给对方而无法追回的费用，保险人按我国《道路交通安全法实施条例》和出险当地的道路交通事故处理规定标准在保险单所载明的本保险赔偿限额内计算赔偿。

2）赔偿处理

本保险每次赔偿均实行20%的绝对免赔率。

投保了本附加险的机动车辆在使用过程中，发生意外事故，造成对方人员伤亡和财产直接损毁，根据《道路交通安全法实施条例》的相关规定，对于应由被保险人承担的10%的经济赔偿部分，在保险赔偿限额内，保险人承担赔偿责任。对于10%以上的经济赔偿部分，如被保险人拒绝赔偿未果且已经支付给对方而确实无法追回的，保险人亦在保险赔偿限额内承担赔偿责任。保险人承担的10%及10%以上的赔偿责任加免赔金额之和，最高不得超过赔偿限额。

3. 车载货物掉落责任险

我国《机动车辆保险条款》对车载货物掉落责任险的规定如下。

1）保险责任

投保了本保险的机动车辆在使用过程中，所载货物从车上掉下致使第三者遭受人身伤亡或财产的直接损毁，依法应由被保险人承担的经济赔偿责任，保险人在保险单所载明的本保险赔偿限额内计算赔偿。

车载货物分为固体、液体和气体三种。本附加险所承担的保险责任，是指在正常使用中装载在保险车辆上的固体货物（对盛装液体和气体的容器视同固体货物对待），从保险车辆上掉下，砸伤（亡）他人或砸毁他人的财产，应由被保险人承担的经济赔偿责任，保险人在保险单所载明的赔偿限额内计算赔偿。

2）责任免除

（1）被保险人及其家庭成员的人员伤亡、财产损失。

（2）驾驶员故意行为或车上所载气体、液体泄漏所造成的损失。

3）赔偿限额

每次事故的赔偿限额由被保险人与保险人在投保时协商确定。

4）赔偿处理

本保险每次赔偿均实行20%的绝对免赔率。

4. 不计免赔特约险

参见任务二车辆损失险的附加险相应部分的内容。

5. 他人肇事逃逸责任险

本保险是机动车辆第三者责任险的附加险，投保了第三者责任险的机动车辆方可投保本保险。

1）保险责任

保险车辆在使用过程中，由于第三方机动车辆肇事而使保险车辆发生机动车辆保险责任范围内的道路交通意外事故,且第三方机动车辆肇事后逃逸致使在保险车辆上和正在上下车的人员遭受人身伤亡,由保险人依据出险当地道路交通事故处理办法的有关规定和标准,在保险合同载明的赔偿限额内直接向受害的上述人员负责赔偿。

车上人员可包括被保险人、被保险人的家庭成员和雇员。

2) 责任免除

下列损失和费用,保险人不负赔偿责任。

(1) 被保险人及驾驶人员的故意行为或本车上人员因疾病、分娩、自残、殴斗、自杀、犯罪行为所致的人身伤亡。

(2) 爬越或站立在车门以外的人员伤亡。

(3) 各类货车车厢内的一切人员伤亡。

(4) 车未停稳而开启车门造成的人员伤亡。

(5) 一切财产损失。

(6) 其他不属于保险责任范围内的损失和费用。

3) 保险期限

本保险的保险期限与机动车辆第三者责任险的保险期限一致。

4) 赔偿处理

本保险实行每次事故20%的绝对免赔率。

5) 赔偿限额

每次事故最高赔偿限额5万元,其中每人每次最高赔偿限额1万元。

任务五　车辆损失险赔款计算

(一) 基本计算公式

公式1:车辆损失险赔款=(车损赔款+施救费用赔款)×(1-事故责任免赔率)×(1-免赔率之和)-免赔额

公式2:车辆损失险赔款=(核定修理费用-残值+核定施救费用-交强险赔偿金额)×事故责任比例×(保险金额÷投保时保险车辆的新车购置价)×(1-事故责任免赔率)×(1-免赔率之和)-免赔额

核定施救费用=施救费用×(保险财产价值÷实际被施救财产总价值)

说明:

(1) 公式1中,若车损赔款≥保险金额,代入保险金额计算赔偿;若施救费用赔款≥保险金额,代入保险金额计算赔偿。

(2) 若(核定修理费用-残值)≥交强险赔偿金额,且车损赔款和施救费赔款分别不超过保险金额时,直接用公式2计算即可。

(3) 免赔率之和是指根据条款规定适用的除事故责任免赔率外的各项免赔率之和。条款中规定的被保险人自行协商处理交通事故不能证明事故原因的免赔率与找不到第三方适用的免赔率不能同时使用;二者也不能与事故责任免赔率同时使用。

(4) 若[(车损赔款+施救费用赔款)×(1-事故责任免赔率)×(1-免赔率之和)]≤免赔额,应在赔款计算书上注明"经计算,车辆损失险赔款等于零";不涉及其他险种赔付的,应及时通知保户,核赔通过后做注销处理。

(5) 免赔额是投保可选免赔额特约条款时约定的免赔额。

(二) 部分损失的赔款计算

1. 车损赔款＝(核定修理费用－残值－交强险对车辆损失赔偿金额)×事故责任比例×(保险金额÷投保时保险车辆的新车购置价)

交强险对车辆损失赔偿金额＝交强险赔偿金额×核定修理费用÷(核定施救费用＋核定修理费用)

(1) 若核定修理费用≥保险事故发生时保险车辆的实际价值,应按全部损失的计算方式计算赔偿。

(2) 交强险赔偿金额是指应由所有第三方机动车交通事故责任强制保险赔偿的被保险机动车的车辆损失金额(含施救费用)。

2. 施救费用赔款＝(核定施救费用－交强险对施救费赔偿金额)×事故责任比例×(保险金额÷投保时保险车辆的新车购置价)

核定施救费用＝施救费用×(保险财产价值÷实际被施救财产总价值)

交强险对施救费赔偿金额＝交强险赔偿金额×核定施救费用÷(核定施救费用＋核定修理费用)

(三) 全部损失的赔款计算

保险车辆在保险事故中发生整体损毁,或受损严重失去修复价值即构成实际全损或推定全损。

1. 判断被保险机动车全部损失的条件

当被保险机动车发生的损失符合以下三种情形之一的,按全部损失计算赔款。

(1) 核定修理费用≥被保险机动车出险时的实际价值。

(2) (估计施救费用＋核定修理费用)≥被保险机动车出险时的实际价值。

(3) 估计施救费用≥被保险机动车出险时的实际价值。

2. 赔款计算公式

(1) 车损赔款＝(实际价值－残值－交强险对车辆损失赔偿金额)×事故责任比例

(2) 施救费用赔款＝(核定施救费用－交强险对施救费赔偿金额)×事故责任比例×(保险金额÷投保时保险车辆的新车购置价)

(四) 计算说明

1. 被保险机动车发生全部损失的,在计算车损赔款时不按照"保险金额÷投保时保险车辆的新车购置价"的比例进行赔付。

2. 被保险机动车出险时的实际价值(简称出险时实际价值)按保险事故发生时保险合同签订地同种类型车辆市场新车购置价(含车辆购置附加费/税)减去该车已使用累计月数折旧后确定。

1) 出险时实际价值

出险时实际价值＝出险时新车购置价×(1－已使用月数×月折旧率)

2) 出险时新车购置价

出险时新车购置价根据保险事故发生时保险合同签订地同类型新车的市场销售价格确定,无同类型新车市场销售价格的,由被保险人与保险人协商确定。

3）折旧率

按月折旧率计算，不足一月的，不计折旧。折旧率按条款规定的比率计算。

3. 如果保险金额低于出险时实际价值，因总残余价值里有一部分是属保户自保的，所以这时残值应计算为：

$$残值＝总残余价值×（保险金额÷实际价值）$$

4. 在确定事故责任比例时，被保险人自行协商处理交通事故的，依据双方在协议书中各自承担的责任和保险条款约定的比例（即负主要责任的赔偿70%，负同等责任的赔偿50%，负次要责任的赔偿30%）计算赔偿。

【例7-1】 一投保营业用汽车损失保险的车辆，在同一保险期限内发生第三次事故，新车购置价（含车辆购置税）100 000元，保额100 000元，出险时实际价值50 000元，事故不涉及第三方车辆，驾驶人承担全部责任，依据条款规定承担15%的免赔率，约定免赔额500元，同时由于是第三次出险，增加5%免赔率。车辆修理费用60 000元，残值100元，则：

核定修理费用＝60 000元＞50 000元（出险时实际价值），应按全损计算赔偿。

车损赔款＝（实际价值－残值－交强险对车辆损失赔偿金额）×事故责任比例＝（50 000－100－0）元×100%＝49 900元

车辆损失险赔款＝（车损赔款＋施救费用赔款）×（1－事故责任免赔率）×（1－免赔率之和）－免赔额＝（49 900＋0）元×（1－15%）×（1－5%）－500元＝39 794.25元

【例7-2】 一投保营业用汽车损失保险的车辆，在同一保险期限内发生第四次事故，新车购置价（含车辆购置税）100 000元，保额80 000元，出险时实际价值50 000元，驾驶人承担主要责任，责任比例为70%，依据条款规定承担10%的免赔率，约定免赔额500元，同时由于是第四次出险，加扣10%免赔率。车辆修理费用40 000元，施救费用500元，残值100元，对方机动车交强险应对车辆损失赔偿2 000元，则：

车辆损失险赔款＝（核定修理费用－残值＋核定施救费用－交强险赔偿金额）×事故责任比例×（保险金额÷投保时保险车辆的新车购置价）×（1－事故责任免赔率）×（1－免赔率之和）－免赔额

＝（40 000－100＋500－2 000）元×70%×（80 000÷100 000）×（1－10%）×（1－10%）－500元＝16 918.24元

任务六　第三者责任险赔款计算

（一）基本计算公式

三者险赔款＝（死亡伤残费用赔款＋医疗费用赔款＋财产损失赔款）×事故责任比例×（1－事故责任免赔率）×（1－免赔率之和）

死亡伤残费用赔款＝受害人死亡伤残费用－∑各肇事方交强险对受害人的死亡伤残赔偿总金额

医疗费用赔款＝受害人医疗费用－∑各肇事方交强险对受害人的医疗费用赔偿总金额

财产损失赔款＝受害人财产损失－∑各肇事方交强险对受害人的财产损失赔偿总金额

注:

1. 当被保险人按事故责任比例承担的死亡伤残费用赔款、医疗费用赔款、财产损失赔款之和超过责任限额时,计算公式可简化为:

三者险赔款＝责任限额×(1－事故责任免赔率)×(1－免赔率之和)

2. 任何肇事方应投保而未投保机动车交通事故责任强制保险或机动车交通事故责任强制保险合同已经失效的,视同其投保了机动车交通事故责任强制保险进行计算。

(二) 主挂车的赔款计算

适用第三者责任险的计算公式,同时应注意:

1. 主车与挂车连接时发生保险事故,在主车的责任限额内承担赔偿责任。

主车与挂车由不同保险公司承保的,按主车、挂车责任限额占总责任限额的比例分摊赔款。

主车应承担的赔款＝总赔款×[主车责任限额÷(主车责任限额＋挂车责任限额)]

挂车应承担的赔款＝总赔款×[挂车责任限额÷(主车责任限额＋挂车责任限额)]

挂车只投保了交通事故责任强制保险的,不参与分摊在商业三者险项下应承担的赔偿金额。

2. 挂车未与主车连接时发生保险事故,在挂车的责任限额内承担赔偿责任。

3. 因交强险下主车与挂车连接使用时发生交通事故,对受害人的赔偿最高可以达到两个交强险保额,因此在计算商业三者险赔款时,应注意扣除主车、挂车两部分的交强险赔款。

【例 7-3】 一投保机动车第三者责任险和机动车交通事故责任强制保险的车辆发生交通事故,在事故中所负的责任比例为 70%,依据条款规定承担 10% 的免赔率;因投保时指定驾驶人,事故发生时为非指定驾驶人使用被保险机动车,增加免赔率 10%。第三者责任险责任限额为 5 万元。此次事故第三方损失为 250 000 元,其中财产损失 80 000 元,医疗费用 20 000 元,死亡伤残费用 150 000 元。设适用的交强险财产损失赔偿限额为 2 000 元,医疗费用赔偿限额为 1 万元,死亡伤残赔偿限额为 11 万元,则第三者责任险赔款计算如下:

[(受害人死亡伤残费用－∑各肇事方交强险对受害人的死亡伤残赔偿总金额)＋(受害人医疗费用－∑各肇事方交强险对受害人的医疗费用赔偿总金额)＋(受害人财产损失－∑各肇事方交强险对受害人的财产损失赔偿总金额)]×事故责任比例＝[(150 000－110 000)＋(20 000－10 000)＋(80 000－2 000)]元×70%

＝8.96 万元＞5 万元(责任限额)

则:

三者险赔款＝责任限额×(1－事故责任免赔率)×(1－免赔率之和)＝5 万元×(1－10%)×(1－10%)＝4.05 万元

车辆损失险、第三者责任险赔款计算应注意:

1. 赔款计算依据交通管理部门出具的"道路交通事故责任认定书"以及据此做出的"道路交通事故损害赔偿调解书"。

当调解结果与责任认定书不一致时,对于调解结果中认定的超出被保险人责任范围内的金额,保险人不予赔偿;对于被保险人承担的赔偿金额低于其应按交强险、商业险赔偿原则计算的结果的,保险人只在限额内对被保险人实际损失的金额进行赔偿。

2. 对于不属于保险合同中规定的赔偿项目,但被保险人已自行承诺或支付的费用不予承担。

3. 法院判决被保险人应赔偿第三者的金额,如精神损害抚慰金等,未投保相应附加险的,不予承担。

4. 保险人对第三者责任事故赔偿后,对受害第三者的任何赔偿费用的增加不再负责。

5. 免赔率按条款规定确定。应特别注意：

(1) 因自然灾害引起的不涉及第三者损害赔偿的单纯车损险案件,不扣免赔。但对被保险人未尽到妥善保管或及时施救义务的案件除外。

(2) 营业用车多次出险加扣的免赔率,在实务中掌握最高为30%。

(3) 对无法找到第三方加扣免赔的情况注意掌握以下要点：

① 损失应该由第三方负责赔偿。

② 第三方确实无法找到。对于有交警处理,或事故当事人私了等情况均不属于无法查找第三方。

【例7-4】 A、B、C三车发生交通事故,责任比例分别为60%、20%、20%,三车均投保交强险,其中A车在我公司投保家庭自用车损失险、三者险(限额10万)和交强险,此次事故造成三车车损分别为1 000元、2 000元、3 000元,同时B车车上人员医疗费用6 000元,C车车上财产损失600元,C车上死亡1人(死亡伤残费用25万元),另外造成路产D损失1 200元。设适用的交强险财产损失赔偿限额为2 000元,医疗费用赔偿限额为1万元,死亡伤残赔偿限额为11万元,则A车交强险、车损险、三者险赔偿金额分别为：

1. A车交强险赔偿金额

总赔款＝受害人死亡伤残费用赔款＋受害人医疗费用赔款＋受害人财产损失赔款

＝∑各受害人死亡伤残费用核定承担金额＋∑各受害人医疗费用核定承担金额＋∑各受害人财产损失核定承担金额

＝C车车上人员死亡伤残费用核定承担金额＋B车车上人员医疗费用核定承担金额＋(路产D损失核定承担金额＋C车车上财产、B车损、C车损核定承担金额)

(1) C车车上人员死亡伤残费用核定承担金额

＝250 000元÷2＝125 000元(超过死亡伤残赔偿限额,按限额赔偿,赔偿金额为110 000元)

(2) B车车上人员医疗费用核定承担金额

＝6 000元÷2＝3 000元(未超过医疗费用赔偿限额,按核定承担金额赔偿)

(3) 财产损失核定承担金额＝路产D核定损失承担金额＋C车车上财产、B车损、C车损核定承担金额

① 路产D核定损失承担金额

＝1 200元÷3＝400元

② C车车上财产、B车损、C车损核定损失承担金额

＝(600＋2 000＋3 000)元÷2＝2 800元

财产损失核定承担金额＝400元＋2 800元＝3 200元(超过财产损失赔偿限额,按限额

赔偿,赔偿金额为 2 000 元)

(4) 综上:

A 车交强险赔偿金额

＝110 000 元＋3 000 元＋2 000 元＝115 000 元

2. A 车车损险赔偿金额

赔款＝(核定修理费用－残值－交强险赔偿金额)×事故责任比例×(1－事故责任免赔率)×(1－免赔率之和)－免赔额

(1) A 车损应由 B 车交强险赔偿的金额:

① B 车交强险项下财产损失核定承担金额

＝路产 D 核定损失承担金额＋C 车车上财产、A 车损、C 车损核定承担金额

＝1 200 元÷3＋(600＋1 000＋3 000)元÷2＝2 700 元(超过财产损失责任限额,按限额赔偿,赔偿金额为 2 000 元)

②B 车对 A 车损的赔款＝财产损失赔偿限额×(A 车损核定承担金额÷事故中所有受害人的财产损失核定承担金额之和)

2 000 元×(1 000÷2)元÷2 700 元＝370.37 元

(2) A 车损应由 C 车交强险赔偿的金额:

①C 车交强险项下财产损失核定承担金额

＝路产 D 损失核定承担金额＋A 车损、B 车损核定承担金额

＝1 200 元÷3＋(1 000＋2 000)元÷2＝1 900 元(小于等于财产损失赔偿限额,按核定损失承担金额赔偿)

②C 车对 A 车损的赔款

＝A 车损核定承担金额＝1 000 元÷2＝500 元

(3) 对交强险剩余限额和剩余损失继续进行分配:

①判断 A 车损是否得到足额赔偿。

初次计算后,A 车车损应获得的交强险赔偿金额＝370.37 元＋500 元＝870.37 元,小于 1 000 元,未得到足额赔偿。

②判断是否有肇事方交强险限额未用足。

A 车交强险财产损失赔偿限额已用足:

其中,A 车对 B 车损的赔款＝2 000 元×1 000 元÷3 200 元＝625 元;A 车对 C 车损和 C 车上财产的赔款＝2 000 元×1 800 元÷3 200 元＝1 125 元;A 车对 D 的赔款＝2 000 元×400 元÷3 200 元＝250 元。

B 车交强险财产损失赔偿限额已用足:

其中,B 车对 C 车损和 C 车上财产的赔款＝2 000 元×1 800 元÷2 700 元＝1 333.33 元;B 车对 D 的赔款＝2 000 元×400 元÷2 700 元＝296.3 元

C 车交强险财产损失赔偿限额尚余 2 000 元－1 900 元＝100 元。

③对 C 车交强险剩余财产损失赔偿限额在 A 车、B 车和 D 的剩余损失之间进行再分配。

A 车损剩余损失＝1 000 元－370.37 元－500 元＝129.63 元

B 车损剩余损失＝2 000 元－625 元－1000 元＝375 元

D剩余损失＝1 200元－250元－296.3元－400元＝253.7元

因剩余损失大于C车交强险剩余限额，按剩余损失占总剩余损失的比例分配：

A车损剩余损失获得C车交强险的追加赔偿＝100元×[129.63/(129.63＋375＋253.7)]＝17.09元

B车损剩余损失获得C车交强险的追加赔偿＝100元×[375/(129.63＋375＋253.7)]＝49.45元

D剩余损失获得C车交强险的追加赔偿＝100元×[253.7/(129.63＋375＋253.7)]＝33.46元

(4) 综上：

A车车损险赔偿金额

＝(核定修理费用－残值－交强险赔偿金额)×事故责任比例×(1－事故责任免赔率)×(1－免赔率之和)－免赔额

＝[1 000－0－(370.37＋500＋17.09)]元×60%×(1－10%)－0＝60.77元

3. A车三者险赔偿金额

赔款＝[∑(第三者各分项损失金额－交强险各分项赔偿金额)]×责任比例×(1－事故责任免赔率)×(1－免赔率之和)

＝[(受害人死亡伤残费用－∑各肇事方交强险死亡伤残赔偿总金额)＋(受害人医疗费用－∑各肇事方交强险医疗费用赔偿总金额)＋(受害人财产损失－∑各肇事方交强险财产损失赔偿总金额)]×责任比例×(1－事故责任免赔率)×(1－免赔率之和)

(1) 各肇事方交强险医疗费用赔偿总金额为：

A、C两车交强险对B车车上人员医疗费用赔偿

＝3 000元＋3 000元＝6 000元

B车车上人员医疗费用可通过A车、C车的交强险获得全部赔偿，A车的商业三者险不涉及赔偿。

(2) 各肇事方交强险死亡伤残赔偿总金额为：

A、B两车交强险对C车车上人员死亡伤残费用赔偿金额

＝110 000元＋110 000元＝220 000元

C车车上人员死亡伤残费用通过A车、B车的交强险仅获得部分赔偿，剩余部分为250 000元－220 000元＝30 000元。

(3) 各肇事方交强险财产损失赔偿总金额为：

① A车交强险对财产损失赔偿金额＝2 000元

② B车交强险对路产D、C车损、C车车上财产损失赔偿金额

＝B车交强险赔款－B车对A车交强险赔款

＝2 000元－370.37元＝1 629.63元

③ C车交强险对路产D、B车损赔偿金额

＝初次计算赔偿金额＋补充赔偿金额

＝(400＋1 000)元＋(33.46＋49.45)元＝(1 400＋82.91)元＝1 482.91元

(4) 综上:

A 车三者险赔偿金额

=[(6 000−6 000)+(250 000−110 000−110 000)+(1 200+600+2 000+3 000−2 000−1 629.63−1 400−82.91)]元×60%×(1−15%)=16 160.6 元

也可计算为:

A 车三者险赔偿金额=[(6 000−6 000)+(250 000−110 000−110 000)+(1 200+600+2 000+3 000)−(1 000+625+49.45)−(1 333.33+1 125)−(400+296.3+250+33.46)]元 ×60%×(1−15%)=16 160.6 元

任务七　机动车车上人员责任险赔款计算

(一)"每人赔款"在驾驶人每次事故责任限额和乘客每次事故每人责任限额赔偿内分别计算,赔偿人数以投保座位数为限。

1. 当扣除交强险对车上人员的赔款后,按被保险人事故责任比例应承担的每座车上人员伤亡赔偿金额未超过保险合同载明的每人责任限额时:

每人赔款=扣除交强险赔款后按事故责任比例应当承担的赔偿金额×(1−事故责任免赔率)×(1−免赔率之和)

2. 当扣除交强险对车上人员的赔款后,按被保险人事故责任比例应承担的每座车上人员伤亡赔偿金额超过保险合同载明的每人责任限额时:

每人赔款=责任限额×(1−事故责任免赔率)×(1−免赔率之和)

(二)"交强险对车上人员的赔款"是车上人员通过第三方交强险得到的赔款,等于每个受伤人员在第三方交强险各分项赔偿限额(医疗费用和死亡伤残赔偿限额)项下得到的赔款之和。

交强险对车上人员医疗费用赔款=∑(除本车外其他肇事车辆交强险医疗费用赔偿限额项下对车上人员医疗费用的赔款)

交强险对车上人员死亡伤残赔偿赔款=∑(除本车外其他肇事车辆交强险死亡伤残赔偿限额项下对车上人员死亡伤残费用的赔款)

同时涉及上述两项赔款的,应分别参与上述两种赔款的分配。

【例 7-5】　A 车与 B 车相撞,同时撞伤一行人丙,A 车共 5 座,驾驶员和乘客座位均投保了每座 5 万元的车上人员责任险。A 车车上共有二人甲和乙,甲经过抢救后死亡,乙残疾。甲的死亡补偿费为 80 000 元,抢救费用为 12 000 元,乙的残疾赔偿金为 30 000 元,医疗费用为 20 000 元,丙的医疗费用为 5 000 元,A 车在事故中负 70%的责任,A、B 车均投保了交强险,适用的交强险医疗费用赔偿限额为 1 万元,死亡伤残赔偿限额为 11 万元,则 A 车车上人员责任险的赔款为:

1. 赔款=∑每人赔款

赔款人数以投保座位数为限,赔款人数为 2 人。

2. 计算 A 车上人员甲通过 B 车交强险得到的赔款

甲、乙、丙的医疗费用、死亡伤残费用核定损失承担金额之和均超过 B 的交强险分项赔偿限额。

(1) B交强险对甲的医疗费用赔款＝医疗费用赔偿限额×受害人在医疗费用赔偿限额项下的核定损失承担金额÷所有受害人在医疗费用赔偿限额项下的总核定损失承担金额
＝10 000元×[12 000÷(12 000＋20 000＋5 000÷2)]
＝3 478.26元

(2) B交强险对甲死亡伤残费用赔款＝死亡伤残赔偿限额×受害人在死亡伤残赔偿限额项下的核定损失承担金额÷所有受害人在死亡伤残赔偿限额项下的总核定损失承担金额
＝110 000元×80 000元÷(80 000＋30 000)元＝80 000元

(3) 甲得到的车上人员责任险赔款
＝(12 000＋80 000－3 478.26－80 000)元×70%×(1－10%)
＝5 368.70元

3. 计算A车上人员乙通过B车交强险得到的赔款

(1) B交强险对乙的医疗费用赔款
＝10 000元×[20 000÷(12 000＋20 000＋5 000÷2)]
＝5 797.10元

(2) B交强险对乙死亡伤残费用赔款
＝110 000元×30 000元÷(80 000＋30 000)元＝30 000元

(3) 乙得到的车上人员责任险赔款
＝(20 000＋30 000－5 797.10－30 000)元×70%×(1－10%)
＝8 947.83元

4. 车上人员责任险赔款合计

车上人员责任险赔款合计＝5 368.70元＋8 947.83元＝14 316.53元

【思考题】

1. 简答题

(1) 车辆损失险的保险金额如何确定？

(2) 家庭自用汽车的机动车第三者责任险的责任免除是什么？

(3) 家庭自用汽车的机动车损失保险承担的保险责任有哪些？

2. 论述题

简述机动车附加险及特约条款。

3. 案例分析

1) 补交保险费的理赔纠纷案例

某保险公司于2012年6月承保了张某的机动车辆保险。在其尚未交付保险费的前提下，业务员将保险单正本和保险费发票一并交给了被保险人。此后其多次催张某支付保险费，张某均以资金不足为由拖延。同年10月10日，张某的车辆肇事，发生损毁，11日张某向保险公司以现金方式补交了全年保险费。为了核销挂账的该笔应收保险费，保险公司接收了此保险费。随后张某向保险公司报案，保险公司以其在发生事故前未及时交付保险费为由予以拒赔。张某不服，以保险公司已接受了其保险费而未履行赔偿义务为由，向法院提起诉讼。

2) 被盗车辆失而复得引起的纠纷案例

陈先生于 2011 年 10 月 22 日购买了一辆夏利车,购车费 6.8 万元,附加费 1.5 万元。他为该车办理了车辆损失险和盗抢险,双方确认盗抢险保险金额为 8 万元,保险期为一年。按照合同中有关盗窃保险条款的规定,如果该车被盗,保险公司将按保险金额予以全额赔偿。

2014 年 4 月 28 日,该车被盗,陈先生立即向公安机关和保险公司报案。到了 2014 年 7 月 28 日,该车仍未被找到。陈先生持公安机关的证明向保险公司的办事处索赔,保险公司的办事处称要向上级公司申报。2014 年 8 月初,陈先生被盗的车辆被公安机关查获,保险公司将车取回,但这时陈先生不愿意收回自己丢失的车,而要求保险公司按照保险合同支付 8 万元的保险金及其利息。而保险公司认为,既然被盗车辆已经被找回,那么因该车被盗而引起的保险赔偿金的问题就不存在了,因此,陈先生应领回该车,并承担保险公司为索赔该车所花费的开支。由于意见不合,双方便上诉至法院。

项目 8
汽车保险理赔实务

任务一 汽车保险理赔概述

汽车保险理赔是指保险汽车在发生保险责任范围内的损失后,保险人依据保险合同的约定解决保险赔偿问题的过程。汽车保险理赔的质量取决于保险人赔案处理的效率和是否履行了保险合同的约定,关系到保险人的成本与信誉,也关系到被保险人的切身利益。所以,汽车保险理赔是整个汽车保险过程中非常重要的一个环节,保险人应当谨慎处理汽车保险理赔事宜。

1. 汽车保险理赔的意义

汽车保险理赔除了具有一般经济补偿的特性外,还有自己的特定内涵。汽车保险理赔是汽车保险合同所规定的事故(即车祸)发生后,当保险人接到被保险人在规定的时间内提交的报案索赔报告时,按保险合同履行损失补偿的义务。汽车保险理赔是保险经营的最后一个环节,做好汽车保险理赔工作,对于维护投保人的利益、加强汽车保险经营与管理、提高保险企业的信誉和经营效益具有重要意义。

1) 通过汽车保险理赔,被保险人所享受的保险利益得到实现

汽车保险的基本职能是损失补偿。正是基于这种职能,被保险人通过与保险人签订汽车保险合同来转移自己可能遇到的风险,即通过签订保险合同的方式,在缴纳一定的保险费后,一旦发生交通事故而造成车辆损失、人员伤亡,即可享受损失补偿的权利。

2) 通过汽车保险理赔,使人民生活安定,社会再生产过程得到保障

汽车保险理赔使车祸的伤亡者得到保险金给付,使伤亡者本人或家属得到心灵上的慰藉;使车祸的受损车辆得到损失补偿,使伤亡者本人、家庭能够重建家园,安定生活,树立或增强生活的信心,对社会的稳定发挥着积极作用。所以,汽车保险的作用能否得到充分发挥,汽车保险经营方针能否得到贯彻,在保险理赔方面体现得最明显、最突出。

3) 通过汽车保险理赔,汽车保险承保的质量得到检验

汽车保险展业是否深入、承保手续是否齐全、保险费是否合理、保险金额是否恰当,平时不易察觉,一旦发生赔偿案件,上述问题就清楚地暴露出来了。从这个意义上讲,汽车保险理赔过程是对承保质量的检验。因此,保险经营企业对汽车保险理赔过程中暴露出来的问题必须认真研究、及时处理,这样才有利于承保工作的改进和业务质量的提高。

4) 通过汽车保险理赔,汽车保险的经济效益得到充分反映

汽车保险经济效益的高低,在很大程度上取决于保险经营成本的大小,而在汽车保险经营成本中最大的成本项目是赔款支出。因此,赔款支出成本对保险经济效益具有决定性影响。一般说来,一定时期内,保险赔款支出少,在其他条件不变的情况下,保险经济效益就好;反之,保险赔款支出多,经济效益就差,或者无效益可言。

2. 汽车保险理赔的原则

汽车保险理赔工作涉及面广,情况比较复杂。为了更好地贯彻保险经营方针,提高汽车保险理赔质量,确保汽车保险理赔工作的快捷与高效,汽车保险理赔应遵循如下原则。

1) 满意性原则

在保险事故发生后,被保险人往往因惊恐而处于心理上的失衡状态,而被保险人对保险理赔工作的处理方式和处理意见是否满意直接关系到保险人的信誉和经营效果。如果被保

险人对理赔过程和处理结果满意,则有助于通过被保险人的宣传扩大保险经营的规模;如果被保险人对此不满,往往导致当事双方诉诸法律。如果保险人败诉,会导致诋毁其经营信誉的结果,对保险人的后续经营造成不利的社会影响。即使保险人胜诉,也难免导致当事双方伤了和气,被保险人会另寻其他保险人投保,从而也影响到保险人的经营。所以保险人理赔时所采取的处理方式和处理态度非常重要,保险理赔工作应首先遵循满意性原则。

2) 迅速性原则

从保险功效来说,保险的作用在于使被保险人在损失发生后能尽快恢复到损失发生前的状况,从而确保其经济生活的安定。因此,汽车保险理赔的速度直接关系到被保险人能否获得及时的补偿。所以,保险人在汽车保险理赔时应遵循迅速性原则。保险人接到被保险人的事故报案以后,应该迅速做出反应。这种迅速体现为两个方面:一方面,查勘定损应力求迅速,以确保保险人掌握第一手的事故资料,防止被保险人为利益而隐瞒实情、实施欺骗;另一方面,案件处理应迅速。如果案件清楚明了,就应该迅速支付赔款结案;如果案情复杂但可确定属于保险责任且符合预付赔款要求的,现场查勘之后应预付部分赔款以解被保险人的燃眉之急;如果事故确属于责任免除范畴,应有理有据地出具拒赔通知书,并做好安抚工作。

3) 准确性原则

涉及责任免除的确定、被保险人义务的遵守、免赔的计算方法等许多有关保险合同的专业性问题,并不是每一个被保险人都清楚无误,所以需要保险人在计算赔付时应力求准确,遵循准确性原则,不能因保险人具有专业知识而刻意压低赔款或欺骗被保险人。因此,在汽车保险理赔时,应对事故导致的直接损失费用计算准确,依据保险合同的约定,合理地确定各项损失费用,这是确保被保险人满意的基础。

4) 公平性原则

根据保险分摊性质,如果赔付过多,虽然个别被保险人受益,但会导致广大被保险人承担过多的保险费,同时也会影响到保险人的偿付能力。如果赔付过低,虽然保险人暂时受益,但因被保险人不满意将导致保险人的保险信誉下降,从而影响到保险的经营稳定性。所以,在保险理赔时,应遵循公平性原则,尽量做到理赔结果对保险当事双方都公平。对于不应赔付的案件,一定不赔付;对于应赔付的,不可多赔,亦不可少赔。

3. 理赔工作人员应具备的条件

汽车保险理赔工作技术性强、涉及面广,直接关系到保险公司的信誉和车险业务的发展,对理赔人员的个人修养、业务素质都有非常高的要求。综合来看,理赔工作人员一般应具备如下条件。

1) 要精通汽车保险法规、保险条款等

汽车保险条款和有关业务规定是处理汽车保险理赔的理论依据,又是保险合同关系双方当事人权利和义务顺利实现的具体保证。因此,作为理赔人员首先必须熟悉保险条款的内容和有关保险业务的具体规定,以免理赔时出现误差。

2) 要掌握相关专业知识

汽车保险理赔是一项涉及面广、专业技术性较强的工作,而且汽车保险标的即车辆的性质和种类多而各异。因此,从事汽车保险理赔的工作人员,除有汽车保险方面的专业知识外,还必须懂得有关汽车的构造、维修、故障诊断等汽车技术方面的知识,以及与汽车相关的法律和法规知识。例如,《道路交通安全法》《机动车强制报废标准规定》及各种运输法规等。此外,理赔工作人员还应尽可能地学习民法、经济法等各种相关法律法规,以便在处理理赔案件时有法可依。

3) 要掌握相关财会和资产评估知识

汽车保险理赔工作人员还应掌握一些财务会计知识和资产评估等方面的专业知识。懂得划分固定资产和流动资产的标准,懂得各种财产价格构成的依据,以及如何计算折旧、估计损失价值,查阅资产负债表、总分类账及明细科目卡片等。

4) 要有高度的责任感

汽车保险理赔工作人员在处理赔案时应做到"主动、迅速、准确、合理",对保户热情、诚恳。不能拖拉、刁难,更不得以权谋私,尽可能把结案率控制在本公司规定的限度之内。

5) 要避免道德风险的产生

为避免车险理赔过程中出现的道德风险,要坚持双人查勘、双人定损制度,尽可能堵塞理赔中可能出现的漏洞。

6) 要树立廉洁奉公、以身作则的工作作风

汽车保险理赔工作人员不得收取任何形式的佣金,不得以滥赔作为条件接受客户及业务人员任何形式的礼品和礼金。由于理赔人员代表保险公司处理各种案件,涉及大量的钱财,因此要求理赔人员必须树立廉洁奉公和以身作则的工作作风,坚决杜绝理赔工作人员与汽车修理厂串通一气坑害保险公司的违法现象的发生。

7) 严格执行条款计算赔款,树立风险管理意识

汽车保险理赔人员应最大限度地缩小预估偏差,降低预估损失率,保证公司车险盈亏统计的真实性,使公司能够及时掌握车险的经营状况。

8) 严格执行复审、逐级上报制度

坚决杜绝理赔中的错、乱、滥现象,维护保险公司的合法权益。汽车保险理赔工作人员应严格执行该制度。

任务二 汽车保险理赔的处理程序

汽车保险理赔的工作过程是从接受被保险人的出险报案开始,通过现场查勘,确定保险责任和赔偿金额,直至给付赔款的整个过程,是一项复杂而繁重的工作。汽车保险理赔的处理程序包括受理案件、现场查勘、确定保险责任并立案、定损核损、赔款理算、结案归档等几个步骤。在理赔时,根据保险合同的约定,始终贯彻"满意性、迅速性、准确性、公平性"的理赔原则,严格按照理赔的处理程序认真办案。

1. 受理案件

1) 接受报案。

保险汽车出险后,被保险人一般是先以口头或电话、电报等方式向保险人报案,然后再补交书面的出险通知。

(1) 报案记录。

理赔人员在接到报案时,应详细询问报案人姓名及联系方式、被保险人名称、驾驶员情况、厂牌车型、牌照号码、保险单号码、出险险别、出险日期、出险地点、出险原因和预估损失

金额等情况,并进行报案记录,迅速通知业务人员。同时指导被保险人尽快填写出险通知书。如果是电话报案,则要求其事后补填出险通知书。

(2) 出险通知。

一般地,出险通知应包括如下内容:

① 保险单证号码。

② 被保险人名称、地址及电话号码。

③ 保险汽车的种类及厂牌型号、生产日期、第一次申领牌照日期、牌照号码、发动机号码等。

④ 驾驶员情况,包括姓名、住址、年龄、婚否、驾驶证号码、驾龄和与被保险人的关系等。

⑤ 出险时间、地点。

⑥ 出险原因及经过,包括事故形态,如正面碰撞、侧面碰撞、追尾碰撞、倾覆、火灾、失窃等;事故原因,如超速、逆向行车、倒车不当等;发生事故前车辆的动态,如行驶方向、行驶速度、超车、转弯等;撞击部位,如车头、车中、车尾等。

⑦ 涉及的第三者情况,包括姓名、住址、电话号码,以及第三者车辆损失情况(车牌号码、保险单号码、受损情形及承修场所)或其他财产损失情况;涉及第三者伤害的,包括伤亡者姓名、性别、受伤情形和所救治的医院名称、地址等。

⑧ 处理的交通管理部门名称,经办人姓名及电话号码等。

⑨ 被保险人签章与日期。

2) 单证查核

业务人员应根据出险通知书,尽快查抄出险车辆的保险单和批单,根据保险单上载明的被保险人情况、保险车辆情况、投保内容等进行查核,然后办理立案手续。

查核的内容主要包括:

① 出险通知书是否加盖收件章并载明时间;

② 核对保险单证、行车执照和驾驶执照等;

③ 查核承保内容;

④ 编制理赔案号;

⑤ 依保险条款初步判定是否应负赔偿责任,若事故原因不属于承保范围,应拒赔并以书面形式说明理由。

3) 立案

① 对于在承保范围且属于保险责任的理赔案件,业务人员应进行理赔登记;

② 对于不在保险有效期或明显不属于承保责任的理赔案件,应在出险通知书和立案登记簿上签注"因×××原因不予立案"的字样,并向报案人做出耐心解释;

③ 承保车辆在外地出险,需要代查勘的,应立即安排代查勘公司,并将其名称登载在立案登记簿上。受理案件结束后,由查勘定损人员进行现场查勘与定损。

2. 现场查勘与定损

1) 现场查勘

现场查勘是指用科学的方法和现代技术手段,对交通事故现场进行实地验证和查询,将所得的结果完整而准确地记录下来的工作过程。现场查勘是查明交通事故真相的根本措施,是分析事故原因、认定事故责任的基本依据,也为事故损害赔偿提供证据。所以,现场查勘应公正、客观、严密地进行。

(1) 现场查勘的主要内容。

查勘定损人员接案后,应迅速做好查勘准备,尽快赶赴事故现场,会同被保险人及有关部门进行现场查勘工作。现场查勘工作必须由两位以上查勘定损人员参加,尽量查勘第一现场。如果第一现场已经清理,必须查勘第二现场,调查了解有关情况。现场查勘的主要内容如下:

① 查明出险时间。

确切查明出险时间是否在保险期范围内。对接近保险起止时间的案件应特别注意查实。为核实出险时间,应详细了解车辆启程或返回的时间、行驶路线、伤者住院治疗的时间;涉及车辆装载货物出险的,还要了解委托运输单位的装卸货物时间等。

② 查明出险地点。

要准确地查明出险地点。对擅自移动出险地点或谎报出险地点的,要查明原因。

③ 查明出险车辆情况。

查明出险车辆的车型、牌照号码、发动机号码、车架号码、行驶证,并与保险单或批单核对是否相符,查实车辆的使用性质是否与保险单记载的一致;如果与第三方车辆发生事故,应查明第三方车辆的基本情况。

④ 查清驾驶员情况。

查清驾驶员姓名、驾驶证号码、准驾车型、初次领证时间等。注意检查驾驶证的有效性,是否为被保险人或其允许的驾驶员等。

⑤ 查明事故原因。

查明事故原因是现场查勘的重点。要深入调查,根据现场查勘技术进行现场查勘,索取证明,搜集证据,全面分析。凡是与事故有关的重要情节,都要尽量收集以反映事故全貌。当发现有酒后驾车、驾驶证与所驾车型不符等嫌疑时,应立即协同公安交通管理部门获取相应证人证言和检验证明等。

对于重大、复杂或有疑问的理赔案件,要走访有关现场见证人或知情人,了解事故真相,做出询问记录,载明询问日期和被询问人地址并由被询问人确认签字。

对于所查明的事故原因,应说明是客观因素还是人为因素,是车辆自身因素还是车辆自身以外的因素,是违章行驶还是故意违法行为。

对于造成重大损失的保险事故,如果事故原因存在疑点难以断定,应要求被保险人、造成事故的驾驶员、受损方对现场查勘记录内容确认并签字。

⑥ 施救整理受损财产。

a. 现场查勘人员到达事故现场后,如果险情尚未控制,应立即会同保险人及其有关部门共同研究,确定施救方案,采取合理的措施实施施救,以防损失进一步扩大。

b. 保险车辆受损后,如果当地的修理价格合理,应安排就地修理,不得带故障行驶。如果当地修理费用过高需要拖回本地修理,应采取防护措施,拖拽牢固,以防再次发生事故。如果无法修复,应妥善处理汽车的残值部分。

⑦ 核实损失情况。

查清受损车辆、承运货物和其他财产的损失情况及人员伤亡情况,查清事故各方所承担的事故责任比例,确定损失程度。同时应核查保险车辆有无重复保险情况,以便理赔计算时分摊赔款。

现场查勘结束后，查勘人员应按照上述内容及要求认真填写现场查勘记录。如果可能，应力争让被保险人或驾驶员确认签字。

(2) 代查勘。

代查勘限于本保险公司各分支机构所承保的汽车在异地出险的情形，出险当地的保险分支机构均有代查勘并提供各种协助的义务。具体程序如下：

① 出险地保险公司业务人员接到外地保险车辆在本地出险的通知以后，应查验保险证或保险单。确认是本公司承保的车辆后，询问并记录报案日期、报案人、保险单号、保险类别、被保险人、承保公司、出险时间、地点、原因、牌照号码等。同时向报案人出示出险通知书并交代填写事项，督促其按期交回。

② 应立即安排现场查勘，并尽快通知承保公司。

③ 查勘人员到达事故现场以后，应视同本公司的赔案处理，认真开展现场查勘工作，按照要求填写查勘记录并由代查勘的公司领导签章。

④ 业务人员应将该案登录代查勘登记簿，并按照规定开具代查勘收据一式两联。一联连同出险通知书、查勘记录及现场照片、草图、询问记录及有关证明材料等发送承保公司，一联连同出险通知书、查勘记录等材料在代查勘公司留存备查。

此外，如果承保公司同意并委托进行代定损，应按照规定的定损程序处理。处理完毕后，应将全部案件材料移交承保公司并在代查勘登记簿上注明移交时间。

2) 审定保险责任

审定保险责任是理赔过程中一项十分谨慎的工作，关系到被保险人的切身利益和保险人的信誉。所以，在审定保险责任时，业务人员应根据现场查勘记录、事故证明、事故调解书等有关材料，结合机动车辆保险条款及其解释等有关文件，全面分析事故的主客观原因。

审定保险责任时应注意以下事项：

(1) 业务部门对于现场查勘记录及其相关材料应进行初审，按照规定的核赔权限，召集相关人员会议，听取查勘定损人员的详细汇报及其分析意见，研究审定保险责任。

(2) 审定保险责任一定要以机动车辆保险条款及其解释为依据，领会条款精神，尊重客观事实，掌握案情的关键。尤其对不属于保险责任的案件，要认真讨论，反复推敲。对于属于责任范围的，应进一步确定被保险人对事故承担的责任和有无代位追偿的问题。认为是责任免除范畴应拒赔的案件，要有充分的、有说服力的依据和理由。拒赔前，应向被保险人耐心解释，倾听意见。

(3) 当赔偿责任确定后，对被保险人所报的损失清单及其费用单证，应根据现场查勘的实际损失记录，逐项进行审核，确定赔偿项目和赔付范围。

(4) 应妥善处理疑难案件。对于责任界限不明、难以掌握的疑难案件和拒赔后可能引起诉讼的或经反复研究仍无法定论的理赔案件，应将拒赔案件报告书连同有关材料报上级公司审定。经上级公司批准后，应填具拒赔通知书送交被保险人并进行耐心解释。

对于确定无异议属于保险责任的理赔案件，应立即开展定损和计算赔款工作。

3) 确定损失与赔款

(1) 确定损失。

① 车辆定损

保险人应会同保险人和第三者车损方一起进行车辆定损。车辆定损的基本程序包括：

a. 保险人必须指派二名定损员一起参与定损。定损时，根据现场勘察记录，详细核对本次事故造成的损失部位和修理项目,逐项列明修理工时费、换件项目及金额。

b.对更换的零部件属于本级公司询价、报价范围的,要将换件项目清单交报价员进行审核,报价员应根据标准价或参考价核定所更换的配件价格;对于估损金额超过本级处理权限的,应及时报上级公司并协助定损。首先,按照《汽车零配件报价实务》的规定缮制询价单,通过传真或计算机网络向上级公司询价。其次,上级公司接到下级公司询价单后应立即查询,对询价金额在本身权限范围的,进行核准操作。对询价金额高于本身报价金额的,上级公司应逐项报价并将核准的报价单或询价单传递给询价公司。

c.定损员接到核准的报价单后,再与被保险人和第三者车损方协商修理、换件项目和费用。协商一致后,三方共同签订汽车保险定损确认书。

d.受损车辆原则上应一次定损。定损完毕后,由被保险人自选修理厂修理或到保险人推荐的修理厂修理。

近年来,有些保险公司为了适应形势的发展,通过严格审查与筛选,在本地区修理行业确定了许多保险定点修理单位。保险车辆发生事故受损后,必须到这类定点修理单位修理才能定损,否则不予受理。在这种情况下,修理的部位、工时与换件的费用由承修方和保险人协商确定。定损时,按照双方的约定核实。

车辆定损时应注意以下问题:

a.应注意本次事故造成的损失和非本次事故造成的损失、正常维护与事故损失的界限,对确定的事故损失应首先坚持尽量修复的原则。如果被保险人或第三者提出扩大修理范围或应修理而要求更换零件的,其超出部分的费用应由其自行承担并在汽车保险定损确认书上明确注明。

b.经保险人同意,对事故车辆损失原因进行鉴定的费用应负责赔偿。

c.受损车辆解体后,如发现尚有因本次事故损失的部位没有定损的,经定损员核实后,可追加修理项目和费用。

d.受损车辆未经保险人同意而由被保险人自行送修的,保险人有权重新核定修理费用或拒绝赔偿。在重新核定时,应对照现场查勘记录,逐项核对修理费用,剔除其扩大修理的费用或其他不合理的项目和费用。

e.换件残值应合理作价,如果被保险人接受,则在定损金额中扣除;如果被保险人不愿意接受,保险人拥有处理权。

f.如果被保险人要求自选修理厂修理,必须先确定保险责任和损失金额。

② 施救费用的确定。

施救费用的确定应严格按照保险条款的有关规定进行,并注意以下原则:

a.保险车辆发生火灾时,应当赔偿被保险人或其允许的驾驶员使用他人非专业消防单位的消防设备,施救保险车辆所消耗的合理费用及设备损失。

b.保险车辆出险后,失去正常的行驶能力,被保险人雇用吊车及其他车辆进行抢救的费用,以及将出险车辆拖运到修理厂的运输费用,保险人应按当地物价部门核准的收费标准予以负责。

c.在抢救过程中,因抢救而损坏他人的财产,如果应由被保险人赔偿,可予以赔偿。但在抢救时,抢救人员个人物品的丢失,不予赔偿。

d.抢救车辆在拖运受损保险车辆途中发生意外事故造成保险车辆的损失扩大部分和

费用支出增加部分,如果该抢救车辆是被保险人自己或他人义务派来抢救的,应予赔偿;如果该抢救车辆是受雇的,则不予赔偿。

e. 保险车辆出险后,被保险人或其允许的驾驶员,或其代表奔赴肇事现场处理所支出的费用,不予负责。

f. 保险人只对保险车辆的施救保护费用负责。例如,保险车辆发生保险事故后,受损保险车辆与其所装货物同时被施救,应按保险车辆与货物的实际价值进行比例分摊赔偿。

g. 保险车辆为进口车或特种车,发生保险事故后,当地确实不能修理,经保险人同意后去外地修理的移送费,可予适当负责。但护送保险车辆者的工资和差旅费,不予负责。

h. 施救、保护费用与修理费用应分别理算。但施救前,如果施救、保护费用与修理费用相加,估计已达到或超过保险金额,则可推定全损予以赔偿。

i. 保险车辆发生保险事故后,对其停车费、保管费、扣车费及各种罚款,保险人不予负责。

③ 伤亡费用的确定。

涉及第三者责任险和车上人员责任险的人员伤亡费用,应根据保险合同的约定和有关法律法规的规定处理。

a. 事故结案前,所有费用均由被保险人先行支付。待结案后,业务人员应及时审核被保险人提供的事故责任认定书、事故调解书、伤残证明及各种有关费用单据,填写费用清单。在确定伤亡费用时,应根据道路交通事故处理的有关规定向被保险人说明费用承担的标准。凡是被保险人自行承诺或支付的费用,业务人员应重新核定,对不合理的部分应予以剔除。

按照现行的《道路交通安全法实施条例》的规定,保险可以负责的合理费用包括医疗费(限公费医疗的药品范畴)、误工费、护理费(住院护理人员不超过两人)、就医交通费、住院伙食补助费、残疾生活补助费、残疾用具费、丧葬费、死亡补偿费、被抚养人生活费、伤亡者直系亲属或合法代理人参加事故调解处理的误工费、交通费、住宿费。对于伤者需要转院赴外地治疗的,须由所在医院出具证明并经事故处理部门同意,保险人方可负责;伤残鉴定费需要经保险人同意方可负责赔付。不符合保险赔偿范围的费用包括受害人的精神损失补偿费、困难补助费、被保险人处理事故时的生活补助费和招待费、事故处理部门扣车后的看护费、各种罚款、其他超过规定的费用等。

b. 对车上及第三方人员伤亡的情况应进行实际调查,重点调查被抚养人的情况及生活费、医疗费、伤残鉴定证明等的真实性、合法性和合理性。

伤亡费用审核结束后,应在人员伤亡费用清单上"保险人复核意见"栏内签署意见并注明提出项目及其金额。

④ 其他财产损失的确定。

第三者责任险涉及的除了第三者车辆损失以外的财产损失以及车上责任险的财产损失,保险人应会同被保险人、第三者及相关人员逐项核对,确定损失数量、损失程度和损失金额,填具财产损失清单。要求被保险人提供有关货物、财产的原始发票。审核后,定损员在清单上签署审核意见。

(2) 计算赔款。

根据被保险人提供的有关费用单证经审核无误后,理算人员对车辆损失险、第三者责任险、附加险及施救费用等分别计算赔偿金额。

① 车辆损失险的赔款计算。

A. 全部损失。

当保险车辆整体损毁，或保险车辆受损严重，失去修复价值，或保险车辆的修复费用达到或超过出险当时的实际价值时，保险人按照推定全损计算赔款。

a. 保险车辆发生全部损失后，如果保险金额高于出险当时的实际价值，按出险当时的实际价值计算赔偿金额：

$$赔款=(实际价值-残值)\times 事故责任比例\times(1-免赔率)$$

出险当时的实际价值的确定：按出险时的同类型车辆市场新车购置价减去该车已使用年限折旧金额后的价值合理确定；或按照出险当时同类车型、相似使用时间、相似使用状况的车辆在市场上的交易价格确定。折旧按每满一年扣除一年计算，不足一年的部分，不计折旧。折旧率按国家有关规定执行，但最高折旧金额不超过新车购置价的80%。

b. 保险车辆发生全部损失后，如果保险金额等于或低于出险当时的实际价值，按保险金额计算赔偿。则：

$$赔款=(保险金额-残值)\times 事故责任比例\times(1-免赔率)$$

B. 部分损失。

当保险车辆受损后，未达到"整体损毁"或"推定全损"程度的局部损失时，按照部分损失计算赔偿。

a. 保险车辆的保险金额按投保时新车购置价确定的，当保险金额等于或高于出险当时的新车购置价时，发生部分损失按照实际修复费用赔偿。即：

$$赔款=(实际修复费用-残值)\times 事故责任比例\times(1-免赔率)$$

b. 保险车辆的保险金额低于投保时的新车购置价的，发生部分损失按照保险金额与投保时的新车购置价比例计算赔偿。即：

$$赔款=(实际修复费用-残值)\times(保险金额/新车购置价)\\ \times 事故责任比例\times(1-免赔率)$$

按照上述方法计算的车辆损失赔款，当超过保险车辆的保险金额时，以保险金额为最高赔款金额。

② 施救费用计算。

a. 保险金额等于投保时的新车购置价：

$$施救费=实际施救费用\times 事故责任比例\\ \times(保险车辆实际价值/实际施救财产价值)\times(1-免赔率)$$

b. 保险金额低于投保时的新车购置价：

$$施救费=实际施救费用\times 事故责任比例\times(保险金额/新车购置价)\\ \times(保险车辆实际价值/实际施救财产价值)\times(1-免赔率)$$

当所计算的施救费用超过保险金额时，按照保险金额确定最高的施救费用。

③ 第三者责任险的赔款计算。

保险车辆发生的第三者责任事故应依据我国现行《道路交通安全法实施条例》规定的赔偿范围、项目和标准以及保险合同的规定计算赔款。

a. 被保险人按事故责任比例应付的赔偿金额超过赔偿限额

$$赔款=赔偿限额\times(1-免赔率)$$

b. 被保险人按事故责任比例应付的赔偿金额低于赔偿限额
$$赔款＝应付赔偿金额×(1－免赔率)$$
c. 对于被保险人自行承诺或支付的赔偿金额，如果不符合《道路交通安全法实施条例》规定的赔偿范围、项目和标准以及保险合同的规定，且事先未征得保险人同意，保险人在计算赔款时应扣除。

④ 附加险的赔款计算。

A. 全车盗抢险。
$$全部损失赔款＝盗抢险保险金额×(1－免赔率)$$
$$部分损失赔款＝实际修复费用$$
核算免赔率时应按照全车盗抢险的相应规定执行。

B. 车上责任险。

a. 车上人员伤亡费用或货物损失费用与所负责任比例之积没有超过赔偿限额：
$$赔款＝实际损失×所负责任比例×(1－免赔率)$$
b. 车上人员伤亡费用或货物损失费用与所负责任比例之积超过赔偿限额：
$$赔款＝赔偿限额×(1－免赔率)$$

C. 无过失责任险。

a. 损失金额未超过赔偿限额：
$$赔款＝实际损失×(1－20\%)$$
b. 损失金额超过赔偿限额：
$$赔款＝赔偿限额×(1－20\%)$$

D. 车载货物掉落责任险。

a. 损失金额未超过赔偿限额：
$$赔款＝实际损失×(1－20\%)$$
b. 损失金额超过赔偿限额：
$$赔款＝赔偿限额×(1－20\%)$$

E. 玻璃单独破碎险。
$$赔款＝实际损失$$

F. 车辆停驶责任险。

a. 未超过最高赔偿天数：
$$赔款＝约定日赔偿金额×约定修理天数$$
b. 超过最高赔偿天数：
$$赔款＝约定日赔偿金额×约定最高赔偿天数$$

G. 自燃损失险。

a. 全部损失：
$$赔款＝保险金额×(1－20\%)$$
b. 部分损失：
$$赔款＝实际损失×(1－20\%)$$

H. 新增加设备损失险。

a. 损失金额与所负责任比例之积未超过保险金额：

$$赔款＝损失金额×所负责任比例×(1-免赔率)$$

b. 损失金额与所负责任比例之积超过保险金额：

$$赔款＝保险金额×(1-免赔率)$$

l. 不计免赔特约险。

$$赔款＝车损险免赔金额＋第三者责任险免赔金额$$

（3）缮制赔款计算书。

计算完赔款以后，要缮制赔款计算书。赔款计算书应该分险别、项目计算并列明计算公式。赔款计算应尽量用计算机出单，应做到项目齐全、计算准确。手工缮制的，应确保字迹工整、清晰，不得涂改。

业务负责人审核无误后，在赔款计算书上签署意见和日期，然后送交核赔人员。

（4）核定赔款。

核定赔款的主要内容包括：

① 审核单证。

a. 审核被保险人提供的单证、证明及相关材料是否齐全、有效，有无涂改、伪造等；

b. 审核经办人员是否规范填写有关单证，必备的单证是否齐全等；

c. 审核相关签章是否齐全。

② 核定保险责任。

核定保险责任时，应重点审核下述事项：

a. 被保险人与索赔人是否相符；

b. 出险车辆的厂牌型号、牌照号码、发动机号码、车架号与保险单证是否相符；

c. 出险原因是否为保险责任；

d. 出险日期是否在保险期限内；

e. 赔偿责任是否与保险险别相符；

f. 事故责任划分是否准确合理。

③ 核定车辆损失及赔款。

a. 车辆损失项目、损失程度是否准确合理；

b. 更换的零部件是否按照规定进行了询报价，定损项目与报价项目是否一致；

c. 换件部分拟赔款金额是否与报价金额相符。

④ 核定人身伤亡损失与赔款。

核赔人员根据现场查勘记录、调查证明和被保险人提供的事故责任认定书、事故调解书和伤残证明等材料，按照相关规定审核人员伤亡损失与赔款是否合理。应重点核定以下内容：

a. 伤亡人员数、伤残程度是否与调查情况和证明相符；

b. 人员伤亡费用是否合理；

c. 被抚养人口、年龄是否属实，生活费计算是否合理。

⑤ 核定其他财产损失。

核定其他财产损失时，应根据照片和被保险人提供的有关货物、财产发票、有关单证，核实所确定的财产损失和损失物资残值等是否合理。

⑥ 核定施救费用。

根据案情和对施救费用的有关规定,对涉及施救费用的有关单证和赔付金额进行审核。

⑦ 审核赔付计算。

审核赔付计算是否准确,免赔率使用是否正确,残值是否扣除等。

属于本公司核赔权限的,审核完成后核赔人员签字并报领导审批。属于上级公司核赔的,核赔人员提出核赔意见,经领导签字后报上级公司核赔。在完成各种核赔和审批手续后,转入赔付结案程序。

3. 赔付结案

1) 结案登记与单据清分

① 业务人员根据核赔的审批金额填发赔款通知书及赔款收据,被保险人在收到赔款通知书后在赔款收据上签章,财会部门即可支付赔款。在被保险人领取赔款时,业务人员应在保险单正、副本上加盖"××××年××月××日出险,赔款已付"字样的印章。

② 赔付结案时,应进行理赔单据的清分。一联赔款收据交被保险人;一联赔款收据连同一联赔款计算书送会计部门作付款凭证;一联赔款收据和一联赔款计算书或赔案审批表连同全案的其他材料作为赔案案卷。

③ 被保险人领取赔款后,业务人员按照赔案编号,输录"保险车辆赔案结案登记",同时在"报案、立案登记簿"备注栏中注明赔案编号与日期,作为续保时是否给予无赔款优待的依据。

2) 理赔案卷管理

理赔案卷要按照一案一卷整理、装订、登记、保管。赔款案卷应单证齐全,编排有序,目录清楚,装订整齐,照片与原始单证应粘贴整齐并附必要的说明。一般的理赔案卷单证包括赔款计算书、赔案审批表、出险通知书、汽车保险单及批单的抄件、事故责任认定书、事故调解书、判决书或其他出险证明文件、现场查勘报告、保险车辆定损协议书及其财产损失清单、询报价单、第三者及车上人员伤亡的费用清单、照片、有关原始单据、权益转让书以及其他有关的证明与材料等。

4. 典型的专项案件处理程序

1) 简易赔案

(1) 简易赔案应具备的条件。

理赔案件具备下述条件,方可按照简易赔案处理:

① 不涉及第三者,只是保险人单方车辆损失的案件;

② 案情简单,出险原因清楚,保险责任明确;

③ 一次事故损失金额在 5 000 元以下的;

④ 车损部位可以一次核定且受损的零部件按照价格目录可以准确确定价格;

(2) 处理程序。

① 接到报案后,查勘定损人员双人赶赴第一现场查勘、拍照、定损;

② 逐项确定损失费用和金额,填写简易赔案协议书,并由被保险人签字;

③ 经核赔人员审核后交领导审批签字;

④ 开具赔款通知书交财会部门及时支付赔款;

⑤ 将简易赔案协议书相关内容录入计算机,进行结案登记。

(3) 赔付结案必备的单证。

简易赔案案件在赔付结案时，必备的单证包括保险单抄件、出险通知书、简易赔案协议书及其定损清单、现场查勘报告、事故现场与车损照片、赔款收据及其他有关单证。

2) 逃逸案件

根据现行的《道路交通安全法实施条例》的规定，在实行机动车第三者责任法定保险的行政区域发生机动车交通事故逃逸案件的，由当地保险公司预付伤者抢救期间的医疗费、死者的丧葬费。但如果在案发当地有多家保险公司经营汽车保险业务，对逃逸案件是否垫付由各保险公司自定或按照国务院的相关规定执行。

(1) 垫付程序。

① 保险公司接到当地公安交通管理部门出具的垫付通知书后，应迅速查勘核实，登入"逃逸案件登记表"；

② 伤者抢救期结束时，根据公安交通管理部门提供的医院抢救费用单据或死亡证明，办理垫付手续，并由公安交通管理部门出具垫付款收据；

③ 按照规定填写赔款计算书，连同垫付通知书、垫付款收据、有关医院费用单据或死亡证明等归入理赔案卷。垫付金额直接作为赔款支出核算。

④ 每一逃逸案件垫付的最高金额以5万元为限。

⑤ 垫付赔款应做好统计，年底按照当地其他保险公司保费收入所占比例进行分摊，分摊回的金额应冲减赔款。

(2) 垫付赔款的追偿。

逃逸案件破案后，应向逃逸者及其所在单位或车辆所有人追偿垫付的所有款项，并要求公安交通管理部门协助追偿，追偿回的金额应冲减赔款。

3) 代位追偿案件

(1) 处理原则。

① 只有车辆损失险适合于代位追偿；

② 代位追偿必须是发生在保险责任范围内的事故；

③ 代位追偿是法定的保险人应履行的责任，根据权利义务对等的原则，代位追偿的金额应在保险金额范围内，根据实际情况接受被保险人全部或部分权益转让；

④ 履行代位追偿以后，追偿工作必须注意债权债务的法律实效问题。

(2) 处理程序。

对涉及第三方责任导致的车辆损失险赔付案件，被保险人在索赔过程中，如遇第三方不予支付的情况，应向人民法院提起诉讼。经人民法院立案后，被保险人书面请求保险人先予赔偿的，同时应向保险人提供人民法院的立案证明。保险人可按保险条款有关规定和保险合同载明的条件先行赔付。具体处理程序如下：

① 被保险人需要出具法院的立案证明和权益转让书以及各种有效证据，保险人受理代位追偿案件；

② 保险人按照保险合同和有关规定理算赔款；

③ 业务部门缮制赔款计算书和赔款通知书，履行赔付结案手续；

④ 赔偿后，在结案登记时注明"代位追偿"的字样，并要求被保险人积极配合追偿工作；

⑤ 对代位追偿的案件数和赔偿金额进行统计，已经追回的追偿款应冲减赔款。

4）预付赔款案件

汽车保险赔付原则上不能预付赔款，对于特殊案件确需预付赔款时，应从严掌握。属于下列情况的，可以预付赔款：

（1）被保险人因特殊原因提出预付赔款请求，必须提交有关证明与材料。经审核确属保险责任的，方可预付；

（2）保险责任已经确定，但因保险赔偿金额暂不能确定而难以尽快结案的，可以根据已有的证明材料按照能确定的最低数额先行预付，待最终确定赔偿金额后，再支付相应的差额；

（3）对于伤亡惨重、社会影响大、被保险人无力承担损失的重大案件，经审核确定为保险责任但赔偿金额暂不能确定的，可在估计损失的50%内先行支付。待最终确定赔偿金额后，支付相应差额。

预付赔款时，应由被保险人填写预付赔款申请书，按照规定要求报上级公司审核批准后支付。

任务三　现场查勘的程序与方法

查勘定损人员所采用的现场查勘技术是否科学、合理，是现场查勘工作成功与否的关键，直接关系到事故原因的分析与事故责任的认定，是计算事故损害赔偿的基础。这里将详细介绍现行的现场查勘程序与方法。

1. 出险现场分类

出险现场是指发生交通事故地点上遗留的车辆、树木、人、畜等与事故有关的物体及其痕迹与物证等所占有的空间。所有交通事故都会有出险现场存在，它是推断事故过程的依据和分析事故原因的基础。根据出险现场的实际情况，一般可以分为原始现场、变动现场和恢复现场三类。

1）原始现场

原始现场，也称第一现场，是指现场的车辆和遗留下来的一切物体、痕迹仍保持事故发生后的原始状态而没有任何改变和破坏的出险现场。原始现场由于其完整地保留着事故发生后的变化状态，可以较好地为事故原因的分析与责任鉴定提供依据，所以是现场查勘最理想的出险现场。

2）变动现场

变动现场，也称移动现场，是指由于自然或人为的原因，致使出险现场的原始状态发生改变的事故现场。它包括正常变动现场、伪造现场、逃逸现场等。

（1）正常变动现场。

下述原因导致的出险现场变动均属于正常变动现场：

① 为将伤者送医院抢救而移动车辆，致使伤者倒卧的位置发生了变化；

② 事故现场的痕迹因保护不善导致被过往的车辆、行人碾踏、触动而变得模糊或消失；

③ 由于风吹、雨淋、日晒、下雪等自然因素导致的出险现场的痕迹消失或被破坏；

④ 执行任务的消防、救护、警备、工程救险车以及首长、外宾、使节等乘坐的汽车，在发生事故后因任务的需要而驶离现场等特殊情况，致使出险现场发生变化；

⑤ 在一些主要交通干道或城市繁华地段发生交通事故,造成交通堵塞,需要立即排除时,因移动车辆或其他物体而导致出险现场发生变化;

⑥ 其他正常原因导致的出险现场变动,如车辆发生交通事故后,当事人没有发觉而驶离现场。

对于上述正常变动现场,必须注意识别和查明变动的原因,以利于辨别事故发生的过程,从而正确分析事故原因和责任。

（2）伪造现场。

伪造现场是指当事人为了逃避责任、毁灭证据或达到嫁祸于人的目的,有意或唆使他人改变现场遗留物原始状态或故意布置的现场。伪造现场的特征是现场的状态不符合事故发生的客观规律,物体的位置与痕迹方向与客观事实有明显的矛盾。

（3）逃逸现场。

交通事故的当事人为了逃避责任而驾车逃逸,导致事故现场变动的出险现场称为逃逸现场。其性质类似于伪造现场,一般都会留下与事故有关的痕迹和物证。

3）恢复现场

恢复现场是指事故现场因某种原因撤离后,基于事故分析或复查案件的需要,为再现出险现场的面貌而根据现场调查记录资料重新布置恢复的现场。

在特殊情况下,需要根据目击人和当事人的指定,重新将出险现场恢复到原始状态。这种现场一般称为原始恢复现场,以与前述的原始现场相区别。

2. 现场查勘程序

1）查勘前的准备

（1）查阅抄单。

① 保险期限。查验保单,确认出险时间是否在保险期限之内。对于出险时间接近保险起止时间的案件,要做出标记,重点核实。

② 承保的险种。查验保单记录,重点注意以下问题:车主是否只投保了交强险或第三者责任险;对于报案称有人员伤亡的案件,注意车主是否投保了车上人员责任险,车上人员责任险是否指定了座位;对于火灾车损案件,注意是否承保了自燃损失险。

③ 保险金额、责任限额。注意各险种的保险金额、责任限额,以便在现场查勘时做到心中有数。

（2）阅读报案记录。

① 被保险人名称,保险车辆车牌号;

② 出险时间、地点、原因、处理机关、损失概要;

③ 被保险人、驾驶员及当事人联系电话。

（3）查询涉案车辆历史出险记录。

查询涉案车辆历史出险记录,有利于查勘时对可能存在道德风险和重复索赔的案件进行重点跟踪。

① 对报案间距较短的历史信息进行查阅,了解历史损失情况和当时照片反映的车况车貌,为查勘提供参照。

② 查阅涉案车辆近期注销或拒赔案件信息,严防虚假案件。

(4) 携带查勘资料及工具。

为了有利于准确有效地查勘,查勘人员出发前应该携带必要的相关资料和查勘工具。

① 资料部分。出险报案表、保单抄件、索赔申请书、报案记录、现场查勘记录、索赔须知、询问笔录、事故车辆损失确认书等。

② 工具。定损笔记本电脑、数码相机、手电筒、卷尺、砂纸、笔、记录本等。

2) 现场查勘

(1) 处理现场。

① 到达查勘地点后,发现特殊情况,应及时向查勘总部反馈。

② 如果保险标的尚处于危险中,应立即协助客户采取有效的施救、保护措施,避免损失扩大。

③ 有人员伤亡的、造成道路交通设施损坏的、不符合自行协商处理范围的,应提醒客户向交通管理部门报案,并协助保护现场。

④ 因阻碍交通无法保护现场的,查勘员可允许驾驶员将车移至不妨碍交通的地点,在附近等候查勘;若查勘员无法在合理的约定时间赶到现场,可商定受损车辆到指定定损点进行第二现场查勘,若有必要,可约定时间回出险地补看复位现场。

(2) 查明肇事驾驶人、报案人的情况。

① 查验肇事驾驶人和报案人的身份,核实报案人、驾驶人与被保险人的关系。

② 注意驾驶人是否存在饮酒、醉酒、吸食或注射毒品、被药物麻醉后使用保险车辆的情况,是否存在临时找他人顶替真实驾驶人的情况。

③ 驾驶证是否有效,一般指驾驶证正页上有效日期是否过期;驾驶的车辆是否与准驾车型相符;驾驶人是否是被保险人或其允许的驾驶人;驾驶人是否为保险合同中约定的驾驶人;特种车驾驶人是否具备国家有关部门核发的有效操作证;营业性客车的驾驶人是否具有国家有关行政管理部门核发的有效资格证书。

(3) 查验出险车辆情况。

① 确认保险标的车辆信息。查验事故车辆的保险情况、号牌号码、牌照底色、发动机号、VIN码/车架号、车型、车辆颜色等信息,并与保险单、证(批单)以及行驶证所载内容进行核对,确认是否就是承保标的。

② 查验保险车辆的行驶证。查验行驶证是否有效,一般指行驶证副页是否正常年检;行驶证车主与投保人、被保险人不同的,车辆是否已经过户;已经过户的,是否经保险人同意并通过批单对被保险人进行批改。

③ 查验第三方车辆信息。涉及第三方车辆的,应查验并记录第三方车辆的号牌号码、车型,以及第三方车辆的交强险保单号、驾驶人姓名、联系方式等信息。

④ 查验保险车辆的使用性质。车辆出险时使用性质与保单载明的是否相符(两种常见的使用性质与保单不符的情况:①营运货车按非营运货车投保;②非营运乘用车从事营业性客运),是否运载危险品,车辆结构有无改装或加装,是否有车辆标准配置以外的新增设备(详见交通管理部门《机动车登记规定》)。

(4) 查明出险经过。

① 核实出险时间。对出险时间是否在保险有效期限内进行判断,对接近保险起讫期出

险的案件,应特别慎重,认真查实。将出险时间和报案时间进行比对,是否超过48小时。了解车辆启程或返回的时间、行驶路线、委托运输单位的装卸货物时间、伤者住院治疗的时间等,以核实出险时间。

② 核实出险地点。查验出险地点与保险单约定的行驶区域范围是否相符,是否是营业性修理场所,是否擅自移动现场或谎报出险地点。

③ 查明出险原因。结合车辆的损失状况,对报案人所陈述的出险经过的合理性、可能性进行分析判断,积极索取证明、收集证据;注意驾驶人员是否存在醉酒或服用违禁药物后驾驶机动车的情况(特别是节假日午后或夜间发生的严重交通事故);是否存在超载情况(主要是涉及大货车的追尾或倾覆事故,需要对货物装载情况进行清点);是否存在故意行为(一般是老旧车型利用保险事故更换部分失灵配件或者已经索赔未修理车辆通过故意事故重复索赔);对于客服专线提示出险时间接近的案件,须认真核查两起报案中事故车辆的损失部位、损失痕迹、事故现场、修理情况等,确定是否属于重复索赔。

④ 查明事故发生的真实性,严防虚假报案。发生碰撞的,要观察第一碰撞点的痕迹,是否符合报案人所称的与碰撞物碰撞后所留痕迹,比如因碰撞物的不同,碰撞点往往会残留一定的灰屑、砖屑、土屑、油漆等;运动中发生碰撞的,要重点考虑碰撞部位,比如追尾事故因后车在碰撞时紧急制动会导致车头下沉,受损部位往往在保险杠以上更为严重;要对路面痕迹进行仔细观察,保险车辆紧急制动时会在路面留有轮胎摩擦的痕迹,有助于判断车辆发生碰撞前的行驶轨迹。

⑤ 对存在疑点的案件,应对事故真实性和出险经过进一步调查,可查找当事人和目击者进行调查取证,并做询问笔录。

⑥ 如被保险人未按条款规定协助保险人勘验事故各方车辆,证明事故原因,应在查勘记录中注明。

(5) 估计事故损失情况。

查明受损车辆、货物及其他财产的损失程度,估计事故涉及的各类损失金额,按查勘任务对应的损失标的为单位记录估损金额。记录、核定施救情况。

(6) 初步判断保险责任。

① 对事故是否属于保险责任进行初步判断。

应结合承保情况和查勘情况,分别判断事故是否属于机动车交通事故责任强制保险或商业机动车保险的保险责任,对是否立案提出建议。对不属于保险责任或存在条款列明的责任免除的、加扣免赔情形的,应收集好相关证据,并在查勘记录中注明。暂时不能对保险责任进行判断的,应在查勘记录中写明理由。

② 初步判断责任划分情况。

交警部门介入事故处理的,依据交警部门的认定;当事人根据《道路交通事故处理程序规定》和当地有关交通事故处理法规自行协商处理交通事故的,应协助事故双方协商确定事故责任并填写协议书(对当事人自行协商处理的交通事故,如发现责任划分明显与实际情况不符,缩小或扩大责任的,应要求被保险人重新协商或由交警出具交通事故认定书)。

(7) 拍摄、上传及分拣事故现场、受损标的照片。

① 对车辆和财产损失的事故现场和损失标的进行拍照。第一现场查勘的,应有反映事故现场全貌的全景照片,反映受损车辆号牌号码,车辆、财产损失部位、损失程度的近景照

片;非第一现场查勘的,事故照片应重点反映受损车辆号牌号码、车辆、财产损失部位、损失程度的近景照片。对车辆牌照脱离车体、临时牌照或无牌照的车辆、全损车、火烧车及损失重大案件,要求对车架号、发动机号进行清晰的拍照。

② 拍摄相关证件及资料。保险车辆的行驶证(客运车辆准运证)、驾驶人的驾驶证(驾驶客运车辆驾驶人准驾证、特种车辆驾驶人操作资格证);交警责任认定书、自行协商协议书、其他相关证明。查勘人员应将此环节相关证件、资料尽可能的拍照,照片汇总到车险理赔系统后,有利于核损、核赔环节从系统中进行审核。

③ 查勘现场照片拍摄的要求。拍摄第一现场的全景照片(能正确反映现场所处的位置)、痕迹照片、物证照片和特写照片;拍摄能反映车牌号码与损失部分的全景照片(为使车牌号码与损失部分在一张照片上反映出来,一般按受损部位一边的45度角对全车进行拍照);拍摄能反映车辆局部损失的特写照片;拍摄内容与交通事故查勘笔录的有关记载相一致;拍摄内容应当客观、真实、全面地反映被拍摄对象,不得有艺术夸张;拍摄痕迹时,可使用比例尺对高度、长度进行参照拍摄。

④ 查勘照片上传及分拣应该注意:

相关证件及资料照片,应该在索赔清单中勾选,在单证资料上传中上传,并分拣到相应项目中。

主车、现场查勘、痕迹对比及财产损失照片,分拣到涉案车辆(主车)中;三者车查勘照片分拣到涉案车辆(三者车)中。

(8) 缮制查勘记录。

① 根据查勘内容填写查勘记录,并争取报案人签字确认。查勘员应尽量详细填写查勘记录,以保证入机时查勘资料的完整性。

② 对于重大、复杂或有疑点的案件,应在询问有关当事人、证明人后,在"机动车保险车辆事故现场查勘询问笔录"中记录,并由被询问人签字确认。

③ 对于重大、出险原因较为复杂的赔案,应绘制机动车保险车辆事故现场查勘草图。现场草图要反映出事故车方位、道路情况及外界影响因素。

④ 对VIP客户案件或小额赔案制订优先处理流程的,应在查勘记录中注明案件处理等级。

3) 指导报案人进行后续处理

(1) 告知赔偿顺序。

① 发生机动车之间的碰撞事故的,应告知客户先通过交强险进行赔偿处理,超过交强险责任限额的部分,由商业保险进行赔偿。

② 交强险未在我公司承保的,应指导客户向交强险承保公司报案,由交强险承保公司对第三者损失先行定损。

③ 符合交强险"互碰自赔"处理条件的,应向客户告知互碰处理后续流程。

(2) 向报案人提供机动车保险索赔须知和机动车保险索赔申请书。

① 在机动车保险索赔须知中完整勾选被保险人索赔时需要提供的单证,双方确认签字后交被保险人或报案人。

② 指导报案人填写机动车保险索赔申请书,告知报案人交被保险人签名或盖章后,在提交索赔单证时一并向保险人提供。

（3）告知客户后续理赔流程。

① 查勘时不能当场定损的，查勘人员应与被保险人或其代理人约定定损的时间、地点；对于事故车辆损失较重，需拆检后方能定损的案件，应安排车辆到拆检定损点集中拆检定损。

② 向客户推荐公司特色理赔方案，引导客户选择快速、便捷的"一站式"后续服务。

③ 对于明显不属于保险责任或者存在条款列明除外责任的，应耐心向客户解释，争取让客户同意注销案件。

3. 现场查勘草图绘制要点

现场查勘草图是根据现场查勘程序，在出险现场边绘制边标注，当场完成的出险现场示意图，它是现场查勘的主要记录资料，是正式的现场查勘图绘制的依据。由于现场查勘草图在查勘现场绘制，绘制时间较短，因此草图可以不工整，但内容必须完整，尺寸数字要准确，物体的位置、形状、尺寸、距离的大小应基本成比例。

1）现场查勘草图的基本内容

现场查勘草图实际上是保险汽车事故发生地点和周围环境的小范围地形图，所表现的基本内容包括：

① 事故现场的地点与方位，现场的地物地貌和交通条件；

② 各种交通元素以及与事故有关的遗留痕迹和散落物的位置；

③ 各种事物的状态；

④ 通过痕迹显示的事故过程、车辆以及人畜的动态。

2）现场查勘草图的绘制过程

① 根据出险情况，选用适当比例进行草图的总体构思。

绘制前，应首先对出险现场进行总体观察，对车辆、人、物品、痕迹、道路状况、地形地貌、建筑设施等要有总的轮廓。根据图纸大小和对现场的感性认识，选用合适比例，进行图面构思。

② 按照近似比例画出道路边缘线和中心线。确定道路走向，在图的右上方绘制指北标志。标注道路中心线与指北线的夹角。

③ 用同一近似比例绘制出险车辆，再以出险车辆为中心绘制各有关图例。有关图例的绘制按照规定执行。

④ 根据现场具体条件，选择基准点和定位法，为现场出险的车辆和主要物品、痕迹定位，标注尺寸，必要时加注文字说明。

⑤ 根据需要绘制立体图、剖面图和局部放大图。

立体图通常用以表述事故车辆及其与事故有关的建筑物、电杆等固定设施的正面、侧面和后面的外形轮廓、痕迹、遗留物等在空间的位置及其状态。剖面图分为纵剖面图和横剖面图。纵剖面图主要表示现场道路纵向构成空间几何线型，包括坡度大小、坡道长短、坡道的分配、坡道转折处、缓和曲线的长度、半径和视距等。横剖面图是沿着道路横向的垂直剖面，主要用于表示道路的横向构成、路拱、超高、周围地形及车辆的位置关系。

根据出险现场的情况，剖面图可以有多个，其位置并不一定局限于纵、横两个方向，所做的剖面位置应在图中用剖切线标注。

局部放大图主要用于由于受比例限制而无法在现场查勘图上表达的细小物体和痕迹形

状等的放大,一般在图纸的空余部分放大画出并标注其在现场中的位置。

最后,应对所完成的现场查勘草图进行核对,核对无误后,由现场查勘人员、见证人、绘图人和校核人等签名。

现场查勘结束后,应根据现场查勘草图所标明的尺寸和位置,按照正投影的绘图原理,选用一定比例和线型,工整准确地绘制出正式的现场查勘图,它是理赔和付请诉讼的依据。

4. 典型交通事故的现场查勘重点

典型的交通事故包括车辆之间的交通事故、车辆与人的交通事故、车辆与自行车的交通事故和车辆自身的交通事故等。

1) 车辆之间的交通事故

(1) 事故一般情况。

车辆之间的交通事故是指两个及两个以上车辆因碰撞而导致的事故。这种碰撞一般包括正面碰撞、侧面碰撞、追尾碰撞等。事故的必然结果将导致车身不同程度的损毁和车辆原有运动方向的改变,甚至出现侧滑等,在路面上留下轮胎印迹和印迹突变等现象。

(2) 现场查勘重点。

① 确定车辆停止位置和状态、车辆之间的位置关系,用以判断冲突角度;

② 检查路面上轮胎印迹和印迹突变的位置、形态,印迹与车辆的关系,以判断行驶路线和接触点;

③ 检查事故散落物及其位置,分别丈量散落物掉落处的高度、抛出距离和散落物之间的距离,用以判断接触点和碰撞速度;

④ 观察确定车体第一次碰撞破损痕迹所在部位、破损程度、着力方向、痕迹、表面异物或颜色,并分别丈量痕迹的面积、离地高度和与前、后端角的水平距离,用以判断接触部位、碰撞角度及碰撞前后车辆运动的趋势。

(3) 访问重点。

① 在交通复杂路段或岔路口、弯道处采取的安全措施及当时车辆的速度;

② 发现对方车辆时彼此的位置、距离、动态,如何判断有无危险的感觉,采取的措施;

③ 碰撞的地点和部位;

④ 如果有占线行驶的情形发生,要查明原因。

(4) 其他调查。

① 有关车辆方面的调查。

有关车辆方面的调查包括车辆外廓尺寸、轴距、轮距、最小转弯半径、最小通过距离以及车辆的灯光设备是否齐全有效等。

② 有关道路方面的调查。

有关道路方面的调查包括路面宽度及路况、岔路口形式,弯道及纵坡道的几何线型,视线以及标志设施等。

2) 车辆与人的交通事故

(1) 事故一般情况。

车辆与人的交通事故常见的是行人横穿城市街道或公路被过往的车辆碰撞与碾压的情形。事故的主要原因包括:

① 车辆驾驶员反应迟钝,判断错误或采取的措施不当;

② 未按照规定速度和路线行驶,违反交通法规;

③ 行人违反交通规则,在车辆制动的非安全区内横穿城市街道或公路,驾驶员采取措施而无法避让。

在车辆与人的事故中,行人是弱者,被车辆撞压时,车辆的运动状态几乎不受影响。一般地,由于需要抢救伤者而移动车辆位置,会造成出险现场变动,给现场查勘工作带来难度。

(2) 现场查勘重点。

① 查勘现场变动情况,确定现场原始状态与变动后状态的位置关系;

② 检查鉴别轮胎印迹,丈量制动拖印长度及其起止点至基准线的距离,明确位置和形状以及与车辆停止处的方位关系,用以判断车辆行驶路线、速度和制动措施;

③ 人体位置或血迹位置与车辆、有关痕迹、物体的距离及方位关系,用以判断接触点和车辆的速度;

④ 确定行人横穿道路前所在的位置,横穿路线及与接触点或人体血迹处的距离,用以判断穿过这段距离所需时间及同一时刻的车辆位置;

⑤ 检查车辆上有无毛发、皮屑、衣服纤维、血迹、手印等,并测量其所在位置,以判断刮碰点。

(3) 访问重点。

① 查询行人横穿道路的原因,未横穿道路前有谁和当事人在一起;

② 查清驾驶员最初发现行人横穿的地点、感到危险的地点、采取紧急措施的地点;

(4) 其他调查。

① 车辆的制动性能;

② 自然条件,如光线、风向等;

③ 人体损伤鉴定与衣物上的痕迹;

④ 行人心理和生理方面的影响因素。

3) 车辆与自行车的交通事故

(1) 事故一般情况。

自行车与车辆的交通事故多发生在各种道路口。有的是由于自行车争道抢行,驾驶员采取措施不及造成碰撞或碾压;有的是由于车辆在交通拥挤或道路狭窄路段超越自行车或与自行车交会时,没有保持一定的安全距离,撞刮自行车或由于路面不平、骑车人紧张而使得自行车摇晃、倾倒而被碾压。

车辆与自行车的交通事故易在车辆的接触部位留下刮擦碰撞的痕迹,自行车产生明显变形,撞刮部位往往会留下车辆的油漆痕迹,地面也会留下相应的印迹和沟槽等。

(2) 现场查勘重点。

① 确定车辆、自行车停止位置和骑车人躺卧位置、状态及三者间在路面上的位置关系;

② 检查路面上车辆和自行车的轮胎印迹、沟槽痕迹的位置以及相互间的关系,用以判断行车速度和安全间隔;

③ 检查事故车辆上的痕迹、形状及其所在部位距离车前端的距离和高度,用以判断碰撞接触位置;

④ 自行车受力变形部位、方向、形状以及离地高度,以判断自行车碰撞部位及方向;

⑤ 如果自行车载有货物,应确定所载物品的重量、尺寸,碰撞后物品的散落位置,用以

判断自行车行驶的稳定性及其对事故的影响。

(3) 访问重点。

① 事故车辆与自行车的行驶方向；

② 相互发现对方的距离、位置、动态以及采取的避让措施；

③ 碰撞与碾压的形式。

(4) 其他调查。

① 交通环境调查,包括车辆、行人的动态等；

② 岔道口形式、视线及路面平整情况；

③ 事故车辆和自行车的制动性能。

4) 车辆自身的交通事故

(1) 事故一般情况。

车辆自身原因造成的交通事故包括驶出路外的车辆倾覆和路内倾覆等,其原因有所不同。驶出路外的车辆倾覆一般是驾驶员受到某一外因影响导致操作失误或车辆失去控制造成的,如转弯时速度过快、制动时车辆跑偏、前轮胎爆破、转向节折断、转向机构故障等；路内倾覆一般多是车辆侧滑时车轮受阻,车身的惯性作用引起的。车辆倾覆的现场一般留有轮胎印迹和沟槽痕迹。

(2) 现场查勘重点。

① 检查鉴别路面上遗留的轮胎印迹有无突变现象、突变的位置和原因等,用以判断车辆的行驶路线与倾覆原因；

② 检查路面沟槽痕迹位置、形状、深度,以判断受力的方向和形成的原因；

③ 检查散落物的散落方向、抛出位置和抛出距离,以判断车辆倾覆前的速度。

(3) 访问重点。

① 车辆的行驶速度和操作情况；

② 车辆行驶中有无异常的感觉,怎样感知这种异常；

③ 事故前是否出现紧急情况,采取了什么措施。

(4) 其他调查。

① 有关车辆方面的调查。

有关车辆方面的调查包括转向机构连接部分有无脱落、部件有无断裂、断口的形状特征,是否为自然断裂；制动系统的性能、有无故障及故障原因；转向轮的新旧程度等。如果是载货车辆,还要调查车辆的额定载重量。

② 有关道路方面的调查。

有关道路方面的调查包括路面材料、路面情况、转弯半径等道路条件和超高标志、护栏等设施情况。

③ 车辆的装载情况调查。

车辆的装载情况调查包括车辆的实际载重量、装载物品性质、装载高度、重心位置等。

【思考题】

1. 名词解释。

①出险现场；②原始现场；③变动现场；④方位摄影；⑤中心摄影；⑥细目摄影；⑦相向拍

摄法;⑧十字交叉拍摄法;⑨连续拍摄法;⑩比例拍摄法。

2. 简答题
(1) 汽车保险理赔的重要意义是什么?
(2) 汽车保险理赔过程中接受报案的主要工作内容有哪些?
(3) 现场查勘的主要内容有哪些?
(4) 出险现场是如何分类的?事故现场出现变动的原因有哪些?
(5) 现场摄影时应注意哪些事项?
(6) 如何理解车险理赔原则中"满意、迅速、准确、公平"的八字方针?
(7) 影响保险理赔案件周期的因素有哪些?

3. 论述题
(1) 简述保险公司汽车保险的理赔程序。
(2) 简述车辆定损的程序及注意事项。

4. 案例分析
2008年2月23日,投保人周某将自己的一辆富康轿车在某保险公司投保了车辆损失险和第三者责任险,同时附加投保了盗抢险和不计免赔特约险,保险期限为一年。2008年4月3日22时50分,被保险人驾车在某高速公路上行驶时,恰遇某造纸厂驾驶员张某驾驶的大货车因行错路向后倒车而撞上了本保险汽车,大货车上的毛竹(该车毛竹超长)致使被保险人当场死亡,保险汽车上一乘客受重伤抢救无效死亡,两名乘客受伤,保险车辆损失。事发后,张某驾驶的大货车驶离交通事故现场,高速公路民警于2008年4月4日15时将肇事驾驶员张某查获。后经交通部门责任认定:张某因在高速公路违章倒车,负事故的全部责任。保险公司接到报案后,经过对事故的调查得知,张某驾驶的大货车在某一保险公司投保,并得知因张某驾驶车辆逃离现场,对方保险公司以肇事逃逸属于保险除外责任范畴为由,不负责此车的赔偿责任。被保险人的受益人在向肇事人索赔未果的情况下,反复向其投保的保险公司提出索赔要求,而此保险车辆在此次交通事故中又没有事故责任,能否立案受理,是否应承担保险事故损失责任,究竟如何处理此案,各方当事人各持己见。

请根据上述资料,结合汽车保险理赔部分所学内容,对案例进行分析。

5. 社会实践
对当地的保险公司进行实地调查,对搜集的理赔案例进行分析、整理,并加以分类。

6. 计算题
(1) A、B、C三车互碰造成三方车损,A车全责(损失600元),B车无责(损失600元),C车无责(损失800元)。设B、C车适用的交强险无责任赔偿限额为100元,试计算保险公司应支付的赔款。
(2) 一辆新车购置价(含车辆购置税)为10万元的汽车全额投保了机动车损失险,该车辆在保险期内发生交通事故时,实际价值为9万元,驾驶员承担全部责任且为非约定驾驶员肇事,车辆的实际修理费用为5 000元,残值为150元,试计算保险公司应支付的赔款。

项目 9
汽车保险的欺诈与预防

任务一　初步认识汽车保险欺诈

随着我国汽车工业的快速发展,我国汽车保险业也得到了迅猛的发展。但是,日益增多的汽车保险欺诈骗赔现象已严重干扰了我国汽车保险业的健康发展。汽车保险欺诈骗赔不仅提高了汽车保险成本,影响了保险公司的经营效益,而且日趋增多的汽车保险欺诈骗赔犯罪活动严重危害了保险事业的顺利发展,影响了社会的安定。

1. 汽车保险欺诈的概念

汽车保险欺诈,是指汽车保险的投保人、被保险人不遵守诚信原则,故意隐瞒有关保险车辆的真实情况,或歪曲、掩盖事实,夸大损失程度,或故意制造、捏造保险事故造成保险标的损坏,以谋取保险赔偿金的行为。

近年来,汽车保险的发展突飞猛进,具体体现在:开办汽车保险业务的保险公司、中介公司数量迅速增多;汽车保险的保险费收入快速增长;汽车保险条款日新月异,保障面逐渐拓宽,开始出现精神损害赔偿和车辆减值损失赔偿等新的条款;汽车保险费率的厘定已从只简单考虑车的因素过渡到考虑车辆、人员、地域三方面因素;机动车交通事故强制责任保险于2006年7月1日起开始实施。但在快速发展过程中,也存在一些问题,如赔付率过高、保险欺诈较多等。

据统计,汽车保险欺诈金额占理赔总额的20%~30%。过高的欺诈金额会直接导致赔付率过高,间接导致汽车保险费提高。因此,汽车保险欺诈对保险公司的经营效益和广大投保人购买保险的成本支出都会造成较大影响。另外,目前汽车保险欺诈已不是某一个公司、地区或国家的问题,而是一个全球性问题,保险欺诈损失已经成为一个巨大的"黑洞"。

2. 汽车保险欺诈的原因

汽车保险欺诈的产生与蔓延以及骗赔案件的屡禁不止、居高不下,追究其原因,除追求金钱的欲望极度膨胀以及存在侥幸心理等个人因素外,还有不少客观因素,主要有以下几种。

1) 经营性原因

保险人与投保人之间非赢即输的权利义务关系,带有一定赌博或彩票性质,是诱发汽车保险欺诈的行业因素。保险欺诈是伴随着保险业的产生而存在的一种传统犯罪。保险最初出现的目的是减少损失和博取一笔意外之财,减少损失是通过众多投保人的投保费,适当地补偿某些不幸遭遇到意外的受害人。可是这种约定的保险事故可能出现,也可能不出现,当不出现时,保险方就白白赚取了这笔保险费,即所谓博取意外之财,因此人们又将保险合同称为"射幸合同"。保险合同是一种特殊的合同,在不发生约定的保险事故时,保险合同一方当事人(即投保人)的保险费转移给另一方当事人(即保险人),当发生保险事故时,保险人须偿付比保险费高得多的费用给投保人,而这后一点又构成了保险欺诈骗赔的物质基础,它引诱了某些缺乏道德以及因种种原因需要解脱困境的人或集体铤而走险。

2) 社会原因

缺乏正确舆论引导,法律打击力度不够,是形成汽车保险欺诈的社会因素。如果你的钱财被偷了或者被骗了,你会很气愤,而周围的人也会谴责这种盗骗行径,然而同样是骗取钱财,社会上很多人却将保险欺诈骗赔视作是一种可以原谅的过错,认为仅仅是取回多年来付给保险公司保险费的一种手段。正是在这种扭曲的道德观的支配下,这些"好心人"自觉自愿地帮助同事、朋友和亲属欺骗保险公司,即使其欺诈行为被识破,他们在社会上的声誉也没有大的损害。更有甚者,有些国家工作人员及其相关人员不惜为这些欺诈行为提供伪证,如医院、公安交警、消防人员、评估部门、鉴定部门等。

还有相当一部分保险欺诈骗赔案件,究竟是该被认定为合同纠纷中的不当得利还是该被认定为违法犯罪活动,在司法实践中有争议,因此司法部门对保险欺诈骗赔案件介入不多。除有命案存在的罪犯外,绝大部分涉嫌人员都没有被追究骗取保险金的刑事责任,尤其是涉及小额欺诈金的,往往都是不了了之。

正是由于法律打击的力度不够、缺乏社会舆论的正确引导等,部分经济不景气的单位或发生财务危机的个人才敢于冒着触犯法律的危险,制造保险事故,试图以小额保险费支出谋取大额赔款。

3）保险机构内部原因

条款制定不完善,从业人员素质不高,保险行业间恶性竞争,甚至对保险业"社会效益"的片面理解,是汽车保险欺诈形成的保险机构内部因素。

我国的现代保险制度起步较晚、经验不足、条款制定不完善,保险机构内部的规章制度不健全,保险从业人员业务素质跟不上、专业知识欠缺,而有些犯罪分子却非常熟悉保险公司的理赔处理程序,善于利用保险公司管理上和制度上的漏洞,进行各种形式的保险欺诈活动。同样由于上述原因,有些保险公司自身的工作人员和被保险人员或受益人内外勾结,制造欺诈骗赔事件。

此外,目前我国保险业正处于一个快速发展时期,多家公司展开竞争的局面已经形成,甚至到了恶性竞争的程度,因此出现了用"高手续费、高退费、高回扣"等不正当手段争揽保险业务的现象。保险公司互相之间不通气、不合作,犯罪分子往往骗过一家保险公司后,又以同样的手法去骗另一家保险公司,竟还能连连得手。某些保险公司为了招揽业务,放松理赔要求,以期取得竞争优势,这就有意无意给犯罪分子提供了保险欺诈的作案机会。某些保险公司打击保险欺诈的态度不坚决,怕对自身的业务发展产生负面影响,在发现了欺诈骗赔后,往往只是拒赔或追回赔款了事,不愿意进一步加大打击力度,以致姑息养奸。

和社会公众一样,有些保险从业人员也没有完全领会保险的职能,没有正确理解"社会效益"的概念,对赔与不赔,不是严格按照法规和保险条款办理,而是片面地认为只要支付了赔款就是取得了社会效益,因而放松了理赔原则,对于超出保险合同条款、不属于保险责任范围的损失也往往以通融赔付的方式解决,对社会产生了很大的误导及负面示范作用,这些示范有可能诱导欺诈骗赔行为的发生。

4）法制原因

汽车保险事故发生量大,保险人员现场查勘取证不到位,给汽车保险欺诈造假留下机会。汽车比一般财产具有机动性和高危险性的特点,车辆险事故也比一般财产保险事故发生的概率高,汽车保险事故总盘较大,如深圳平均每天发生交通事故一百多起。发生事故后,需要大量保险工作人员及时、细致和专业地进行事故现场痕迹勘察检查、目击证人调查访问、车辆及人身损害评估等工作,但由于工作人员成本、专业技术水平等原因,保险公司对汽车保险事故,尤其是损失金额不大的"碰撞"事故,都不到现场勘察,只凭一些单证支付汽车保险赔偿金,这就给造假留下了大量准备时间和侥幸机会。

总之,各种原因的综合存在,或导致了保险欺诈的发生,或为该行为的发生起到了推波助澜的作用。

3. 汽车保险欺诈的危害

1)违背民法原则

欺诈行为违背了民法意思自治的精神,对民法的诚实信用原则构成了威胁,不利于社会正义及善良风俗的形成。

保险法律关系须建立在最大诚信的基础上,严格遵循《中华人民共和国合同法》《中华人民共和国保险法》的规定,履行诚信的义务。

投保方的诚信义务应为:订立保险合同时,就保险公司提出的保险标的或被保险人有关情况的询问如实告知,发生保险事故时应及时通知保险公司,并尽可能提供与确认保险事故性质、原因、损伤程度等有关的证明和资料;禁止在未发生保险事故的情况下谎称发生保险事故,禁止故意制造保险事故和夸大保险损失等。

保险公司的诚信义务应为:订立保险合同时,应向投保人明确说明保险条款的内容,尤其是有关免责条款的规定;保险事故发生后,应当根据投保方提供的事故证明和资料及时核定保险损失,迅速理赔,依照合同约定,如认为投保方的事故证明和资料不完整,应通知其补充不完整的部分。

无论是哪种机动车保险欺诈行为,如故意虚构保险标的、对发生的保险事故编造虚假的原因或者夸大损失的程度、编造未曾发生的保险事故、故意造成财产损失的保险事故等,骗取保险金的,都属于故意捏造虚假情况,或歪曲、掩盖真实情况,违反了诚信义务。

2)保险欺诈影响保险业的发展

保险欺诈影响保险业的发展,如果对保险欺诈骗赔打击不力,将会导致社会的不安定,影响到我国的对外开放,影响到社会主义的经济体制改革,还会直接影响保险事业的发展。保险欺诈给保险公司造成的经济危害是多方面的。一是减少了保险公司的赢利收益。美国保险业务专家会议曾公开承认保险欺诈已被确定为当前对保险业赢利构成威胁的最大部分。二是降低了保险公司的偿付能力。保险赔偿基金与实际支付赔款的差额越大,保险公司的赔偿能力就越不稳定,而应付这种偏差需要的偿付准备金就越多;反之,就越少。三是影响保险费率的合理厘定,保险公司在制定保险费率时,迫不得已地要将欺诈风险作为一个变数适当将其考虑在内。

保险公司是我国的金融机构的组成部分,直接经营的就是货币,保险欺诈骗赔所破坏的客体就是金融秩序,它不但侵犯了国家财产,而且直接侵犯了保险公司的利益,同时还侵犯了投保人、被保险人、受益人和法定继承人的利益。

保险欺诈骗赔还常常伴有其他暴力犯罪的发生,因此是一种社会危害性极大的违法犯罪行为。

任务二 汽车保险欺诈的主要内容

1. 汽车保险欺诈的表现形式

汽车保险欺诈从欺诈主体来看,可划分为保险人欺诈、投保人欺诈和保险代理人欺诈。

1) 保险人方面

保险人欺诈的表现,包括保险公司的经营管理问题和保险公司从业人员的欺诈两个方面。

（1）保险公司。

随着市场竞争主体的增多,保险市场的进一步开放和保险市场营销机制的广泛推行,竞争日益激烈,保险公司普遍存在着擅自提高手续费、恶性竞争、增加经营成本的现象。部分保险分支机构随意降低承保条件或扩大承保责任,又故意不履行说明义务,出险后为了控制赔付率而设置障碍,增加投保人的获赔条件,少赔、惜赔、拖赔及无理拒赔,往往又引起理赔纠纷,小额赔款解决,如遇大案则要求再补缴保险费,补报案、补赔等层出不穷,严重影响了保险公司的声誉。部分保险公司内部管理比较粗放。例如,收保险费,有的采用权责发生制,有的按收付实现制核算,有的在按收付实现制核算的同时,还实行账外管理,出现了结算期大于保险期、截留保险费等现象。有些保险公司公布的新车险条款还存在模糊、不合理的地方,甚至有些条款表述前后矛盾,容易使投保人踏入陷阱。

（2）保险公司的从业人员。

保险从业人员素质偏低也是保险欺诈蔓延的一个重要原因。保险工作专业性要求很强,不仅需要较高的政治思想素质,而且需要较强的专业素质。个别从业人员经不住金钱的诱惑,同其他欺诈者内外勾结,共同骗取保险金,一些保险公司的雇员或代理人为了促销、获取高额佣金或收入,不惜采取欺诈手段,恶意误导,诱使投保人上当,还有部分雇员利用保险公司内部管理上的漏洞收取保险费后占为己用,损害公司和保户的利益。究其主要原因,一是各保险公司大量聘用业务员,这些人素质参差不齐;二是保险公司的业务员是根据所揽业务的多少、按比例获取薪金的,这样的报酬体系容易使一些品行不端的人铤而走险;三是虽然保险行业对其业务员制定了较为严格的规章制度,但各公司对其业务员没有相互通报和锁定不良行为记录的制度与措施,一旦某业务员在这家公司发生不良行为导致公司与保户利益受损,那么对其最重的处罚就是解雇,而在其被解雇的同时,他所办理的业务以及对保户所承诺的服务也就随之消失;四是由于被处理或"跳槽"的保险业务员对业务熟悉并有一定业务能力,极容易被另一家不了解真相的公司聘用,从而导致不良保险纠纷一再发生。

2) 投保人方面

随着保险人服务水平的提升和理赔速度的加快及国家对交通事故处理的根本性改革,再加上目前相关法律、道德舆论对保险骗赔的现象缺乏有效的约束力,以及骗赔失败后可能受到的惩罚相对于骗赔成功所获得的经济利益不足以形成有效威慑,因此机动车辆出险率大幅上升,理赔人员工作繁忙,致使一部分别有用心的人趁机以各种手段进行骗赔,使车险骗赔案件呈上升趋势。

从各保险公司发生的车险骗赔案件来看,投保人骗赔主要有以下几种表现形式。

（1）为欺诈而有预谋的购买保险单。

这类保户购买保险,并非为了获得一般的保险保障,而是企图通过廉价的保险以攫取不义之财。个别公司为扩大市场份额,疏于对承保质量的控制,放松了对保户逆选择的勘察,更有甚者,为争取客户,不惜以赔促保,这些无疑为保险欺诈提供了滋生的土壤,给保险公司的稳定经营埋下了隐患。

① 超额投保。投保人以高于车辆实际价值的金额投保,以期在保险事故发生时,获取

高于保险车辆实际价值的赔款。投保时明知自己的车辆接近报废期或陈旧、破烂不堪,故意找借口使保险公司无法验车承保,使保险金额超过标的物的实际价值,出险后再以投保时的保额向保险公司获得额外的索赔。

② 重复保险。重复保险是指投保人就同一保险标的、同一保险利益、同一保险责任分别向两个或两个以上保险公司订立保险合同的一种保险。重复保险欺诈,是指投保人违反保险法律的有关规定,进行重复保险时不将保险金额和超过保险价值的情况通知各保险人,待保险事故发生后,又持各保险人签发的保险单分别索赔,以获取多重保险赔款的行为。因保险人内部横向信息沟通不畅,投保人利用重复保险进行保险欺诈,向多个保险人同时索赔。如同一辆车多处投保,一旦出险便同时向多个保险公司索赔,或有意制造险情向保险公司索赔。

③ 隐情投保。根据保险经营的最大诚信原则,如实告知是投保人必须履行的义务。这一范畴包括与保险标的有关的所有有利与不利的事实,以便保险人确定是否承保以及保险费和保险金额的高低。很多保户出于某种目的或企图在较低的缴费水平上获得较高的保障程度,往往采取虚报、漏报或错报等手段提供假的证明资料欺骗保险人。

(2) 将非保险损失偷梁换柱,变为保险损失。

这是最为普遍的一种保险欺诈形式,主要是当未参加保险的车辆遭受损失后,欺诈者便想方设法将其转化为保险标的,并提供相应"证据",向保险公司索赔。另外,当保险标的发生损失是由除外责任引起时,被保险人往往提供虚假证据,将其转化为保险责任范围内的损失,以骗取保险金。

① 普通伤亡者冒充保险事故伤亡者。此类现象以第三者人员伤亡案件居多,其手法是将伤亡病残的治疗费用,一并记在第三者伤亡者名下,然后持医疗发票向保险人索赔。伤残鉴定时,被鉴定人故意伪装,骗取鉴定人的信任,或将被鉴定人移花接木,冒名顶替,致使伤残等级鉴定结果偏高,以骗取更多的保险赔款。

② 除外责任事故伪造成保险责任内的事故。车险条款规定了多项除外责任,当被保险车辆肇事是因除外责任引起时,投保人会不择手段将其"转化"为保险责任范围内的损失。如车辆出险时存在酒后驾驶、无证驾驶等问题,但车主当时不报案,次日再索赔,使保险人无法掌握出险时的真实情况。有的被保险人本来有小问题需要维修,但不愿自掏腰包,因此故意制造事故破坏车辆,让保险公司一起买单支付其所有需要维修的费用。没有驾照的人员出了交通事故,找有驾照的人顶替,找保险公司索赔,主要有三种情况:一是车主未取得正式驾照便急于上路,二是车主驾照已过期或年审不合格,三是车主把车借给无驾照的熟人开,三者都是发生事故后再找有驾照的人来顶替。2008 年 5 月 22 日,车主付某的弟弟驾驶其投保的富康轿车载客下乡,返回时撞上路边桥栏,造成 3.5 万元损失,付某知道弟弟无有效驾驶证,在报案时谎称是本人驾车肇事。后在检察机关技术部门协助下,查清确系其弟无证驾驶肇事。决定予以拒赔。还有诸如投保自燃险的车辆发生火灾后伪造火灾起因;车辆撞伤家庭成员则虚报为非家庭成员;未过户车辆发生事故,原来的车主承担责任,车辆转卖后,新车主未取得驾照,故意拖延办理过户手续,发生事故后,让卖主承担责任,骗取的赔款由两人平分。

(3) 虚构事实,故意作案,伪造损失。

投保人在保险车辆没有发生事故的情况下,有意编造或制造险情,然后向保险公司索赔,或者将保险车辆私下转卖后谎称被盗,诈取保险赔款,而实际上保险车辆完全是被停放在某个距离较远的地方、沉在湖水中或是别处。伪造是指投保人、被保险人或受益人在保险期限内对并未发生的损失向保险公司提出索赔的行为,投保人伪造有关证明,利用假医疗发票、假诊断证明等向保险人索赔,投保人还常常试图通过伪造,从多个保险公司多次得到赔偿。例如,将汽车未发生的修理项目加入修理清单等。2001年2月10日,某县人保公司在审查某公司申请理赔的有关票据时,发现医药费发票万位数字与后四位数运笔规律不一致,即产生怀疑,经到医疗单位核查发票存根,发现投保人在发票的原数字前加了一位数。

还有一种情况是双边责任瞒报单方事故。投保车辆与其他机动车碰撞后,谎称是在别处碰到固定物要求保险公司索赔,其目的一是逃避交警处罚,二是在双方协议赔偿后又到保险公司报案补偿。这种情况多数是在外地出险已经处理完毕,回来后又以单方事故的名义向保险公司索赔。

(4) 事故发生后,扩大损失或者是迅速追加保额。

扩大损失是指保险事故发生后,有的保户为了获得高额的保险赔偿,故意扩大损失程度,导致一些本来可以制止的事件发生。还有些车主觉得事故重大、损失严重而且未足额投保,就先找熟人或营销人员到保险公司批改投保单追加保额,然后再报案。

投保人或被保险人对所发生的交通事故提供虚假证明、夸大损失程度,从而得到更多的保险赔偿金的途径有两种:一是事故车辆未经查勘定损擅自撤离现场或送去修理,等汽修厂修复后再以来不及报案或无通信信号等借口要求保险公司赔偿;二是机动车肇事后,入院观察治疗的伤残人员以此为借口要求开取与伤残无关的药品、补品,伤者家属体检医药等费用一并划入伤残人员账户,而且涉及第三者死亡伤残案件的索赔金额一般都比较大。

还有的投保人平时不注重保养车辆,待车辆出事后一并修理,通过勾结定损人员或修理厂家,擅自扩大修理范围,将不属于保险事故的修理费用纳入保险损失。

(5) 出险在先,投保在后,伪造投保和出险时间。

在机动车辆已经肇事或受到损失的情况下,隐瞒真相向保险公司投保,然后再报案索赔骗取赔偿金。这一欺诈手段比较简单,其典型特点是出险时间与保险起保日或终止日十分接近,且投保的险种一般都保全保足。其实施手段有两种。一是伪造出险日期。通过关系由有关单位出具假证明,伪造、编造事故证明,单车事故肇事后保留现场,暂不报案,待投保后才按正常程序向保险人报案索赔,保险人即使去现场查勘,若不深入调查了解则很难察觉。如果涉及人员伤亡,则通过涂改病历、发票及医疗证明的日期,以达到欺诈的目的。二是伪造保险日期。投保人串通保险签单人员,内外勾结,利用"倒签单"的手法,将起保日期提前,浑水摸鱼;有的车辆在到期脱保后要求保险人按上年保单终止日续保也属此类。此类现象多发生在外地,本地车主驾车在外地发生车祸后,利用发达的通信设备直接与家人或朋友迅速联系到保险公司营业部或业务员,特别是利用营销人员多揽业务的心理,专门到营销人员处办理保险,第二天或当晚再向保险公司报案。这类欺诈虽然经常发生,但只要保险公司规范承保手续,及时进行查勘,是完全能够防止的。例如,个体户杨某于1999年12月3日向保险公司报案,称其桑塔纳轿车于12月1日在滁州出险,经济损失6万元,要求保险公司定损、理赔。经过保险公司和有关部门协同调查,证明出险时间应为1999年11月30日,而其投保时间是1999年12月1日,属于先出险、后投保,遂做出拒赔的决定。

3) 保险代理人方面

车辆保险的销售主要是通过代理方式。车险的代理人通常由汽车销售商和修理厂来充当。车主在保险公司授权的汽车销售商代理公司处购买了保险后,通常就理解为该公司也有权为自己进行理赔,销售商往往也对此许下承诺,但销售商在收到受损车辆后还是要送到修理厂。在修理厂方面,当人们进行汽车的日常维修与保养时,修理厂为招揽客户,承诺可以提供一条龙服务,其中包括汽车保险与理赔。

出于方便的考虑,车主通常选择汽车销售商和修理厂提供代办服务。保险车辆出险之后,车主将保险索赔资料交给销售商或修理厂,留下自己的行驶证、驾照、身份证等重要证件,委托其代为向保险公司索赔,这就给别有用心的工作人员以可乘之机。同时,市场的不规范也使部分中介的骗赔行为成为可能。市场上假货泛滥,维修厂和驾驶员很容易买到价格与正品相差甚远的假冒伪劣汽车配件,在巨大利润的诱惑下,一些不法维修厂与个别保险公司工作人员或某些投保人勾结,诈骗保险公司保险金。

保险代理人对保险公司的欺诈概括起来有编造事故和原因、制造事故、扩大损失、重复索赔四类骗保形式,其中扩大损失和重复索赔较常见,主要有以下三种情况。一是在收到客户的受损车辆后,以较低档的材料为客户修理,却以高档材料的价格向保险公司索赔,这样不同档次材料的价格差就被修理厂占有了。二是故意加大险损。车主将车放在修理厂离开后,修理厂就将报修的车进行二次撞击,本来只是刮刮碰碰的小问题,修理厂趁车主不在时故意砸坏车盖车玻璃等,再拍下照片按严重损害程度向保险公司索赔。这样原本几百元的损失,修理厂可以向保险公司报到几千元甚至更高。而车主对此却一无所知,车主往往得到的是小额,而修理厂却向保险公司骗取了高额保险赔偿金。三是保险代理人多次将车主的车开到保险公司不同支公司进行定损理赔,非法赚取更多。

一些保险公司指定的维修厂,由于与保险公司签订合作协议可以提成部分利润,于是对有合作关系的保险公司的受保车和别的车辆实行不同的维修价格,故意抬高保险公司受保车辆的维修费用。而更多非保险公司指定维修厂为了获得更多利润,在维修过程中常常偷工减料或者以次充好,该换的零件不换,只是擦一下或喷一下漆等。一些正当的兼业保险中介,存在着挪用保险费、"埋单"等现象。一些保险代理公司集中业务后,和多家保险公司签订代理合同,向其索取高额手续费,或者取价高者代理,并以此误导消费者,甚至与保险人发生赔款或代理纠纷时还拖欠着保险费。

这样,在客户不知情的情况下,保险代理人采取多种手段在客户的车辆上做手脚,欺骗客户和保险公司并从中获利。一方面,修理厂使用劣质的产品进行维修,使车辆的安全性能受到影响,使车主驾车的安全程度大打折扣,严重者甚至会威胁到驾车者的生命安全;另一方面,如果一辆车经常高额向保险公司索赔,则代表该车发生过多起或者是较严重的交通事故,这将会在保险公司留下该车主的不良保险记录,到第二年投保人续保车险时,保险公司有权提高所投车险的保险费率,上升幅度最高可达30%。如果连续多年有不良记录,保险公司还有可能拒保,这样就会损害投保人的合法权益。

此外,保险代理公司或取得兼业资格的4S店、修理厂等保险中介机构在投保人购买机动车交通事故责任强制保险时,诱导、误导投保人在责任限额内重复投保,强制投保人购买其他保险产品,提出附加其他条件的要求,或与不具备机动车交强险经营资格的保险公司开展机动车交强险中介业务往来等行为,都会损害到投保人利益。

2. 汽车保险欺诈的特点

1) 汽车保险欺诈与一般财产保险欺诈的不同

机动车辆保险业务是财产保险的一部分,是保险公司的一大骨干险种。与一般财产保险欺诈相比,机动车保险欺诈道德风险高,因为其最大特点在于机动车辆是动产,并且作为交通工具,其在交通运输环境等综合因素的影响下极易发生各种意外事故,不仅机动车辆本身受损,还会造成他人人身和财产损害。正因为如此,"碰撞"又是机动车辆保险条款诸多险别中所列举的首项保险责任。随着机动车辆保险业务的迅猛发展,相伴而来的机动车保险欺诈骗赔的数量也在与日俱增,并呈现持续上升态势,加之保险欺诈方式比一般财产欺诈方式要多,所以其速度超过了其他财产保险欺诈。当面对一些涉嫌机动车撞损欺诈骗赔案件时,保险公司虽然有时掌握了一些外围线索和情况,但由于调查访问不及时,痕迹勘察检验、调查取证不到位,反欺诈体制不健全,因此在假象面前往往力不从心、束手无策,难以收集到确实充分的欺诈骗赔证据,致使一些理应拒赔的除外责任案件和蓄意欺诈案件骗赔得逞。

2) 保险欺诈与其他民事欺诈相比的特点

同其他民事欺诈相比,保险欺诈具有以下特点:

(1) 具有很强的隐蔽性。首先,保险欺诈者作为保险合同的一方当事人或关系人,用与保险人之间的保险合同为掩盖,难以引起社会公众和保险人的怀疑;其次,保险经营对象十分广泛,涉及社会经济生活的各个领域,保险人不可能对每一个投保人都进行详细的调查;最后,保险欺诈实施欺诈行为的时间十分充裕,不仅在保险合同的有效期限内,而且在保险合同订立之前和订立时,均可实施欺诈行为。由于欺诈行为都是经过欺诈者周密安排和精心策划的,所以保险人即使怀疑也很难收集到有关欺诈的证据。

(2) 带有很强的干扰性。合同欺诈行为人的欺诈行为,把要约或承诺的错误条件反映到相对人大脑中,使相对人在规避合同风险和实现预期利益的决策中做出与自己本来意愿不一致甚至错误意思的表示。相对人的"意思自治"由于行为人干扰而成为"意思他治"。

(3) 具有非法性。欺诈行为危害了社会经济秩序,损害了他人的合法权益,在法律上属于应该禁止的非法行为。

(4) 具有严重的社会危害性。保险欺诈不仅侵犯了保险人的合法权益,也是对整个社会财产的严重侵害,更主要的是对他人的人身安全构成了极大的威胁。如在人身保险中,有的投保人、受益人为了谋取巨额保险金,不惜铤而走险,故意杀害被保险人,造成了极大的社会危害。正是为了有效打击这类恶性保险欺诈犯罪,以减少对社会的危害,各国法律除规定保险欺诈者的民事责任外,还规定了保险欺诈者的刑事责任。

在市场经济条件下,保险是组织经济补偿最科学、最合理、最经济、最可靠的办法。作为一项社会公益性很强的商业活动,其发展日益蓬勃,成为我国的一项朝阳产业,备受世人关注。

签订机动车保险合同后,双方的保险法律关系就以保险合同方式确立了。一方为投保人、被保险人和受益人,享有保险事件发生后的保险金请求权,负有如约支付保险费义务;另一方为保险人即保险公司,享有依法合理使用保险费的权利,承担赔偿或给付保险金责任。与其他双务合同一样,保险双方权利义务对等,并互为因果,但是保险合同所体现的法律关系又有其特殊性。第一,投保方获取保险金以保险事件发生为条件,保险金可高于保险费,甚至是保险费的几百倍、上千倍。这极易诱发道德风险。第二,保险合同条款为格式条款,投保方难以对之做出全面正确的理解,保险公司可能利用投保方的这一弱点,逃避保险责任。因此,保险的法律关系须建立在最大诚信的基础上,保险双方应严格遵循《中华人民共和国合同法》和《中华人民共和国保险法》的规定履行自身义务。

任务三　汽车保险欺诈的手段分析

1. 汽车保险欺诈的常用手段

在财产保险欺诈中，欺诈行为人的欺诈手段和方法是多种多样的。为了向保险公司隐瞒事实真相从而骗取保险赔偿金，欺诈人可能编造各种谎言，提供伪造或涂改过的虚假单证、逾额保险、制造各种假象等使保险索赔从表面上看似合情合理，促使保险公司误以为所谓的"保险事故"造成的"损失"属于其保险责任范围而错误地支付或准备支付保险赔偿金。因此，造成财产保险欺诈的表现形式也体现了多样性的特点。每一个具体的欺诈行为都可能根据具体情况有不同的表现形式，同一种发生的欺诈行为也表现出复杂性和多样性。但是在欺诈者纷繁多变的欺诈手段和方式中也体现出一定的规律性。在分析了大量案例以后，可将汽车保险欺诈归纳为如下几种情况。

1）利用汽车合同欺诈

保险欺诈是建立在合法保险合同基础上的，与其他合同欺诈或金融欺诈有所不同。汽车保险欺诈是建立在合法汽车保险合同基础上的，这类车险欺诈行为是直接利用合同的签订实现欺诈目的。主要表现为：

（1）投保人签订合同时故意虚构保险标的，拟骗取保险赔偿金。投保人为了骗取保险赔偿金而虚构了一个根本不存在的保险标的与保险人订立保险合同，并据此向保险人索要赔偿金。

（2）已签订合同，发生事故后冒充保险标的物，拟骗取保险赔偿金，主要指一些不法分子利用与保险标的物相像的其他物冒充标的物进行的保险欺诈行为，即通常所说的"冒名顶替"或"移花接木"等手段。对型号相同的几辆车，只投保一辆，哪辆出险就报哪辆，实际上是一份保险合同保了几辆车的风险。下面这个案件即属于此类。上海的宋某与曹某各有一辆昌河牌小客车，二人是朋友关系，宋某的车参加了保险，而曹某的车没有保险。某年2月，曹某的车出了事故受损，曹、宋两人为了骗取保险金，合谋上演了一出"移花接木"的闹剧。当时由宋某声称自己的车发生了事故，向保险公司索赔，并提供了事故车的照片和当地交管部门的证明材料复印件，正是这个字迹模糊的复印件引起了理赔人员的怀疑。经过保险公司多方查证，发现证明材料是对原件进行涂改复印的，而且受损车的发动机号码与被保险车的不符，同时也发现宋某的车完好无损，于是一起冒充被保险车辆的保险欺诈行为被揭穿。

（3）未签订合同，受损后再投保，拟骗取保险赔偿金。投保人在保险标的物已经灭失或受到损失的情况下，隐瞒真相向保险人进行投保，之后再通过索赔骗取保险赔偿金。这一欺诈行为一般发生在标的从未被保险的情况下，也可能发生在标的曾经被保险但有效期过后却未及时续保的情况下。在汽车保险业务中，最常见的就是刚过保的车辆。出事后报案将发案时间提前，再投保而后索赔，或是过了保险期而又没有续保的车辆出事后马上续保将发案时间推后，再索赔。例如，某县投保人郝某于2008年8月15日在未验车的情况下，与某保险公司签订了一份卡车的保险合同，数天后郝某报案称该车于8月23日发生事故，当即保险公司派人出现场并将事故车送修，且同意支付8 000元赔偿金，但郝某认为赔偿过低而拒领赔偿金。事拖两年后，郝某向法院起诉，要求保险公司除赔偿1.8万元修车费外，还应赔偿30万元的营运损失费。一审判决对保险公司不利，在上诉过程中保险公司对此案重新进行了调查,经过不懈努力,终于找到了两年前开事故车的肇事司机,从而了解到一个关键事实,即事故发生时间不是在投保后,而是在投保前一天(2008年8月14日)。由此案情完全转变,法院最终判保险合同无效,郝某承担全部损失。

(4) 重复签订合同,拟骗取超额保险赔偿金。重复保险是指投保人对同一保险标的、同一保险利益、同一保险事故分别向两个以上保险人订立保险合同的保险。财产保险是一种补偿性的保险,保险人对被保险人的赔偿数额,仅以被保险人因保险标的遭受的实际损失为限。不法分子为了骗取额外的保险赔偿金,往往故意向多个保险人进行保险,并隐瞒重复保险的情况,在保险事故发生后分别向不同的保险人提出保险金索赔的要求,以期同时获得多份赔偿;或是以超出保险标的实际价值的金额进行保险。

2) 利用汽车保险标的物的保险利益欺诈

(1) 故意编造未曾发生的汽车保险事故,拟骗取保险赔偿金。

投保人在没有保险事故发生的情况下,虚构事实,谎称发生了保险事故骗取保险赔偿金。如有的保户将车辆转让给他人,为了达到谋取非法利益的目的,伪造有关证据材料,向保险公司报称车辆"被盗",要求取得赔偿。例如,刘某在某保险公司投保了一辆东风140客车,在投保期将到的前三天,刘某报案称被保险车辆被盗,由于公安局暂时未破案,保险公司便向刘某付了5.6万元赔偿金。此后,保险公司并未放弃此案,经过和公安局的共同努力,终于侦破了此案。实际上不是盗车案,而是保险欺诈案,原来刘某眼看一年保险到期,又没有出事故,白白缴纳了保险费,感觉很亏,遂偷偷将车卖掉,再去骗赔。

(2) 故意制造汽车保险事故,拟骗取保险赔偿金。

行为人出于各种原因,在没有发生保险事故的情况下故意制造财产损失的保险事故,并借以向保险公司索赔。如对已快报废的车辆装饰后投保高额保金,然后精心策划保险事故发生,再索求赔偿。有这样一个案件,停薪留职的朱某,购得一辆准备报废的小汽车,该车原保险金额为4万元,朱某办理了保险过户手续后开起了出租,由于该车年久失修,无法正常运营,于是朱某动起了制造事故骗取保险的邪念。他将车从悬崖上推下,并点油燃烧,之后又用石头将车砸伤,制造车毁人伤的交通事故,当他向保险公司索赔时,却万万没有想到,他这场自编自演的闹剧在无意中被旁人完全目睹了,其下场只能是自食其果。

(3) 发生了事故,但故意扩大财产损失程度,拟骗取保险赔偿金。

保险事故发生时,被保险人本应有责任尽力采取必要的措施,防止或者减少损失。但投保人出于某种目的反而希望某些标的发生损失,因此不仅不采取补救措施,反而扩大损失程度,从而向保险公司索取赔偿。

3) 利用汽车保险责任欺诈

(1) 将免除责任变通为赔偿责任,拟骗取保险赔偿金。

对于保险合同责任范围外的原因造成的事故,不法分子故意对造成事故的原因做虚假的陈述或者隐瞒事实真相,使保险公司误以为所发生的事故在保险合同约定的保险责任范围内,并承担本不应承担的责任。如有的驾驶员酒后驾车出事,属于保险条款除外责任,损失是不能获得赔偿的,但被保险人为了达到骗赔目的,往往找关系出具证明为非饮酒出险,要求保险公司予以赔偿。例如,2003年北京市某房地产公司经理张某驾驶一辆法拉利轿车,因酒后驾车被撞毁,张某为骗取保险金,以蒙混手段从某交管部门开出了机动车辆保险出险证明,一年后便以109万元的修车费单据向某保险公司索取赔偿金,一辆新法拉利轿车的价值为 120 万元,而修理费竟高达 109 万元,这引起了保险公司的注意,于是派人到市交管部门核实交通事故认定书情况。经核查,这份事故认定书是在没有必要的法律手续的情况下,工作人员违反办案程序而私自签章出具的,交管部门出函予以撤销,保险公司最后不予赔偿。

(2) 将无责任或少部分责任变通为部分或全部责任,拟骗取保险赔偿金。

司机李某驾驶汽车倒车时,不慎撞上停放在小区内的张某的汽车,造成自己汽车后保险杠及后备厢损坏,张某汽车后保险杠损坏。在这起交通事故中,李某负全部责任,张某无责任。因李某只投保了机动车交通事故责任强制保险而未投保汽车损失保险,根据交强险赔付原则,对张某汽车造成的损失约 1 000 元,由李某投保的保险公司负责赔偿,而李某自己汽车的损失约 1 800 元,只能由自己承担。李某和张某是同一单位的职工,私人关系很好,张某的汽车投保了汽车损失保险,于是经过私下协商,张某谎称是自己倒车时撞上了李某的汽车,将事故责任变通为张某负全部责任,由张某的保险公司对李某的汽车进行赔偿的同时,对张某汽车的损失也进行了赔偿。

2. 汽车保险欺诈案例分析

1) 案情介绍

2014 年某日,某单位司机蔡某报案,称自己驾驶的捷达轿车行驶在 318 国道某路段时,不慎倾覆,车辆损毁,并有人员受伤。

保险公司林某、张某于 30 分钟内抵达事故现场。查勘表明,司机蔡某具有 20 多年驾龄,且在连续 4 年的投保中未出现索赔。而此次事故损失较大,玻璃全部破碎,驾驶室变形,左侧车厢板受损、空调、油箱、水箱等破裂,估计损失在 1 万元左右。事故原因为:高速行驶时,右前轮碾压人行道上一块较大的石头,导致车辆向左侧倾翻,并侧向滑行数米。在事故调查的过程中还获悉,有目击者看到出事前汽车像蛇一样扭着走了一段路程后压到石头后翻车。林某、张某对受伤人员进行了调查,蔡某及几名随人员伤情不大,但有一位姓刘的女士伤势较重。司机蔡某回忆事发经过说:当时车速约为 50 千米/小时,由于对方来车跨过了中线,自己一时心急,猛打方向盘时导致了翻车。

林某、张某根据现场查勘和人员描述,认为该案存在一些疑点。

(1) 司机蔡某经验丰富,且驾驶记录良好,在车速不高的情况下,所谓一时着急发生事故的可能性不大。

(2) 目击者反映车像蛇一样扭着走了一段路程,司机蔡某对此未予说明。

(3) 车辆在向左侧倾翻,且玻璃破碎、驾驶室变形、左侧车厢板受损的情况下,司机蔡某受伤不重,而刘女士受伤较重的情况可疑。

(4) 318 国道为双向 4 车道,两边各有不小于 3 米的人行道。当时并未超车,在左侧快车道行驶的可能性不大,即使对方来车超过中线,也不可能撞向在慢车道行驶的捷达。由此看来,司机蔡某的证言不真实。

(5) 现场查勘证实:人行道上的石头靠近人行道外侧,离慢车道约 2.5 米。汽车应该不会撞上它。

从以上疑点可以得出一个初步判断,即该案还存在隐情。于是,林某、张某开始着手解决一个问题,即捷达轿车为什么会偏离行车道,驶入人行道。可能的原因为:转向系统机械故障,转向失灵;轮胎损坏,导致方向偏离;路面打滑,摩擦系数小;司机疲劳开车,有打盹现象;司机酒后开车,判断错误;驾驶室内发生人为打斗,导致方向偏离;紧急避让过路的行人或动物;由技术不熟练的人或根本没有开过车的人开车所致。经林某、张某的逐一排除,认为只有"由技术不熟练的人或根本没有开过车的人开车所致"最有可能。于是两位查勘人员对车上受伤人员进行逐一询问,并与受伤严重的刘女士重点交谈。最后,案情真相大白:原来刘女士刚开始学驾驶,准备过段时间去考驾照,于是恳求蔡某让她过把开车瘾,增强自己的考试信心,并让蔡某当"教练"给予指导,未想刘女士掌握不住驾驶方向,来回"画龙",司机蔡某给她扶正方向时,刘女士又紧抓方向盘导致车偏离了行车道,进而导致了事故发生。

2) 案例分析

这是一起典型的冒名顶替案。先是由不具备驾驶资格的刘女士开车出事,再由具备驾驶资格的司机蔡某顶替,谎称事故是由自己造成的,从而想骗取保险公司的赔款。该种情况出现的原因是,被保险人知道机动车辆保险条款中规定对不具备驾驶资格的人员驾驶车辆导致的事故损失保险公司不予赔偿。另外,该案的识破完全凭借查勘定损员林某和张某的仔细查勘;否则,该案给予保险赔偿也是"顺理成章"的。所以对保险欺诈案件的预防必须要有一支经验丰富、工作认真的查勘队伍。

任务四 汽车保险欺诈的风险控制

面对汽车保险欺诈日益增多的客观现实,通过对其产生原因的分析,根据各类骗赔案件不同的特点,再加上在实践中取得的经验和吸取的教训,可制定如下措施遏制汽车保险欺诈现象的蔓延。

1) 加强保险知识和法律知识的宣传普及

防止保险欺诈的决定因素是公众意识。因此,保险公司应该加大保险知识和相关法律法规的宣传,增强公民的保险意识和法制意识。让广大公民充分认识到保险业不是福利事业,减少对保险认识的误区,为保险业营造良好的经营环境。

2) 加强与有关部门的合作

首先,加强与政法部门的合作。一旦发现关于汽车保险的欺诈骗赔案件,保险公司应严格依法处理,绝不姑息迁就,充分发挥法律法规的作用。对应负行政责任的,应配合有关行政部门予以查办;对构成犯罪的,要积极配合政法部门将犯罪分子绳之以法。其次,加强与司法鉴定部门的合作。保险公司应该加强与司法鉴定部门的联系,发挥各自的特长,以期从科学证据上充分揭露汽车保险欺诈犯罪活动。再次,加强与警方的合作。一些可疑的索赔案件可借助警方的刑事侦查优势,达到有效识别汽车保险欺诈案的目的。最后,加强行业合作。各保险公司应在不泄露商业秘密的前提下,进行反欺诈合作。通过建立全行业的数据库,实现信息共享,利用技术手段防止重复保险和多次索赔现象的发生。

3) 发挥公众监督作用

俗话说:"要想人不知,除非己莫为。"尽管汽车保险欺诈骗赔行为具有隐蔽性,但是如果广泛地发挥社会力量,注重收集相关信息,也是不难识破刻意的欺诈骗赔行为的。为此,应建立和完善相关的制度,发挥社会公众的监督作用,如建立汽车保险欺诈举报制度,对揭发、检举欺诈行为的单位和个人,按挽回保险损失数额的一定比例给予奖励。在社会公众的广泛监督下,使保险欺诈行为成为众矢之的。

4）加强内部制度建设

（1）加大反汽车保险欺诈骗赔工作的投入。保险公司要提高对反保险欺诈骗赔工作的认识，加大对反保险欺诈骗赔工作的投入，为反保险欺诈骗赔工作配备必要的人力，注意培养反保险欺诈骗赔专门人才。从国外保险业的经验看，对反欺诈的初始投入最终可得到3～6倍的回报。

（2）加强风险评估，提高承保质量。风险防范需从承保抓起。在验标与核保工作上，当投保人提出投保申请后，保险公司应严格审查申请书中所填写的各项内容和与汽车有关的各种证明材料。必要时，应对汽车进行详细的调查，以避免保险欺诈的发生；在实务操作上，应严格按照承保业务操作规程，对投保车辆进行风险评估。

（3）建立高水平的理赔队伍。高素质的从业人员，是做好理赔工作、识别保险欺诈的基本保障。目前，汽车工业发展迅猛，新技术、新材料随着新款车型的不断推出而日新月异，这就要求理赔人员必须及时了解信息和掌握新技术、新工艺，加快新知识的学习与更新。对此，保险公司可以招聘一些车辆保险与理赔专业的高校毕业生从事车险理赔工作，同时，对员工进行经常性的新知识培训，从而保证拥有一支高水平的理赔队伍。

（4）加强查勘定损工作。主要是加强第一现场查勘率，加快对索赔案件的反应速度。经验表明，在很多汽车保险欺诈骗赔案件中被保险人事先并未做特别充分的骗赔准备，保险公司理赔人员的迅速反应，可以制止和揭穿一些欺诈案件。

（5）完善内部监控机制。首先，要对员工加强思想教育，增强风险意识，把防范和化解风险作为公司生存和发展的根本所在。其次，保险公司内部要建立承保核审制度，对承揽的业务要按程序对风险进行多次识别、评估和筛选，以便有效控制责任，确保承保质量。最后，要建立规范的理赔制度，实行接案人、定损人、理算人、审核人、审批人分离制度和现场查勘双人制，人人把关、各司其职、互相监督、严格防范，以确保理赔质量。对以赔谋私或内外勾结实施欺诈骗赔者，必须依法严惩。

5）完善汽车保险欺诈的民事责任

当被保险人、投保人、受益人单独实施汽车保险欺诈时，违反了汽车保险合同的义务，应承担违约责任；当相关单位及其工作人员，如鉴定人、证明人、评估人、车辆修理厂等与被保险人、投保人、受益人共同实施车险欺诈行为时，被保险人、投保人、受益人承担违约责任，其他相关单位及其工作人员承担侵权责任；当相关单位及其工作人员或第三人单独实施汽车保险欺诈行为时，应承担侵权责任。由此可见，汽车保险活动中，凡实施欺诈行为，拟骗取保险金的自然人和法人都应视作汽车保险欺诈的责任主体，而不仅仅是被保险人、投保人、受益人。仅把被保险人作为违约责任主体是恰当的，但要把被保险人作为汽车保险欺诈的民事责任唯一责任主体，必然放纵了相当部分的违法者，而且会误导更多人以身试法。

6）明确汽车保险欺诈的认定标准

第一，明确骗取保险金（数额较大）是保险诈骗罪既遂、未遂的区别标准，而不是罪与非罪的标准。在保险诈骗罪中，骗取数额较大的保险金是行为人主观目的与客观行为的统一，对于以骗取数额较大甚至数额巨大的保险金为目的实施欺诈行为，而实际上只骗得数额较小的保险金或者因被揭穿而没有骗得保险金的，应当以犯罪未遂处罚。当然如果行为人一开始就以骗取数额较小的保险金为目的，则不构成本罪。第二，明确汽车保险欺诈行为人向保险人提出申请索赔，是区别是否构成欺诈责任的标准。无论主体是谁，只要向保险人申请索赔，并骗取保险金的，都应认为对保险人构成侵权，但已向保险人申请索赔，未骗取保险金的，应予以行政处罚。另外，当汽车保险欺诈主体是被保险人时，则应当视为被保险人侵犯保险人财产权利的侵权责任和违反汽车保险合同义务的违约责任。

7) 借鉴外国经验,成立反汽车保险欺诈组织

建议借鉴美、英、德等国的先进经验,成立反汽车保险欺诈组织。反汽车保险欺诈组织首先要建立汽车保险案件索赔信息中心,对汽车保险案件的时间、损失和原因等统计分析,找出那些出险频率高、理赔次数多、精心策划的惯犯进行汽车保险欺诈的规律,加强各保险公司之间的信息交流,实现保险行业间、保险与交通事故处理部门之间信息共享,让重复骗赔、连续骗赔、以骗赔为职业的信息自动预警提醒保险人,避免上当。

该组织应该利用自己的专门技术知识与科技手段为打击汽车保险欺诈提供强有力的工具,为立法机构提供可靠的反汽车保险欺诈的立法建议。

该组织性质同样可以借鉴英、美等国,以保险协会会员、保险人等组成,为非营利性组织,经费来自保险公司缴纳的会费,想必这些费用的支出将远远小于每年用于支付汽车保险欺诈的经费。

我们也应当看到,我国汽车保险业的经营环境尚不尽如人意,需要强化监督管理和完善法规建设。面对层出不穷的欺诈骗赔手段,从经营的角度而言,保险公司要加强内外两个方面的工作以防止汽车保险欺诈骗赔现象的蔓延。对内,应重视反欺诈工作和重视员工素质的提高,以及加强承保与理赔工作的管理;对外,应加强保险知识和保险法规的宣传普及工作,加强与相关部门的合作,以及充分发挥公众的监督作用等。同时,从自身做起,倡导诚实守信的社会道德准则。

【思考题】

1. 名词解释

①汽车保险欺诈;②超额投保;③重复保险;④隐情投保。

2. 简答题

(1) 汽车保险欺诈的成因是什么?

(2) 简述汽车保险欺诈的危害。

(3) 汽车保险欺诈的常见表现形式有哪些?

(4) 如何预防汽车保险欺诈的发生?

3. 论述题

(1) 论述汽车保险欺诈的特征。

(2) 论述汽车保险欺诈的常用手段。

(3) 如何提高汽车保险欺诈案件的识别能力?

4. 案例分析

下面为恶意重复保险构成骗保骗赔的典型案例。

2013年5月,王某将其私有的富康牌汽车向某市多家保险公司投保了足额的车辆损失险和第三者责任险,车辆损失险保险金额为13万元,保险期为一年。同年8月,王某伙同几名保险公司内部工作人员策划制造该车停车时被其他车辆撞毁、肇事车辆逃逸的伪造现场。分别从各保险公司骗取高额保险赔偿金30多万元,事后王某与其他几人私分该款。不久,此事败露,被公安机关立案侦破。

请根据上述资料,结合所学内容,对案例进行分析。

项目 10
汽车消费贷款及其保险

任务一　汽车消费贷款

1. 汽车消费贷款的概念

汽车消费贷款是银行和财务公司等金融机构为购买汽车的购车者发放的人民币担保贷款。

担保是指保证人与借贷合同当事人之间达成的关于被保证的当事人不履行或者履行合同时，保证人代为履行或者连带承担赔偿损失责任的协议。保证贷款是指贷款人按照《中华人民共和国担保法》(简称《担保法》)规定的保证方式，以第三人承诺在借款人不能偿还贷款本息时，按照规定承担连带责任而发放的贷款。保证人为借款人提供的贷款担保为不可撤销的全额连带责任保证，包括贷款合同规定的贷款本息和由贷款合同引起的相关费用以及由贷款合同引发的所有连带民事责任。

1) 我国汽车消费贷款的业务种类

我国汽车消费贷款的业务种类主要有：以车供车贷款、住房抵押机动车消费贷款、有价证券质押机动车消费贷款。

(1) 以车供车贷款。申请者不愿或不能采取房屋抵押、有价证券质押的形式申请机动车消费贷款，并向保险公司购买履约保险，收到保险公司出具的履约保证保险承保确认书后，便可到银行办理消费贷款，凭银行出具的贷款通知书到汽车经销商处提取车辆。

(2) 住房抵押机动车消费贷款。以已出契证的自有产权住房作抵押，提交有关申请资料，交齐首期款并办妥房产抵押登记手续，便可获得机动车消费贷款。抵押是指债务人为了保证主合同的履行，以其所有的财产(如房产或车等)作为履行合同的担保。当其不履行或者不能履行合同时，债权人依照有关法律或合同约定处理该抵押物。

(3) 有价证券质押机动车消费贷款。以银行开具的定期本和外币存单、银行承销的国库券或其他有价证券作质押，可以申请机动车消费贷款。质押贷款是指贷款人按照《担保法》规定的质押方式，以借款人或第三者的动产或权利为质押物发放的贷款。

2) 汽车消费贷款的贷款人、借款人

汽车消费贷款的贷款人为经中国人民银行批准的商业银行或其他金融机构。未经中国人民银行批准，其他任何单位和个人不得开办机动车消费贷款业务。

借款人为在中国境内有固定住所的中国公民及企业、事业法人单位。机动车消费贷款的借贷双方应签订书面贷款合同。

2. 汽车消费贷款的作用

1) 汽车消费信贷能将潜在的需求转变成现实的购买力

汽车既是消费品也是生产品。因此，汽车的普及既可提高人们的生活质量，也可提高工作效率。

汽车消费的最大群体是20~40岁的中青年，这一消费群体的特点是现收入可能不是很高，但未来收入较高。汽车消费信贷能够帮助中青年提前购买汽车，解决其现收入不高与未来收入较高之间的矛盾，从而促进这一群体将未来购买转化为现实购买。另外，中青年可以通过汽车消费信贷购买商用车而有效进行创业。

2) 发达国家汽车产业发展依赖于汽车消费信贷

发达国家很早就开始了汽车消费信贷业务,美国早在20世纪20年代就开始了此业务。目前,通过信贷和租赁买车的比例美国为92%,英国为80%,日本为44%。

汽车消费信贷不仅有利于汽车销售,更重要的是拓展了汽车产业链。有资料表明,2000年通用汽车金融服务公司的利润占通用汽车公司总利润的36%,福特汽车金融服务的收入也大致占到整个福特汽车公司收入的20%以上。

3) 我国汽车消费信贷对汽车产业发展具有一定的影响

在我国现行购车贷款存在诸多不便的情况下,2003年仍然有40%左右的私人轿车消费者选择贷款购车。2004年,国家实施宏观经济调控以来,私人轿车贷款购车的比重降为10%左右,这是造成2003年的汽车市场"井喷"与2004年汽车市场"寒流"的原因之一。以上情况表明,汽车消费信贷对我国汽车产业的发展具有一定的影响。

我国汽车消费信贷滞后影响了我国汽车产业的发展。我国汽车的年需求量低于经济发展水平,我国汽车年需求量偏低的原因之一是消费信贷滞后。

我国汽车消费信贷滞后的具体表现主要有:

(1) 汽车消费信贷开展较晚。1993年,中国北方兵工汽车贸易公司第一次提出汽车分期付款概念,首开我国汽车消费信贷先河。1998年10月,中国人民银行正式发布《汽车金融管理条例》,当时的四大商业银行被授权经营汽车贷款业务。

(2) 信贷手续烦琐。一般来说,目前我国汽车消费信贷的用户需要准备的材料有身份证、户口簿、收入证明、住房证明、第三方担保证明等。贷款购车需要经过经销商、银行、保险公司、车管所、公证处等诸多部门。这样,从文件准备到银行放款,一般需要7~10天的时间,而在美国贷款购买一般只需20分钟左右,用户就可以把车开走。

(3) 可供选择的信贷机构较少。在国际上,汽车销售融资机构主要有三类:一是商业银行,二是独立的信贷公司或财务公司,三是汽车公司专属的融资机构。商业银行的优势是资金雄厚,但是,其业务范围广泛,难以专注于汽车的销售融资。汽车公司所属融资机构,专业性强,与汽车生产和销售关系密切,有利于专注汽车销售融资,但资金能力往往有限。而独立的信贷公司或财务公司则介于两者之间。在欧美国家,20%的汽车融资业务由银行兼做,80%的市场份额则由汽车金融公司所占据。

在《汽车消费信贷管理办法》出台之前,车贷业务几乎全由银行所控制。目前,通用、大众、丰田、福特汽车已获准在中国成立独资或合资汽车金融公司,而大众汽车金融公司已开业。

我国汽车消费信贷的主要问题是我国汽车消费信贷坏账率过高。截至2004年10月,全国汽车贷款已经达到1 833亿元,其中整个汽车贷款坏账1 000亿元,并且这1 000亿元的汽车不良贷款只统计了银行部门的,不包括汽车金融公司的数据。在欧洲市场,这个数据在0.5%左右。过高的坏账率导致保险公司退出汽车消费信贷业务。由于出险率太高,全国保监会于2003年7月就发出通知,要求从2003年8月1日起,全国一律停办汽车消费信贷保证保险。

在国外,由于个人信用制度健全、抵押制度完善,一切金融活动均被资信公司记录在案,并将其网络化,免去了银行鉴别申请人相关信息的繁杂劳动,不但节约了贷款成本,也使贷款手续简便化。此外,国外法制环境完善,既扼制了汽车消费信贷者的违法行为,也在违法事件发生时能及时处理。

我国汽车消费信贷发展的主要措施有:建立健全的信用体系,完善的法律环境,提高消费者素质。

3. 汽车消费贷款的有关规定

1) 贷款条件

(1) 个人。

① 具有完全民事行为能力。

② 具有稳定的职业和偿还贷款本息的能力,信用良好。

③ 能够提供有效的抵押物或质物,或有足够代偿能力的个人或单位作为保证人。

④ 能够支付本办法规定限额的首期付款。

⑤ 贷款人规定的其他条件。

(2) 具有法人资格的企业、事业单位。

① 具有偿还贷款的能力。

② 在贷款人指定的银行存有不低于规定数额的首期购车款。

③ 有贷款人认可的担保。

④ 贷款人规定的其他条件。

2) 贷款期限、利率和限额

(1) 汽车消费贷款期限最长不超过 5 年(含 5 年,下同)。

(2) 汽车消费贷款利率按照中国人民银行规定的同期贷款利率执行。

(3) 借款人的借款额应符合以下规定:

① 以质押方式申请贷款的,或银行、保险公司提供连带责任保证的,首期付款额不得少于购车款的 20%,借款额最高不得超过购车款的 80%。

② 以所购车辆或其他不动产抵押申请贷款的,首期付款额不得少于购车款的 30%,借款额最高不得超过购车款的 70%。

③ 以第三方保证方式申请贷款的(银行、保险公司除外),首期付款额不得少于购车款的 40%,借款额最高不得超过购车款的 60%。

3) 汽车消费贷款担保

(1) 借款人向贷款人申请汽车消费贷款,必须提供担保。借款人可以采取抵押、质押或以第三方保证等形式进行担保。担保当事人必须签订担保合同。

(2) 以抵押形式申请汽车消费贷款的,借款人在获得贷款前,必须按照《担保法》第四十一、四十二条的规定办理抵押物登记。若借款人以所购汽车作为抵押物,则应以该车的价值全额抵押。

(3) 借款人应当根据贷款人的要求办理所购车辆保险,保险期限不得短于贷款期限。在抵押期间,借款人不得以任何理由中断或撤销保险。在保险期内,如发生保险责任范围以外的损毁,借款人应及时通知贷款人,并提供其他担保,否则贷款人有权提前收回贷款。

(4) 保证人失去保证能力、保证人破产或保证人分立的,借款人应及时通知贷款人,并重新提供担保,否则贷款人有权提前收回贷款。

(5) 借款人在还款期限内死亡、失踪或丧失民事行为能力后无继承人或受遗赠人,或其法定继承人、受遗赠人拒绝履行借款合同的,贷款人有权依照《担保法》的规定处理抵押物或质物。

(6) 借款人有下列情形之一的,贷款人有权按中国人民银行《贷款通则》的有关规定对借款人追究违约责任。

① 借款人不按期归还贷款本息的。

② 借款人提供虚假或隐瞒重要事实的文件或资料,已经或可能造成贷款损失的。

③ 未按合同规定使用贷款,挪用贷款的。

④ 套取贷款相互借贷牟取非法收入的。

⑤ 未经贷款人同意,借款人将设定抵押权或质押权财产或权益拆迁、出售、转让、赠予或重复抵押或质押的。

⑥ 借款人拒绝或阻挠贷款人监督检查贷款使用情况的。

⑦ 借款人用于抵押、质押的财产不足以偿还贷款本息,或保证人因意外情况不能偿还贷款本息,而借款人未按要求重新落实抵押、质押或保证的。

⑧ 借款人偿还贷款本息后,借款合同自行终止。贷款人在借款合同终止30日内办理抵押或质押登记注销手续,并将物权或质押权证明等凭证退还借款人。

⑨ 抵押物、质押物的评估、保险、登记、公证等费用由借款人承担。

4) 汽车消费贷款的程序

汽车消费贷款的借款人,可以通过两种途径来获得分期偿还贷款进行购车。一种途径是直接贷款,另一种途径是间接贷款。

直接贷款是消费者直接向银行申请贷款并从银行取得贷款。

间接贷款是指借款者向某种商品的零售商提出借款申请并与其商定贷款条件,然后由零售商将已商定的贷款协议交由银行审批,银行批准后按照事先商定的条件向零售商发放贷款,由零售商再将贷款提供给消费者。

(1) 借款人直接向银行申请汽车消费贷款的贷款程序。

① 咨询。客户到银行营业网点进行咨询,网点为用户推荐已与银行签订汽车消费贷款合作协议书的特约经销商。

② 选购汽车。到经销商处选定拟购汽车,与经销商签订购车合同或协议。

③ 贷款申请。到银行网点提出贷款申请,必需的资料有:

a. 个人:贷款申请书、有效身份证件、职业和收入证明以及家庭基本状况、购车协议或合同、担保所需的证明或文件、购车协议或合同、担保所需的证明或文件及贷款人规定的其他条件。

b. 法人:贷款申请书;企业法人营业执照或事业法人执照、法人代表证、法定代表人证明文件;人民银行颁发的贷款证;经会计(审计)师事务所审计的上一年度的财务报告及上一个月的资产负债表、损益表和现金流量表;抵押物、质押物清单和有处分权同意抵押、质押的证明,抵押物还须提交所有权或使用权证书、估值、保险文件,质押物还须提供权利证明文件、保证人同意保证的文件;贷款人规定的其他条件。

借款人应当对所提供材料的真实性和合法性负完全责任。

④ 资信调查。银行在受理借款申请后有权对借款人和保证人的资信情况进行调查,对不符合贷款条件的,银行会在贷款申请受理后十五个工作日内通知借款人;对符合贷款条件的,银行将提出贷款额度、期限、利率等具体意见,及时通知借款人办理贷款担保手续,签订

汽车消费借款合同。

⑤ 办理保险。借款人在银行指定的保险公司预办抵押物保险，并在保单中明确第一受益人为银行，保险期限不得短于贷款期限。

⑥ 银行向经销商出具汽车消费贷款通知书，借款人同时将购车首期款支付给经销商。

⑦ 经销商在收到汽车消费贷款通知书及收款凭证后，协助借款人到相关部门办理缴费及领取牌照等手续，并将购车发票、各种缴费凭证原件及行驶证复印件直接移交到银行。

⑧ 借款人以所购汽车作抵押的，其保险单、购车发票等凭证在贷款期间由银行保管。在合同期内，银行有权对借款人的收入状况、抵押物状况进行监督，对保证人的信誉和代偿能力进行监督，借款人和保证人应提供协助。

（2）借款人向汽车经销商申请汽车消费贷款的贷款程序。

① 客户咨询与资格初审。客户咨询时，经销商须向客户提供汽车消费贷款购车须知、购车常识、汽车消费贷款实际操作问答、车辆价格明细表、消费贷款购车费用明细表、汽车分期付款销售计算表、客户个人资料明细表和客户登记表等。当客户决定采用消费贷款形式购车时，需要填写消费贷款购车初、复审意见表，消费贷款购车申请表等。经销商对客户的消费贷款购车进行初步的资格审查并签署意见。

② 资格复审与银行初审。经销商对客户进行资格复审时，客户需要填写消费贷款购车资格审核调查表、银行的汽车消费贷款申请书。资格复审结束时，经销商需要对消费贷款购车初、复审意见表签署复审意见，并将经过复审客户的相关材料提交银行进行初审鉴定。

客户文件交银行初审后，经销商需要在消费贷款购车资格审核调查表、汽车消费贷款申请书等文件上的审批栏内签署意见。

③ 签订购车合同书。银行初审鉴定后，经销商与客户签订购车合同书，通知客户交付首期购车款，并为客户办理银行户头和银行信用卡，客户填写车辆验收交接单。

④ 经销商与客户办理抵押登记手续及各类保险、公证。在对合同协议进行公证时，需要填写经济事务公证申请表、公证处接洽笔录等。办理保险时，需要填写汽车保险投保单、汽车分期付款售车信用保险或保证保险投保单及其问询表，需要为保险公司准备相关的客户文件。

⑤ 银行终审。将填写的个人消费贷款保证合同、委托付款授权书、委托收款通知书、个人消费贷款借款合同等所有相关文件报银行终审。

⑥ 车辆申领牌照与交付使用。上述程序履行完以后，银行将贷款划拨经销商。经销商协助为车辆申领牌照，并将车辆交由客户使用。经销商应留下购车发票、车辆购置附加费发票、车辆合格证以及车辆行驶证复印件等。

任务二　汽车消费贷款保证保险

近几年来，住房按揭业务的普及让越来越多的消费者渐渐地接受了按揭消费的观念，越来越多的汽车通过汽车消费贷款的方式进入百姓家庭。从汽车消费贷款的程序我们可以了解到主要的风险承担方是银行，随着汽车消费贷款业务的迅速增长及市场规模的扩大，贷款风险问题已成为商业银行日益重视的一个课题。银行为了有效化解风险，对保险公司提供的汽车消费贷款保证保险的需求大幅提高。

一、汽车消费贷款保证保险的相关管理

汽车消费贷款保证保险的推出,能帮助银行有效锁定风险,为保险公司创造了新的利润增长点,让消费者尽享金融便利服务,促进了汽车产业的发展。

1)汽车消费贷款保证保险条款基本知识

(1)基本概念。

① 投保人。汽车消费贷款投保人是指根据中国人民银行《汽车消费贷款管理办法》的规定,与被保险人订立汽车消费贷款合同,以贷款购买汽车的中国公民、企业、事业单位法人。

② 被保险人。汽车消费贷款被保险人是指为投保人提供贷款的国有商业银行或经中国人民银行批准经营汽车消费贷款业务的其他金融机构。

③ 保险责任事故。投保人逾期未能按汽车消费贷款合同规定的期限偿还欠款满一个月的,视为保险责任事故发生。

保险责任事故发生后6个月,投保人不能履行规定的还款责任,保险人负责偿还投保人的欠款。

④ 责任免除。

A. 由下列原因造成投保人不按期偿还欠款,导致被保险人的贷款损失的,保险人不负责赔偿。

a. 战争、军事行动、暴动、政府征用、核爆炸、核辐射或放射性污染。

b. 因投保人的违法行为、民事侵权行为或经济纠纷致使其车辆及其他财产被罚没、查封、扣押、抵债及车辆被转卖/转让。

c. 因所购车辆的质量问题及车辆价格变动致使投保人拒付或拖欠车款。

B. 由于被保险人对投保人提供的材料审查不严或双方签订的汽车消费贷款合同及其附件内容进行修订而事先未征得保险人书面同意,导致被保险人不能按期收回贷款的损失。

C. 由投保人不履行汽车消费贷款合同规定的还款义务而导致的罚息、违约金,保险人不负责赔偿。

(2)保险期限和保险金额。

① 汽车消费贷款保险期限是从投保人获得贷款之日起,至付清最后一笔贷款之日止,但最长不得超过汽车消费贷款合同规定的最后还款日后的一个月。

② 汽车消费贷款保险金额为投保人的贷款金额(不含利息、罚息及违约金)。

(3)投保人与被保险人的义务。

① 投保人义务。

投保人必须在本合同生效前,履行以下义务:

a. 一次性缴清全部保费。

b. 必须依法办理抵押物登记。

c. 必须按中国人民银行《汽车消费贷款管理办法》的规定为抵押车辆办理车辆损失险、第三者责任险、盗抢险、自燃险等保险,且保险期限至少比汽车消费贷款期限长6个月,不得中断或中途退保。

② 被保险人义务。

a. 被保险人发放汽车消费贷款对象必须为贷款购车的最终用户。

b. 被保险人应按中国人民银行《汽车消费贷款管理办法》严格审查投保人的资信情况,在确认其资信良好的情况下,方可同意向其贷款。

资信审查时应向投保人收取以下证明文件,并将其复印件提供给保险人,内容包括:个人的身份证及户籍证明原件,工作单位人事及工资证明或居委会出具的长期居住证明;法人的营业执照、税务资信证明等。

c. 被保险人应严格遵守国家法律、法规,做好欠款的催收工作和催收记录。

d. 被保险人与投保人所签订的汽车消费贷款合同的内容如有变动,须事先征得保险人的书面同意。

e. 被保险人在获得保险赔偿的同时,应将其有关追偿权益书面转让给保险人,并协助保险人向投保人追偿欠款。

f. 被保险人不履行上述规定的各项义务的,保险人有权解除保险合同或不承担赔偿责任。

(4) 赔偿处理。

① 当发生保险责任范围内的事故时,被保险人应立即书面通知保险人,如属刑事案件,应同时向公安机关报案。

② 被保险人索赔时应先行处分抵押物抵减欠款,抵减欠款不足部分由保险人按本条款赔偿办法予以赔偿。被保险人索赔时如不能处分抵押物,应向保险人依法转让抵押物的抵押权,并对投保人提起法律诉讼。

③ 被保险人索赔时,应向保险人提供以下有效单证:

a. 索赔申请书。

b. 汽车消费贷款保证保险和汽车保险保单正本。

c. 汽车消费贷款合同(副本)。

d. 抵押合同。

e. 被保险人签发的逾期款项催收通知书。

f. 未按期付款损失清单。

g. 保险人根据案情要求提供的其他相关证明材料。

④ 在符合规定的赔偿金额内实行20%的免赔率。

⑤ 关于抵押物的处分及价款的清偿顺序按抵押合同的规定处理。

(5) 其他事项。

① 本保险合同生效后,不得中途退保。

② 发生保险责任事故后,被保险人从通知保险人发生保险责任事故当日起6个月内不向保险人提交规定的单证,或者从保险人书面通知之日起1年内不领取应得的赔款的,即视为自愿放弃权益。

③ 在汽车发生全损后,投保人获得的汽车保险赔偿金应优先用于偿还汽车消费贷款。

④ 保险人和被保险人应协商解决本保险项下发生的纠纷和争议。如协商不成,可向人民法院提起诉讼。除事先另有约定外,诉讼应在保险人所在地进行。

⑤ 费率规章。投保人所买保险的保险期限和费率如表 10-1 所示。

表 10-1　保险期限和费率

保险期限	1 年	2 年	3 年	4 年	5 年
费率/(%)	1	2	3	4	5

投保人所交保险费按下式计算，即：

$$保险费 = 保险金额 \times 保险费率$$

其中，保险期限不足 6 个月，按 6 个月计算，费率为 0.5%；保险期限超过 6 个月不满 1 年，按 1 年计算，费率为 1%。

例如：保险期限为 2012 年 6 月 1 日至 2013 年 9 月 1 日，保险期限为 1 年 3 个月，则保险期限按 1 年 6 个月计算，费率为 1%+0.5%，即 1.5%；保险期限为 2012 年 4 月 1 日至 2013 年 11 月 1 日，保险期限为 2 年 7 个月，则保险期限按 3 年整计算，费率为 2%+1%，即 3%。

2) 《机动车辆分期付款售车信用保险条款(试行)》基本知识

分期付款售车是我国汽车销售行业采取的多种汽车销售方式之一，为确保汽车销售商开展的分期付款销售汽车业务的顺利进行，也为了让保险业适应当前国内汽车销售的新变化，寻找新的车险业务增长点，我国设立了汽车分期付款售车信用保险这一特别约定保险。

(1) 保险双方界定。

① 投保人、被保险人。汽车分期付款售车信用保险的投保人、被保险人是分期付款的售车人。

② 担保人。汽车分期付款售车信用保险的担保人是指按照被保险人的要求，接受分期付款购车人的请求，为分期付款购车人所欠债务承担连带责任者。

(2) 保险责任。

① 购车人在规定的还款期限到期 3 个月后未履行或仅部分履行规定的还款责任的，保险人负责偿还该到期部分的欠款或其差额。

② 如购车人连续两期未偿还到期欠款，保险人代购车人向被保险人清偿第一期欠款后，于第二期还款期限到期 3 个月后，向被保险人清偿购车人所有的欠款。

(3) 除外责任。

由下列原因造成购车人不按期偿还欠款，导致被保险人的经济损失的，保险人不负责赔偿。

① 战争、军事行动、核爆炸、核辐射或放射性污染。

② 因购车人的违法犯罪行为以及经济纠纷致使其车辆及其他财产被罚没、查封、扣押、抵债。

③ 因所购车辆的质量问题致使购车人拒付或拖欠车款。

④ 因车辆价格变动致使购车人拒付或拖欠车款。

⑤ 被保险人对购车人资信调查的材料不真实或售车手续不全。

⑥ 被保险人在分期付款售车过程中的故意和违法行为。

(4) 保险期限和保险金额及相关费率。

① 保险期限。保险期限是从购车人支付规定的首期付款日起，至付清最后一笔欠款日

止,或至该份购车合同规定的合同期满日为止,二者以先发生为准,但最长不超过3年。

② 保险金额。保险金额为购车人首期付款(不低于售车单价的30%)后尚欠的购车款额(含资金使用费)。

$$保险费=保险金额\times 保险费率$$

③ 保险费率。汽车分期付款售车信用保险的保险费率如表10-2所示。

表10-2 分期付款售车信用保险费率

分期付款时间	6个月	7～12个月	1年	1年3个月	1年6个月	1年9个月	2年	2年3个月	2年6个月	2年9个月	3年
费率/(%)	0.60	1	1	1.25	1.50	1.75	2	2.25	2.50	2.75	3

(5) 赔偿处理。

① 当发生保险责任范围内的事故时,被保险人应立即书面通知保险人,如属刑事案件,应同时向公安机关报案。

② 被保险人索赔时应交回抵押车辆,由保险人按《机动车辆分期付款售车信用保险条款(试行)》第二十三条和第二十四条的办法处分抵押物抵减欠款,抵减欠款不足部分由保险人按本条款赔偿办法予以赔偿。

③ 若被保险人无法收回抵押车辆,应向担保人追偿,若担保人拒绝承担连带责任,被保险人可提起法律诉讼。

④ 被保险人索赔时,需根据出险情况,提供以下有效证明文件:索赔申请书(应注明购车人未履行按期偿还余款和担保人未履行连带责任的原因、索赔金额及其计算方法)、分期付款购车合同、保单正本、被保险人签发的逾期款项催收通知书、未按期付款损失清单、代收款银行提供的代收款情况证明、向担保人发出的索赔文件、县及县以上公安机关出具的立案证明、法院受理证明、产品质量检验报告或裁决书及保险人要求提供的其他相关文件。

⑤ 在下列情况下,每车实行免赔。

在第一种保险责任情况下:

$$赔款金额=当期应付购车款或差额\times(1-20\%)$$

在第二种保险责任情况下:

$$赔款金额=逾期款收回欠款金额\times(1-20\%)$$

⑥ 被保险人在获得保险赔偿的同时,应将其有关追偿权益书面转让给保险人,并积极主动协助保险人向购车人或担保人追偿欠款。

(6) 被保险人义务。

① 被保险人应要求购车人提供具有担保资格的担保人,并以所购汽车作为抵押。

② 被保险人应严格遵守购销合同、抵押合同、质押合同等有关必备合同的规定。

③ 被保险人应严格审查购车人和担保人的资信情况,在确认其资信良好的情况下,方可按分期付款方式销售车辆。

资信审查时向购车和担保人收取以下证明文件,并予以登记,内容包括:个人的身份证及户籍证明原件;工作单位人事及工资证明或居委会出具的长期居住证明;法人的营业执照、税务登记证复印件、营业场所证明、法人代表身份证明、单位的开户行、户名及账号,银行及税务资信证明等。保险人有权要求被保险人提供上述证明文件。

④ 被保险人应按时向保险人缴纳保险费。

⑤ 被保险人应严格遵守国家法律、法规及分期付款购买汽车合同中的责任和义务,经常检查分期付款合同的执行情况,做好欠款的催收工作和催收记录,对保险人提出的防损建议,应认真考虑并付诸实施。

⑥ 被保险人的分期付款购买汽车合同如有变动,须事先征得保险人的书面同意。被保险人改变经营方式如对购车人分期付款产生了较大影响,应及时书面通知保险人。

⑦ 被保险人不履行本条款规定的各项义务的,保险人有权终止保险合同或拒绝赔偿。

(7) 追偿及抵押物处分

① 保险人支付保险赔款之后,即取代被保险人的地位,行使对购车人的追偿权利,包括接管为被保险人债权而设计的任何抵押物。

② 保险人有权按下列任意一种方式处分抵押物:拍卖、转让、兑现或其他合理的方式。

③ 抵押物经处分后,按下列顺序分配价款。

a. 支付处分费和税金。

b. 清偿被保险人应得款项。

c. 清偿保险人应得的所有款项。

d. 如上述款项仍有余额,该余额应归还购车人。如上述款项不足清偿欠款,被保险人应积极协助保险人向购车人追偿。

(8) 其他事项。

① 对超出保险金额或保险期限的任何欠款,保险人不承担任何赔偿责任。

② 保险人对购车人因未能按期履行主合同引起的罚息和违约金不承担赔偿责任。

③ 发生保险责任事故后,被保险人从通知保险人发生保险责任事故当日起 3 个月内不向保险人提交规定的单证,或者从保险人书面通知之日起 1 年内不领取应得的赔款的,即视为自愿放弃权益。

④ 保险人赔偿后,若发现是由于被保险人的欺骗等行为造成保险人错赔的,保险人有权追回赔款。

⑤ 本保险一经承保,中途不得退保。

⑥ 保险人和被保险人应本着"实事求是、公平合理"的原则协商解决本条款项下发生的纠纷和争议。如协商不成,可提交工商行政管理部门进行调解、仲裁,向法院提起诉讼。除事先另约定外,仲裁或诉讼应在保险人所在地进行。

二、汽车消费贷款保证保险的业务程序

(一) 汽车消费贷款保证保险的承保实务

1) 展业

(1) 展业准备。

① 学习掌握汽车消费贷款保证保险的基本知识。

② 了解市场需求。

a. 调查与分析本区域内银行、汽车生产商、销售商和社会大众对消费信贷的态度,合理预测市场发展前景。

b. 调查分析与预测个人和法人对汽车消费贷款的实际购买力、参与程度以及当地的汽车年销售量等情况。

　　c. 了解银行、销售商、购车人对保险的态度、需求及希望与保险公司合作的方式。

　　d. 调查分析实施消费贷款售车的车型、销售价格及变化趋势。

　　③ 按照要求选择合格的银行和汽车销售商，并同选定的银行、销售商、公证机关、公安交通管理部门等签订合作协议，明确合作方式、各方的职责、权利及义务。

　　选择汽车消费贷款保证保险业务合作银行的基本条件主要有：经过审批具备开展汽车消费贷款业务的资格，信誉好，承诺承担对借款人的资格审定和信誉调查的责任。

　　选择汽车销售商的基本条件主要有：有相应的机动车辆资格的单位；是各汽车厂家和信贷银行推荐的汽车销售商；经营规模在当地位居前列，且须销量大、信誉佳、负债率低于30%；严格遵守相关政策、合同和规定，并能在用户办理牌照过程中完成车辆抵押登记手续。

　　承保车型应选择：国家产业政策重点支持的国内汽车企业生产的主导车型、农用机械、工程机械车辆；经过各商业银行总行批准，允许作为开办汽车消费贷款业务对象的其他车辆。

　　④ 展业材料准备与培训。根据合作协议，向有关合作方及时提供汽车消费贷款保证保险的条款、费率规章、投保单及其他有关资料。对银行与销售商的相关业务人员进行培训，使他们掌握保证保险的有关规定，能够指导投保人正确填写投保单。

　　（2）展业宣传。备齐保险条款与相关资料以后，向银行、汽车生产商、销售商和贷款购车人做好宣传。重点宣传保证保险的特点、优势，以及本公司的网络优势、技术优势、实力水平、信用优势和服务优势。

　　2) 受理投保

　　(1) 指导填写投保单。

　　① 业务人员应依法履行告知义务，按照法律所要求的内容对条款及其含义进行告知，特别对条款中的责任免除事项、被保险人的义务以及其他容易引起争议的部分，应予以解释和说明。

　　② 业务人员应提示投保人履行如实告知义务，特别是对可能涉及保险人是否同意承保或承保时需要特别约定的情况应详细询问。

　　③ 业务人员在投保人提出投保申请时，应要求其按照保证保险条款的规定提供必需的证明材料。

　　（2）收取投保单及其相关资信证明并初步审核。业务人员应对填写完整的投保单和所附的资信证明材料进行初步审查，必要时要调查核实；对于审核无误的投保单，由业务负责人签署"拟同意承保"意见后交投保人。如果合作协议有明确规定，可直接交给银行或销售商。业务人员对投保单初步审查的内容包括：

　　① 审核证明文件或材料是否齐全，是否符合银行指定的汽车消费贷款管理办法。

　　② 在审核时，对于存在疑点或证明材料有涂改、伪造等痕迹的，应通过派出所、居委会或开户银行予以核实。必要时可以通过消费贷款保证保险问询表予以落实，并让消费贷款购车人确认后，附贴在投保单上。

　　3) 核保

　　(1) 对受理投保单时初步审查的有关内容进行复核。

(2) 审核投保单的保险金额是否符合条款规定,投保人购车的首付款是否符合规定。

(3) 审核贷款合同和购车合同是否合法并真实有效,银行与销售商在办理消费贷款和购车手续时,是否按照规定严格把关。

(4) 审核投保人是否按照条款的规定为消费贷款所购的车辆办理了规定内容的保险。

(5) 审核贷款协议是否明确按月、按季分期偿还贷款,不得接受一年一次的还款方式。

(6) 审核投保人是否按照与银行签订的抵押、质押或保证意向书,办理了有关抵押、质押或保证手续。

(7) 审核投保人所购车辆的用途与还款来源。

对上述核保内容审核以后,应签署核保意见,明确是否同意承保,或是否需要补充材料以及是否需要特别约定等。

如果核保后同意承保,应将贷款合同、购车合同和相关证明材料复印一套留存。

4) 缮制保险单证

(1) 缮制汽车消费贷款保证保险保单,保险期限应长于贷款期限,保险金额不得低于贷款金额。

(2) 根据贷款金额、贷款期限等正确选择费率并计算保险费。

(3) 汽车消费贷款保证保险不单独出具保险证,但为明示需要,应在车辆基本险与附加险的保险证上标注"保证保险"字样。

(4) 复核人员按照规定程序和内容,对保险单证进行复核并签章。

5) 收取保险费

财务人员按照保单核收保险费并出具保险费收据。投保人应一次交清保证保险的保险费。

6) 签发保险单证

保险费收取后,业务人员在保险单证上加盖公章,将保险单正本交被保险人。

7) 归档管理

保险单副本一联交投保人,一联交财务,剩下一联连同保费收据业务联、复印的贷款合同、购车合同及有关证明材料等资料整理归档。

(二) 保险合同的变更、终止、解除

1) 合同变更

(1) 变更事项。变更保险期限;变更购车人住址和电话,或购车单位联系地址、银行账户及联系电话;变更其他不影响车辆还款和抵押物登记的事项。

(2) 变更申请。购车人在保险期限内发生变更事项的,应及时提出申请。

(3) 办理批改。在办理批改时,应注意审核批改事项是否将产生意外风险,从而决定是否接受批改申请。

2) 合同终止

如有下列情况之一,则汽车消费贷款保证保险的合同终止。

(1) 贷款购车人提前偿还所欠贷款。

(2) 贷款所购车辆因发生车辆损失险、盗抢险或自燃损失险等车辆保险责任范围内的全损事故获得保险赔偿,并且赔款足以偿还贷款。

(3) 因履行保证保险赔偿责任。

(4)保证保险期满。

3）合同解除

下列情形之一发生时，保险合同将被解除。

(1) 投保人违反保险法或担保法等法律法规，保险人可以发出书面通知解除合同。

(2) 被保险人违反国家相关法律法规和消费贷款规定的，保险人有权解除合同。

(3) 投保人根据国家相关的法律法规，提出解除合同。

(4) 投保人未按期足额缴纳汽车保险保费，且被保险人未履行代缴义务的，保险人有权解除合同。

(5) 法律法规规定的其他解除合同的事由。

4）办理收退费

(1) 经保险人同意延长保险期限的，根据延长后的实际期限选定费率，补收保险费。

(2) 投保人提前清偿贷款，按照实际还贷时间按月计算保险费，多收部分退还投保人。

(3) 贷款所购车辆因发生车辆损失险、盗抢险或自燃损失险责任范围内的全损事故获得保险赔偿，并且已优先清偿贷款的，保证保险合同终止，并退还从清偿贷款之日至保证保险合同期满的全部保险费。

(三) 保证保险的理赔

1）接受报案

(1) 接受报案人员在接到报案时，应按照本书项目 7 的报案部分要求，对报案人进行询问，并填写报案记录，通知业务人员。

(2) 业务人员根据报案记录，尽快查阅承保记录，将符合理赔的案件登入"保证保险报案登记簿"。

(3) 业务人员在接受报案的同时，需向被保险人提供索赔申请书和索赔须知。并指导其详细填写索赔申请书。同时向被保险人收取下述原始单证。

① 汽车消费信贷保证保险保单和汽车保险单正本。

② 汽车消费贷款合同（副本）。

③ 抵押合同、质押合同或保证合同。

④ 被保险人签发的逾期款项催收通知书。

⑤ 未按期付款损失清单。

2）查抄底单

业务人员根据出险通知，应尽快查抄出汽车消费贷款保证保险保单与批单、汽车保险的保险单与批单，并在所抄单证上注明抄单时间和出险内容。

3）立案

(1) 业务人员应根据被保险人提供的有关资料进行初步分析，提出是否立案的意见与理由，报业务负责人。

(2) 业务负责人接到报告后，应及时提出处理意见。

(3) 业务人员根据负责人的意见办理立案或不立案的手续。立案的，应在汽车保险单上做出标记；不予立案的，应以书面形式通知被保险人。

4）调查

(1) 调查要求。调查工作必须双人进行，应着重第一手材料的调查。所有调查结果应做出书面记录。

(2) 调查方式与重点。

① 核对已经掌握的书面材料进行分析,确认被保险人提供的书面材料是否全面真实。

② 向被保险人取证,了解投保人逾期未还款的具体原因,被保险人催收还款的工作情况。

③ 向个人投保人的工作单位或所在居委会(村委会)调查,了解投保人收入变动情况;向法人投保人的上级单位或行政主管部门了解其经营情况。

④ 向有关单位和个人调查抵押物的当前状况。

⑤ 通过其他途经调查,并结合以上调查结果,明确是否存在条款所载明的责任免除事项,投保人、被保险人是否有违反条款规定义务的行为。

5) 制作调查报告

调查人员在调查结束后应写出调查报告,全面详细地记录调查结果并做出分析。

6) 确定保险责任

业务人员应根据调查报告和收集的有关材料,依照条款和有关规定,全面分析,确定是否属于保险责任。形成处理意见后报地市级分公司车险部门审定,拒赔案件应逐级上报省级公司审定。

7) 抵押物处理

(1) 保险事故发生后,保险人应及时通知被保险人做好抵押物处理的准备工作。

(2) 保险人应与被保险人、投保人(抵押人)共同对抵押物进行估价,或共同委托第三人进行估价。所估价值由各方同意后,签订估价协议书。协议书所确定的金额为处理抵押物的最低金额。

(3) 被保险人按照估价协议书的规定处理抵押物,所得价款优先用于偿还欠款。

(4) 被保险人不能处分抵押物的,应对投保人提起诉讼,抵押物的抵押权转归保险人,保险人应会同被保险人办理抵押权转移的各项手续。

8) 赔款理算

理赔人员根据前述条款的规定,依据调查报告、索赔通知书和估价协议等有关材料进行赔款理算。具体计算如下:

(1) 抵押物已由被保险人处理的:
$$赔款=(保险金额-已偿贷款-抵押物的处分金额)\times 80\%$$

(2) 抵押物抵押权转归保险人的:
$$赔款=(保险金额-已偿贷款)\times 80\%$$

(3) 抵押物灭失且不属于汽车保险赔款责任,且投保人未提供新的抵押物的,保险费按照上述(2)中所给公式计算。

上述公式中的"已偿贷款"不包括投保人已经偿还的贷款利息;"抵押物的处分金额"是指抵押物处分后,被保险人实际得到的金额,即扣除处分抵押物所需的费用及其他相关费用后的余额。

投保人以其所购车辆作为贷款抵押物,因逾期未还款车辆依抵押合同被处分后,投保人为其投保的汽车保险的保险责任即行终止,被保险人应按照保险合同的规定,为投保人办理汽车未了责任期保险费的退费手续。

贷款所购车辆发生车辆损失险、盗抢险以及自燃损失险保险责任范围内的全损事故后，汽车保险的被保险人应得到的赔款，应优先用于偿还汽车消费贷款。此时，汽车保险的理赔人员应书面通知贷款银行向保险公司提出"优先偿还贷款申请"，并书面通知汽车保险的被保险人，要按照合同的规定将赔款优先用于偿还贷款。优先偿还的范围仅限于所欠的贷款本金。优先偿还贷款后的赔款余额应交汽车保险的被保险人。赔款优先清偿贷款后，保证保险合同即行终止。保险人应按照本实务规程中关于收退费的规定，为投保人办理保证保险未了责任期保险费的退费手续。

9) 缮制赔款计算书

计算完赔款以后，要缮制赔款计算书。赔款计算书应该分险别、项目计算，并列明计算公式。赔款计算应尽量用计算机出单，应做到项目齐全、计算准确。手工缮制的，应确保字迹工整、清晰，不得涂改。业务负责人审核无误后，在赔款计算书上签署意见和日期，然后送交核赔人员。

10) 核赔

核定赔款的主要内容包括：

(1) 审核单证。

① 审核被保险人提供的单证、证明及相关材料是否齐全、有效，有无涂改、伪造等。

② 审核经办人员是否规范填写有关单证，必备的单证是否齐全等。

③ 审核相关签章是否齐全。

(2) 核定保险责任。主要审核是否属于保险责任。

(3) 审核赔付计算。审核赔付计算是否准确。属于本公司核赔权限的，审核完成后，核赔人员签字并报领导审批。属于上级公司核赔的，核赔人员提出核赔意见，经领导签字后报上级公司核赔。在完成各种核赔和审批手续后，转入赔付结案程序。

11) 结案登记与清分

(1) 业务人员根据核赔的审批金额填发赔款通知书及赔款收据；被保险人在收到赔款通知书后，在赔款收据上签章；财会部门即可支付赔款。在被保险人领取赔款时，业务人员应在保险单正、副本上加盖"××××年××月××日出险，赔款已付"字样的印章。

(2) 赔付结案时，应进行理赔单据的清分。一联赔款收据交被保险人；一联赔款收据连同一联赔款计算书送会计部门作为付款凭证；一联赔款收据和一联赔款计算书或赔案审批表，连同全案的其他材料作为赔案案卷。

(3) 被保险人领取赔款后，业务人员按照赔案编号，输录"汽车消费信贷保证保险赔案结案登记"。

12) 理赔案卷管理

理赔案卷要按照一案一卷整理、装订、登记、保管。赔款案卷应单证齐全，编排有序，目录清楚，装订整齐。一般的保证保险的理赔案卷单证包括赔款计算书、赔案审批表、出险通知书、索赔申请书、汽车消费贷款保证保险的保险单及批单的抄件、抵押合同、调查报告、估价协议书、权益转让书，以及其他有关的证明与材料等。

(四) 客户回访服务与统计分析

1) 客户回访

(1) 消费贷款保证保险业务要指定专人负责，对客户应每半年回访一次，做好跟踪服务，及时掌握购车人（投保人）、被保险人的需求与动态。

(2) 要建立客户回访、登记制度，实行一车一户管理制，及时记录还款情况。

(3) 建立与银行保持定期联络制度；协助银行做好消费贷款还款跟踪服务。

(4) 建立消费贷款购车人与所购车辆档案，内容包括购车人的基本资信情况、车辆使用情况、安全驾驶记录、保险赔款记录、还款记录等。

2) 统计分析

(1) 按期做好不同车型、不同车辆价格范围、不同职业与地域的购车人、不同销售商、银行等方面的专项量化分析，报上级公司。

(2) 各省级分公司对专项统计的业务报表和消费贷款保证保险的经营情况分析，应按照季度上报总公司，由总公司上报中国保监会。

三、汽车消费贷款保证保险的现状和发展趋势

1) 保证保险业务有着巨大的市场前景

据估计，2002年全国汽车保险费达420亿元，比2001年同比增长13.5%。而到2005年，我国有购车能力的家庭已达到4 200万户。随着居民收入水平的不断提高，有汽车购买力的家庭越来越多，这对于开办汽车消费贷款的金融机构来说，无疑潜伏着巨大的市场份额，因而汽车消费贷款保证保险业务理应存在着巨大的增长空间。

2) 目前保证保险业务面临着高风险

汽车消费贷款保险在给保险公司带来收益的同时，也使保险公司面临着高风险的冲击。一来我国的个人信用制度尚未建立，而保险公司根本就无力负载一个庞大的资信评估部门，所以保险公司无法掌握和控制个人的资信，且其目前的资信调查质量也大打折扣。二来目前的风险模式本身存在着缺陷，由保险公司承担了主要的甚至是全部的责任。此外，保险公司在汽车保证保险业务管理工作中，对贷前（个人资信水平调查与评价）、贷中（个人信用状况监控）、贷后（个人信用风险处置）管理普遍存在不足。再者，汽车不断降价，一跌则是好几万元的幅度，对汽车消费贷款保险产生了深远的影响。因为贷款人认为与其以多于新车的费用去还贷，还不如恶意欠贷。加上贷款人提前还贷，付给汽车经销商的手续费不能退还，还得退还保费。

3) 保险公司应面对现实采取相应措施

(1) 须建立独立的资信审查机构，对投保人的资信直接审批。

(2) 可以采取多种渠道与银行合作，以提高银行方面控制贷款风险的积极性。

(3) 提高服务质量，树立机动车消费贷款保证保险优质形象。

【思考题】

1. 名词解释

①汽车消费贷款；②汽车消费贷款保证保险。

2. 简答题

(1) 我国汽车消费贷款中个人申请汽车贷款的条件是什么？

(2) 汽车消费贷款保证保险是保障哪类群体的利益？

(3) 什么是汽车消费贷款保证保险？

（4）汽车消费贷款保证保险投保人的义务是什么？应具备哪些基本条件？
（5）汽车消费贷款保证保险承保的车型具备什么特征？
（6）选择汽车消费贷款保证保险的汽车销售商应具备哪些条件？
3. 论述题
（1）分析我国汽车信贷市场存在的问题。
（2）根据实际情况分析汽车消费贷款保证保险和汽车分期付款信用保险的风险。

参考文献

[1] 李景芝,赵长利.汽车保险与理赔[M].北京:国防工业出版社,2010.
[2] 祁翠琴.汽车保险与理赔[M].北京:机械工业出版社,2006.
[3] 吴定富.保险原理与实务[M].北京:中国财政经济出版社,2010.
[4] 梅丽歌.汽车保险与理赔[M].哈尔滨:哈尔滨工程大学出版社,2011.
[5] 赵颖悟.汽车保险与理赔[M].北京:电子工业出版社,2013.
[6] 董恩国.汽车保险与理赔[M].北京:清华大学出版社,2009.
[7] 明光星.汽车车损与定损[M].北京:中国人民大学出版社,2009.
[8] 王灵犀,王伟.机动车辆保险与理赔实务[M].北京:人民交通出版社,2004.
[9] 赵新民.机动车辆保险与理赔实务[M].北京:电子工业出版社,2005.
[10] 黄大庆,刘娜.汽车保险[M].北京:地震出版社,2000.
[11] 伍静.汽车保险与理赔[M].北京:化学工业出版社,2009.
[12] 王云鹏,鹿应荣.车辆保险与理赔[M].北京:机械工业出版社,2003.
[13] 杨学坤.汽车保险与理赔[M].北京:北京理工大学出版社,2007.
[14] 费洁.汽车保险[M].北京:中国金融出版社,2009.